KB268180

한국해양사연구총서 2

'조선시대 해양환경과 명태'

부경대학교 해양문화연구소

국학자료원

머리말[1]

조선시대를 대표하던 물고기는 무어니 무어니 해도 역시 명태였다. 특히나 조선시대의 명태는 팍팍한 삶에 짓눌린 가난한 서민 대중들의 밥상을 풍성하게 해주던 물고기였다. 사실은 밥상뿐만이 아니었다. 가난한 서민 대중들의 삶이 펼쳐지던 수많은 현장에서 다양한 모습으로 함께하던 물고기가 명태였다.

그런 의미에서 명태는 분명 우리와 친근한 물고기이다. 친근함의 증거는 명태를 소재로 하는 민속과 속담이 넘치도록 많다는 사실과 명태의 이름이 수십 가지나 되며, 나아가 명태 요리도 수십 가지나 된다는 사실이다. 그뿐이 아니다. 명태를 소재로 한 가곡까지도 있다. 전통시대 우리나라를 대표하던 조기나 대구를 소재로 하는 가곡은 없지만 명태를 소재로 한 가곡이 있다는 사실은 명태가 그만큼 친근함을 증명한다.

그렇지만 친근한 것일수록 그 실체를 분명히 알 수 없는 경우가 많다. 그래서 명태만을 다룬 책을 써 보고자 했다. 이 책은 처음에 그렇게 시작되었다.

요즘 '만들어진 전통', '만들어진 일본', '만들어진 고대'처럼 '만들어진' 즉 원래 존재했던 것이 아니라 비교적 가까운 시대에 새롭게 형성된 혹은 조작된 것들을 밝혀내는 것이 유행이다. 사실 명태도 그런 물고기다. 오래 전부터 있었던 물고기가 아니라, 조선시대 중기 무렵에 갑자기 동해상에 나타난 물고기다. 어찌 보면 순식간에 이 물고기는 대구의 자리를 대신하였고, 일상적으로 음식상에 오르게 되었으며,

심지어는 제사상에 오르기까지 했다. 그러면서 명태는 우리와 친근해졌다. 그렇지만 지금 이 물고기는 우리 곁을 떠나고 없다. 왜 나타났는지 왜 없어졌는지 여전히 의문에 쌓여 있다. 이 책에서는 그런 의문에 답해 보고자 하였다.

이 책에서는 명태가 언제부터 동해안에 나타났는지, 왜 명태라고 불리게 되었는지, 명태는 왜 대구를 대신하고 나아가서는 제수용품과 궁중공상품목까지 될 수 있었는지, 조선의 어부들은 어떻게 명태를 잡았는지, 명태는 어떤 유통경로를 거쳐 판매되었는지, 식민지 시대에 일본인들이 얼마나 명태를 남획하였는지, 명태는 왜 우리 입맛을 사로잡았는지, 그리고 명태가 우리의 민속 속에 어떻게 파고 들어갔는지를 역사적으로 밝혀보고자 하였다.

명태는 단순하게 보면 하나의 물고기이다. 하지만 이 물고기가 조선시대를 대표하는 물고기가 되기까지는 심각한 기후환경의 변화, 어업자원의 변화 그리고 변화된 환경에 적응하려는 조선시대 사람들의 분투가 있었다. 이 책이 그런 부분들에 대하여 조금이마나 새로운 사실과 새로운 인식을 끌어내고 나아가 21세기 환경과 인간의 문제에 대하여 역사적 문제의식과 전망을 불러일으키는 작은 자극이 되기를 기원해 본다.

2009년 4월
필자 일동

목차

1부

조선시대 해양환경과 명태어업

명태 명칭의 기원과 전파

김경혜*

Ⅰ. 들어가는 말

　1. 명태의 기원에 관하여

　2. 명태 ― 명칭의 기원과 발달

　　2.1 '무태어 無泰魚'

　　2.2 '명태'와 '북어'

　3. 명태 명칭의 해외전파

　　3.1 중국·러시아

　　3.2 일본

Ⅱ. 나오는 말

Ⅰ. 들어가는 말

　음식은 예술과 같이 보편적으로 소비되는 것이 있는 반면, 특정 지역에서 주로 선호되는 것도 있다. 전자의 경우, 대표적으로 국수 등이 있으며 세계적으로 보편적이면서도 다양한 음식문화를 형성하였다.

---

* 부경대 사학과.

후자의 경우, 우리나라에서 선호되는 대표적 음식으로 명태를 들 수 있을 것이다. 다른 지역에서 명태를 먹지 않는 것은 아니지만, 우리나라에서 특히 조리법·가공법 등 여러 분야가 발달하여 가장 다양한 형태로 명태를 이용하고 있으며, 명태와 관련한 민속문화까지 발전할 정도로 매우 선호하였기 때문이다. 가공 상태에 따라 명태·동태·황태로 구분되며, 조리법에 따라 명태구이·동태찌개·명태순대·코다리찜 등 36가지의 다양한 모습으로 변하여 우리의 입맛을 즐겁게 하고 있다.

한국인에게 명태의 효용성은 식품으로써의 역할뿐만 아니라, '버릴 것 없는'·'흔한' 등의 상징성을 가짐으로써 종종 서민을 대표하는 음식으로 불리기도 한다. 그리고 이러한 연유로 말미암아 속담 및 제사와 같은 민속에도 깊숙한 관련을 맺고 있다. 명태의 서민적 상징성은 '노가리 깐다', '북어값 받으러 왔나' 등 일상적이고 부정적인 의미로 사용되기도 하고, 조상의 제사상에 올리는 신성성을 갖기도 하는 등 매우 다양하게 풀이되었던 것이다. 이러한 상징성은 현재까지도 이어지고 있으며, 여전히 명태는 한국인이 가장 애호하는 어류이다. 더불어 지난 2월에는 제11회 고성명태축제가 열리는 등 시간이 지남에 따라 명태도 우리 민족과 함께 진화하는 중이다.

이처럼 동해에서 명태를 어획하기 시작한 이후로 지금까지 명태는 명실상부한 한국인의 상징으로서 자리매김하고 있는 것이다. 이러한 현상을 대변해주는 또 다른 예가 바로 명태 명칭의 발달이다. 명태는 오랜 시간을 지나오며 어획 시기·어획 도구·가공 상태·지역에 따라 수많은 명칭을 갖게 되었다. 가공 상태에 따라 북어, 선태, 태어, 동태, 더덕북어 등으로, 어획도구에 따라 망태, 조태, 크기에 따라 왜태, 애기태라 불린다. 또한, 어획시기에 따라 막물태, 은어바지, 동지바지,

섣달바지, 건태(또는 乾太) 및 지역에 따라 간태(杆太), 더덕북어 등으로 다양한 분류에서 명칭을 갖고 있다. 우리나라 안에서도 이처럼 다양한 명칭을 가진 식재료는 매우 드문 것으로, 예로부터 우리 민족이 가지고 있었던 명태의 가치를 짐작해 볼 만한 것이다.

그러므로 명태는 오래전부터 단순한 식재료에서 벗어나 다양한 분야에서 학문적으로 연구되어 왔다. 특히 수산가공분야에서는 명태의 새로운 가공법을 발견하였고, 명태의 어업 및 어장에 관한 여러 연구도 진행되고 있어 기술적인 부분에서도 명태의 효용성은 여전히 뛰어난 것이다. 그러나 이러한 다양한 효용성에 관한 연구와 달리 명태의 기원이나 역사적 의미에 관한 연구는 아직 미진한 수준에 그치고 있다. 지금까지 명태의 기원에 관한 전문적 연구 성과로는 정문기 선생의 『朝鮮의 명태』와 박구병 선생의 「한국명태어업사」정도를 들 수 있을 뿐이다. 따라서 본문에서 명태의 기원에 관하여 고찰하고자 하는 것이다.

1. 명태의 기원에 관하여

명태의 기원에 관한 설은 크게 2가지로 구분된다. 첫 번째 麗末鮮初, 두 번째 조선중기설로 그 내용은 다음과 같다.

○ 麗末鮮初
㈎ 北魚란 주로 경기도 이북지방에서 명태어의 냉건제품을 가리키는 명칭으로서 전설에 의하면 지금으로부터 약 600년전 고려시대에 강원도에서 불려진 명칭으로서 북방의 앞바다에서 군래하는 고기라는 뜻이다. 당시 이 고기는 강원도 연해에서 많이 어획되었으나, 無名의 고기는 먹어서는 안 된다고 하는 미신 때

문에 世人이 돌보지 않았고, 그 어업도 흥하지 않았으나 그 후 함
경북도에서 어획되어 명태라는 명칭이 명명된 후부터 보건식품
으로서 全鮮的으로 널리 이용되게 되었던 것이다. (정문기, 『朝鮮
北魚明太』, 조선총독부, 조선, 제273호, 1938년)

(나) 본 어업은 이 나라 중요 어업 중의 중요한 것으로써, 그 기
원 및 연혁에 관해서는 예부터 지금까지 정확하지는 않더라도,
일설에 전해지는 것에 의하면 황조 이성계 시대, 함경도(咸鏡道)
명천군(明川君)의 한 어부, 태모(太某)라는 자가 있어 하루는 연승
(延繩)으로 진어(珍魚)를 잡았는데 그 이름을 알지 못했다. 이것을
군수에게 바치고 그 명칭을 물었더니 군수는 즉시 지명과 어부
의 성의 각 1자를 취하여 이렇게 명명하였다. 명태어(明太魚)의
명칭이 이에서부터 비롯되었다. 진위는 알 수 없다 하더라도 만
약 이것을 믿는다면 근래에 본 어업의 기원은 지금으로부터 500
년 전 인듯하다. (농상공무수산국, 『韓國水産誌』 제 1권, 1908년)

○ 朝鮮中期
(다) 명천(明川)에 사는 어부(漁父) 중에 태씨(太氏) 성을 가진 자
가 있었다. 어느 날 낚시로 물고기 한 마리를 낚아 고을 관청의
주방(廚房) 일을 보는 아전으로 하여금 도백(道伯)에게 드리게 하
였는데, 도백이 이를 매우 맛있게 여겨 물고기의 이름을 물었으
나 아무도 알지 못하고 단지 "태 어부(太漁父)가 잡은 것이다."라
고만 대답하였다. 이에 도백이 말하기를, "명천의 태씨가 잡았으
니, 명태라고 이름을 붙이면 좋겠다."고 하였다. 이로부터 이 물
고기가 해마다 수천 석씩 잡혀 팔도에 두루 퍼지게 되었는데, 북
어(北魚)라고 불렀다. 노봉(老峯) 민정중(閔鼎重)이 말하기를, "300
년 뒤에는 이 고기가 지금보다 귀해질 것이다." 하였는데, 이제
그 말이 들어맞은 셈이다. 내가 원산(元山)을 지나다가 이 물고기
가 쌓여 있는 것을 보았는데, 마치 오강(五江 : 지금의 한강(漢江)
일대)에 쌓인 땔나무처럼 많아서 그 수효를 헤아릴 수 없었다.

명태의 출현에 관한 근본적인 한계점은, 그 기록들이 구전을 옮겨 싣는 데 불과하다는 것이다. 또한 구전의 사실여부에 관한 후속연구가 없음으로 인해, 현재에 이르기까지 명태의 기원에 관한 설은 단지 전설의 일부에 불과하다. 그러므로 신빙성이 떨어지기는 하지만, 그 가운데서 몇 가지 사실을 추론해 볼 수 있다.

첫 번째, 명태어업의 기원은 조선시대에 해당한다. ㈎에서는 "北魚란 주로 경기도 이북지방에서 명태어의 냉건제품을 가리키는 명칭으로서 전설에 의하면 지금으로부터 약 600년전 고려시대에 강원도에서 불려 진 명칭으로서…" 라고 하여, 명태의 기원을 고려시대 후기라고 기록하고 있다. 또 뒤의 내용을 살펴보면, 고려시대에 강원도에서 북어란 명칭으로 불려지던 명태를 이름이 없다하여 잡지 아니하였다고 하였다. 이는 구전으로 전해지던 것을 후대에 기록하면서 발생한 오류인 듯 하다. 그리고 북방의 앞바다에 군래(郡來)하는 생선을 해마다 잡지 않고 함경도 지방에서 명칭이 전해지기까지 기다렸다는 것은 다소 이해하기 어려운 부분이지만, 아마도 잡어로 치부하여 명태를 어획하더라도 판매하지 않고 스스로 소비하였던 시기였던 것으로 보인다.

㈏와 ㈐에서는 명태 어획을 조선초·중기로 구분하고 있지만, ㈎보다 비교적 자세하며 공통적인 내용을 담고 있다. 특히 ㈐시기 즉, 조선 중기에는 함경도 지방에 이미 명태요리법이 발달하였여 관청으로 상납되는 단계까지 발전하였던 것을 알 수 있다. 따라서 명태의 함경도 근해 출현은 이보다 빠른 조선 초까지라고 생각할 수 있다.

이와 더불어 살펴봐야 할 것은 『승정원일기』의 효종 3년(1652)의 기록이다. 지금까지 밝혀진 고문서 가운데 명태에 관한 最古의 기록

으로서, 이 기사는 사간원에서 올린 啓의 내용이다. 본문에서는 강원
도에서 선장에 기록한 대로 대구알젓을 봉진하지 않고 명란젓을 봉진
한 일에 대해 조사하여 해당 관원을 종중추고(從重推考) 할 것을 청하
고 있다.

> ○ 사옹원 관원 도제조의 뜻으로 계하기를, 강원도 각 전의 진
> 상 중, 연어알젓 대신 대구알젓을 선장에 기록하였으나 명란젓
> 을 보냈는데, 일이 매우 可駭합니다. 고로 배지인을 추문하였더
> 니 즉, 봉진관원주목사의 첩보에서 감사를 보내 순시한 후, 본 영
> 의 선장 및 각 관에서 봉진한 바의 수송장에 모두 대구알젓으로
> 기록하였는데, 각 소봉관이 일제히 모두 명태알을 가지고 와서
> 봉진하였다고 하였습니다. 일이 매우 소홀(慢忽)하오니 본 도로
> 하여금 일을 조사하여 밝히고, 엄중하게 추고하도록 하여, 오늘
> 이후로 이러한 폐해를 막음이 어떠하옵니까?
> 전교하기를, 왕이 윤허하였다.[1]

본문의 내용상, 17세기 중반에는 명태알젓이 대구알젓보다 가치가
매우 낮은 것으로 평가되고 있는 것을 알 수 있다. 이를 통해 조선 중기
에는 이미 명태의 어획량이 상당한 수준에 달하였던 것으로 보인다.
따라서 명태어획의 기원은 이보다 빠른 조선초기로 보는 것이 적당하
다할 것이다. 또한, 만약 『신증동국여지승람』경성도호부·명천현 물
산조의 無泰魚가 명태가 맞다면, 최소한 1500년까지도 소급해 볼 수
있을 것이다. 이에 관하여서는 다음 장에서 다루고자 한다.

---

1) 『승정원일기』효종 3년, 9월 무인
　　司饔院官員, 以都提調意啓曰, 江原道各殿進上中, 鰱魚卵醢 , 代以大口卵醢, 膳狀中
　書塡, 而以明太卵來納, 事極可駭, 故陪持人推問, 則封進官原州牧使牒報入納文狀內,
　監司出巡後, 本營膳狀及所封各官輪送狀俱以大口卵醢, 書塡, 而各其所封官, 一齊皆
　以明太卵持納封進云, 事甚慢忽, 令本道査覈, 從重推考, 以杜日後之弊, 何如? 傳曰, 允

두 번째, 명태어업은 함경도 지방에서부터 발달하였다. 이는 세 기록 모두에서 공통적으로 보이는 내용으로서, 명태어업 초기에 주산지는 함경도 지방이었다는 것을 알 수 있다. 이와 관련하여 세 번째 특징이 나타난다. 바로 '명태'의 명칭이 함경도 지방에서 유래하였다는 점이다. ㈐와 ㈑에서는 명천(明川)의 태(太)모씨의 한 글자를 따서 명명하였다고 하였으며, ㈎에서는 함경도 지방에서 전해졌다고 하였다. 명태라는 명칭의 기원이 '명천(明川)의 태(太)모씨'라는 것까지 믿을 수는 없지만, 함경도 지방이 '명태'라는 명칭의 기원이며 이것이 조선팔도로 전파되었다는 점을 알 수 있다.

이 같은 내용을 종합해본다면, 명태 어업은 조선시대 초기에 함경도에서부터 시작되어 점차 확대되어 갔던 것을 알 수 있다.

2. 명태 - 명칭의 기원과 발달

2.1 '무태어 無泰魚'

『신증동국여지승람』에서 최초로 보이는 '無泰魚'는 함경도 경성도호부와 명천현군의 물산에 기록된 것이다. 또한, 18세기 중반 영조대에 편찬된『여지도서』의 함경도 경성도호부와 명천현 편의 물산조에는 無泰魚가 있는 한편, 길주현 물산조에는 明太魚가 각각 기록되어 있다. 황도연은『방약합편』에서 "明川에서 난다. 一名, 無泰魚" 라고 하여 무태어와 명태가 동일한 것으로 인정하고 있다. 또한, 홍양호가 『이계집』에서 무태어의 어법은 釣이다라고 하여, 무태어와 명태의 어법이 동일함을 밝혔다. 이러한 점 역시 무태어가 명태일 가능성을 높이고 있는 것이다.[2] 이 때문에 무태어가 명태인 것으로 보는 경우가

---

2) 홍양호, ≪耳溪外集≫ 12권 北塞記畧

많지만, 『임하필기』등 기타 사료에서는 처음부터 명태라 명명되었다고 하였으므로 '무태어＝명태'라고 단정지을 수는 없다. 게다가 『신증동국여지승람』이나 『여지도서』에서 무태어와 명태어에 관한 부가설명이 없기 때문에, 현재로서는 그 진위에 대해 명확히 하기 어렵다.

어쨌든 무태어가 『신증동국여지승람』보다 약 70년 전에 편찬된 『동국여지승람』에는 등장하지 않는 것으로 보아 비교적 단기간에 출현하였다는 사실을 알 수 있다. 이는 아마도 이 시기에 한반도 근해에서 갑작스럽게 일어난 변화에 대한 결과일 것이다. 무태어가 명태라면 이러한 변화를 한반도 근해 수온의 저온화현상이라고 할 수 있다. 명태는 본래 한류성 어종으로 오오츠크해, 베링해 등의 차가운 수온에서 생활하는데, 섭식수온은 2~10℃ 정도고, 적수온은 3~5℃에 해당한다. 특히, 명태의 성어기인 12~1월 평균수온은 0~5℃ 사이로서, 위의 가정에 따르면 1490년 이후 1530년 사이에 한반도 동북해 지역의 수온이 0~5℃ 사이를 유지함으로써 명태가 회유할 수 있는 상태가 되었던 것이다.

○ 孔州風土記
… 慶興赤池。多鯽魚。長或二尺餘。一邑皆網取。食之不盡。造山浦産秀魚黃魚。
豆滿江産松魚。每四月風和始出。巨口鱗極細。鰓有四。似松江之鱸。名曰松魚。其以是歟。夏有魚。似秀魚而小。俗名夜來。秋産鰱魚。長數尺。連隊泝流而上。一網或得數十。
豆滿江禁行船。海口有漁船。皆用全木聯合爲底。刳木如槽。爲左右板。彼中所謂亇尚也。以此駕海。往來南關。堅緻罕臭載。
捕青魚舎魚以網。無泰魚以釣。文魚以叉。淡菜海蔘以鉤。 …

<그림 1>명태 회유도[3]   <그림 2>명태 어획시기별 어장 분포[4]

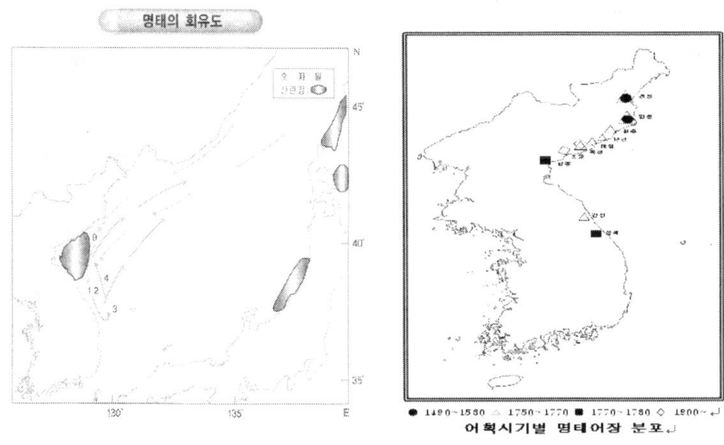

　위의 그림 1, 2를 비교해보면, 약 400년 간에 걸친 명태 분포 범위의 변화와 명태가 계절별로 이동하는 즉, 회유하는 범위가 매우 유사하다. 명태는<그림 1>에서와 같이 기온이 낮아지기 시작하는 추계부터 동해 지역으로 남하를 시작하였다가 다시 따뜻해지는 춘계에 북상하는데, <그림 2>에서는 시간의 흐름에 따라 명태 어장의 남하경계선이 점차 낮아지고 있는 것이다. 이로써 명태의 남하범위와 기온변화의 상관관계를 짐작해 볼 수 있는 것이다. 더구나 최근 지구 온난화로 인해 명태 어장이 점차 북상하고 있다는 사실도 이와 무관하지 않다. 1980년대 1월의 주요 명태 어장은 강원도 삼척을 중심으로 하였는데, 2002년 1월경에는 속초 지역으로 주어획지가 북상하였다. 이것이

---

3) 해양수산부 국립수산과학원, 『연근해 주요어종의 생태와 어장』, 국립수산과학원, 2005, p.120 발췌

4) 심민정, 「조선시대 명태 어장과 어로 기술」(부경대학교 해양문화연구소, 『해양문화연구』 제11권), 2009, p.23 발췌

1980년대 속초의 평균기온이 11.5℃에서 2002~4년 평균기온이 12.
3℃로 상승한 한 것과 깊은 관련을 맺고 있음은 당연한 것이다. <그림
2>에서 1490~1530년을『신증동국여지승람』의 무태어를 명태로 가
정하고 작성한 것이지만, 2기에 해당하는 △지역이 강원도 간성까지
내려왔으며 1650년 승정원 일기의 기록에 명태가 강원도에서 흔할 정
도였다고 한 것을 본다면, 1490~1530년의 어장범위가 명태라는 것
에, 일단 신빙성을 가질 수 있는 것이다.

<그림 3> 명태 어장분포도 (1982~1983년 평균)[5]

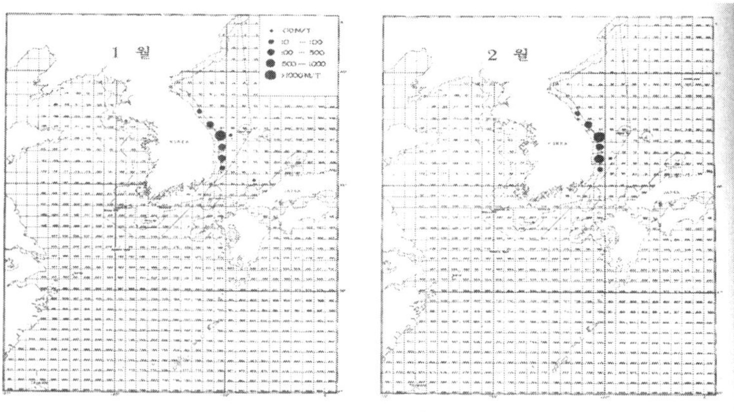

---

5) 국립수산진흥원,『연근해 주요어종의 생태와 어장』, 藝文社, 1985, p.90 발췌

<그림 4> 명태 어장분포도 (2002~2004년 평균)[6]

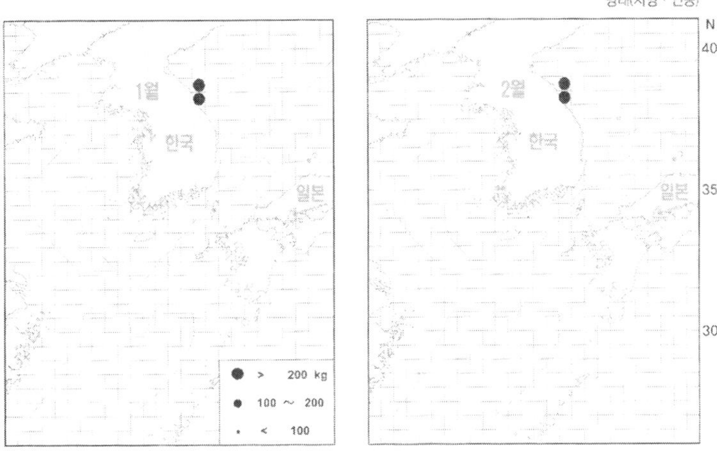

이를 뒷받침하는 또 하나의 가설로, 일부 기후학자들에 따르면 1500년경부터 1700년경에 이르기까지 한반도에 소빙기라 부를 만한 기후변동이 존재하였다. 지역적 차이는 존재하지만, 전 세계적으로 1500년경부터 약 2~300년간 기온이 낮아지는 시기가 존재하였다는 주장인데, 한반도의 경우에는 1500년~1700년이 이에 해당한다는 것이다. 실제로 중종 재위 기간부터 기상이변과 가뭄이 매우 잦았고, 중종 이후에도 왕이 자신의 잘 못을 자책하거나 일부 충신들은 기상이변을 이유로 사직을 원하는 등의 기사가 실려 있어 당시 각 종 기상이변의 수준을 짐작케 한다. 또한, 강원도의 속담에 '여름에 명태나 도루묵, 양다리가 개락이면 흉년'이라는 말이 있다. 이 속담은 농사와 관련된 속담으로, 한류성 어족인 명태, 도루묵, 양다리가 여름에 많이 잡히면 그 해 육지가 냉해를 입어 농사를 망치게 된다는 의미를 가지고 있

---

6) 해양수산부 국립수산과학원,『연근해 주요어종의 생태와 어장』, 국립수산과학원, 2005, p.124 발췌

다.[7] 즉, 연중 명태어획량이 일정하거나 많을수록 기온은 낮았다는 것이다. 따라서 중종의 재위 기간에 일어난 기상이변, 특히 때 아닌 서리·우박·눈·가뭄의 빈도수는 당시 기후의 저온화와 연관성을 갖고 있는 것이다.

다음은 명태의 기원으로 추정되는 1500년대 이후의 기상이변 가운데, 때 아닌 서리·우박·눈에 관한 기록이다.

<표 1>『조선왕조실록』의 기상이변

구분	성종	연산군	중종	명종	선조	인조	효종	현종	숙종	경종	영조
때 아닌 서리·우박·눈	3	9	79	40	21	67	11	61	89	4	44

<표 2>『조선왕조실록』의 기상이변 중 평안·함경·강원도의 기록

구분	중종	명종	선조	인조	효종	현종	숙종	경종	영조
3도에서 발생한 기상이변	27	14	8	24	3	18	45	0	13

위의<표 1>에서는 중종 대부터 기상이변으로 서리 등의 재해가 급격하게 증가하는 것을 볼 수 있다. 서리에 관한 중종대의 최초의 기사는『중종실록』3년 8월 기묘의 기사이다. 이렇듯 눈에 띄게 기온 변화가 발생하기 시작하는 것은 16세기 초반부터이므로, 15세기 후반부터

---

7) 전지혜,「명태와 관련 된 민속 ― 일상생활과 속담을 통해서」(부경대학교 해양문화연구소,『해양문화연구』제11권), 2009, p.99

기온의 변화가 발생하기 시작하였을 것이다. 특히, <표 2>에서 보이는 바와 같이 동해와 맞닿은 함경·평안·강원 3도의 피해가 컸던 것을 알 수 있다

결국 14세기 후반부터 발생한 저온화 현상은 한반도 전역에 영향을 미쳤는데, 그 가운데서도 동해안 지방이 가장 큰 영향을 받았던 것이다. 따라서 지금까지 살펴본 바와 같이, 무태어의 출현과 비슷한 시기에 발생한 각 종 기상이변 및 명태 섭식의 특징을 고려해본다면 무태(무태어)는 명태의 최초 명칭이었던 것으로 볼 수 있다. 무태에서 명태로 변화되는 과정은 다소 불분명하지만, ≪여지도서≫의 기록처럼 같은 시기 ·인접한 지역에서 무태와 명태가 혼용되었음을 고려해본다면, 아마도 명태는 무태에서 파생된 표현의 일종으로 생각된다.

2.2 '명태'와 '북어'

앞에서와 같이 '明太'란 표기는 함경도 지방에서 유래된 것이다. 현재 명태의 어원으로는 (다)와 같이 '명천(明川)의 태(太)모씨'가 가장 보편적으로 인정되고 있는 추세이나, 이를 뒷받침 할 만한 근거는 존재하지 않는다. 그런데, 조선후기에 쓰여 진 기록들에서 북어와 명태를 오인하는 경우가 보인다.

　(가) 北魚 북해에서 나기 때문에 북어라고 한다.8) (『才物譜』)

　(나) 부르기를, 생 것은 명태라 하고 마른 것은 북어라 한다.9)

---

8) 이성지, 『才物譜』, 권 7, 物譜2, 鱗蟲譜 北魚, "北魚 出北海 故名 북어"

9) 서유구, 『蘭湖漁牧志』, 魚名攷 海魚 明鮐魚 "[明鮐魚] 俗呼 生者爲 명틱 ㅣ 乾者爲 북어"

(『蘭湖漁牧志』)

 ㈐ 그 이름은 북어이며 속칭은 즉 명태이다. 봄에 잡힌 것은 춘태라 하고, 겨울에 잡힌 것은 동태라 한다."10)(『五洲衍文長箋散稿』)

 ㈑ 명태가 팔리기 시작하면서 비로소 북어라는 명칭을 얻었다.11)(『林下筆記』)

 ㈎ㆍ㈏ㆍ㈑의 기술로 보아, 명태는 산지에서 주로 사용되었고 북어는 명태가 다른 지역으로 판매되면서 발생한 것이다. 즉, ㈏에서 말린 명태를 북어라고 부르고 ㈑에서는 판매가 시작된 후에야 북어라는 명칭을 얻었다라고 한 사실은, 함경도 이외의 지방에서는 명태를 판매를 위해 가공한 형태를 주로 접한 데서 연유한 것이다. 따라서 ㈎에서 북해에서 나기 때문에 북어라고 한다는 것 역시 함경ㆍ강원 이남의 지역에서 붙여진 명칭으로 보고, 말린 명태 혹은 동태를 의미하는 경우로 생각된다. 따라서 앞의 세 기록은 서로 유사한 의미 선상에 있는 것으로 보아도 무방하다. 그러므로 ㈐의 내용은 필자의 오해에서 비롯된 것으로 생각된다. 결국 생산지에서 최초로 사용된 명칭은 '명태'이며, 가공법과 유통망의 발달로 인해 차후에 '북어'라는 명칭을 얻었던 것이다. 이는 다음의 <표 3>에서 마른 명태를 뜻하는 경우에 주로 '북어'가 사용된 것으로 보아, 명태가 북어보다 먼저 발생한 것이 분명하게 나타난다.

---

10) 이규경, 『五洲衍文長箋散稿』, 11권, 북어변증설, (p.383－384) "其名曰北魚俗其
  稱則明太 春漁曰春太冬捉曰凍太"

11) 이유원, 『국역 임하필기』권6, 민족문화추진회, 1999, p.3

어쨌든, 이 '명태'가 지금에 이르러서는 명태어획량 및 수요의 감소로 인해서인지 명태, 북어, 동태 정도로 단순화되었지만, 어업의 최성기였던 조선후기에는 관련 명칭이 지속적으로 발달하였는데, 그 내용은 다음과 같다.

<표 3> 명태의 지역 방언[12]

구분	명칭	내용
함경도	망태	자망(刺網)·거망(擧網)·수저망(水底網) 등 그물로 잡은 생명태
	조태	주낙(延繩釣)과 같은 낚시로 잡은 명태
	왜태	크기가 큰 명태
	애기태	크기가 작은 명태
	막물태	최종 어기에 어획된 작은 명태
	은어바지	은어를 먹으러 쫓아서 오는 명태떼 (명태가 來遊하는 제1기, 음력 10월 보름부터 내유하기 시작함.)
	동지바지	명태가 내유하는 제2기, 음력 11월 보름부터 내유하기 시작함.
	설달바지	명태가 내유하는 제3기, 음력 12월 초열흘께부터 내유하기 시작함.
강원도	선태	동해안 지방의 명태 상인들이 신선한 상태의 명태를 지칭하는 것
	강태(江太)	강원도 바다에서 잡히는 명태. 강원도의 강(江)과 명태의 태(太)가 합쳐진 것.
	간태(杆太)	11월 경 강원도 간성(杆城) 연해에서 어획되어 동건(凍乾)된 마른 명태
서울	동태(凍太)	겨울에 추운 공기에 얼어 빳빳해진 생명태 (동해안 지역에서도 사용됨.)

---

12) 박구병,『한국명태어업사』, 부산수산대학논문집 20, 1978, 정문기,『명태의 이름과 어원』, 한글, 1936, 참고

	강태(江太)	빛이 검고 단단하고, 좋지 못한 마른 명태
	더덕북어	빛은 누렇고, 살찌고 가장 좋은 북어(↔江太)
기타	북어	강원도·경기 이남에서 동건태(凍乾太)를 이르는 말
	북고어	동건태 (*『임원경제지』에서 이르는 말)
	북태	북해도에서 들어오는 건명태(= 북해도 명태)
	춘태	봄에 잡힌 명태(*『오주연문장전산고』에 기록됨.)

<표 3>과 같이 명태의 명칭은 시간이 흐르면서 점차 세분화되어 갔는데, 1900년대에 이르러서는 18가지에 이를 정도로 발달하게 되었다. 특히 주산지인 동해안 지역 즉, 함경·강원 양도에서 매우 발달하였는데, 그 가운데서도 함경도에서는 더욱 세분화되어 어획방법·어획시기에 의해서도 나누어 질 정도였다. 그리고 함경·강원을 제외한 지역에서는 주로 마른 명태를 이르는 명칭이 발달하였다.

특이하게 江太의 경우에는 강원도에서 생태, 서울에서 북어의 의미로 지역에 따라 전혀 다른 의미로 사용되었으며, 서울에서는 더덕북어와 비교하여 마른 명태의 품질을 구분하는 명칭으로 사용되었다. 즉, 원 명칭인 명태만이 아니라 방언들도 전파되어 새로운 의미를 얻는 데까지 이르렀던 것이다.

또 다른 대표적 기호어종인 대구도 이렇게 다양한 형태의 방언을 갖지 못하였다는 점을 고려해볼 때, 명태의 명칭이 갖는 의미가 무엇인지 충분히 짐작해 볼 수 있다. 또한 이는 『임하필기』에서 이유원이 오강의 땔감처럼 쌓였다고 한 표현의 의미도 가늠해 볼 수 있는 잣대가 될 수 있을 것이다.

지금까지 고문헌를 중심으로 살펴 본 바와 달리, 국어학계에서는 명태의 어원을 다음과 같이 보고 있다. 명태의 명칭 중 '－대/태'는 본래

순 우리말로 물고기를 뜻하는 것이며, 특히 동해안 지역에서 주로 쓰였다고 보고 있다.[13] 이에 대해 조금 더 자세히 살펴보면, '-대/태'류의 魚名은 전국적으로 3.9%인데, 특히 함경·강원 지역에서는 '-대/태'류의 어명이 41%, 그 중 '-태'를 가진 어명은 44%에 해당한다고 한다.[14] 즉, 명태의 주산지인 함경 지방에서 주로 사용되었던 고기를 뜻하는 '-태'와 불분명한 어두인 '명-'이 조합되어 만들어진 것이다. 앞의 <표 3>에서도 '-태'가 반복적으로 사용되는 것으로 보아, '-태'가 고기를 뜻하는 어미일 것으로 추측하기 어렵지 않다.

전설에서 '명-'은 명천의 명(明) 이외에, 명태의 기름(간유)을 등불로 사용하였기 때문이라는 것과 산간지방 사람들이 눈이 침침할 때 명태를 먹고 나았기 때문이라는 설이 존재한다. 두 가지 모두 '명-'의 기원으로 보았을 때 신빙성이 낮지만, 명태의 간유에 비타민A가 다량 포함되어 있으며, 비타민A가 눈의 간상세포에서 물체를 볼 수 있게 해주는 색소(로돕신)를 합성하는데 반드시 필요하다고 하니 전혀 뜬소문은 아니다. 그러나 당시에 이러한 효능까지 생각하고 이름 지었을리 없으므로, 이는 후세에 명태의 어원을 추측하면서 발생한 것으로 보는 편이 옳을 것이다. 보다 확실한 '명-'의 어원을 밝히기 위해서는 함경도 지방의 언어변천에 관한 연구가 진행되어야 할 것이지만, 현재까지 이에 관한 연구가 미미하여 더 이상 밝히는 것은 어렵다.

---

13) 김홍석, 「한국산 어류 명칭의 어휘론적 연구 : 어류 명칭의 접미사 분류를 중심으로」, 공주대 교육대학원, 1996, pp. 30-31

14) 정문기, 「韓國魚圖譜」, 일지사, 1977,
"'-어'류 23.4%, '-이'류 14.4%, '-리'류 13.1%, '-치'류 11.5%, '-기'류 7.6%, '-(도)미'류 5.3%, '-대/태'류 3.9%, '-지'류 3.3%, 기타 19.8%"

3. 명태의 전파에 관하여

3.1 일본

일본인들은 본래 명태의 풍미가 낮다하여 생선인 채로 먹지 않았고, 가마보코나 오뎅의 원료로 사용하는 정도였다. 일본에서 명태가 널리 이용되지 않는 것은 일본 근해의 수산자원이 매우 다양하며, 그 가운데 명태는 관서·북해도 주변에서 생산되는데다가, 특별한 맛도 느껴지지 않기 때문이었을 것이다. 그렇다하더라도 세계적으로 손꼽히는 수산대국인 일본에서 이렇듯 명태의 가공·조리법이 한정적이었던 것은 의외의 사실이다.

지금 일본에서 '明太子(メンタイコ)'라고 하는 것은 우리의 명란젓 즉, 고춧가루를 사용해 붉게 절여진 명태알을 이르는 것으로 우리식 조리법과 명칭이 전래된 이후로 변하지 않고 있는 대표적인 예이다. 여전히 일본에서는 명태를 가공식품으로 만들어 먹지만, 명란젓만큼은 조선의 영향을 받아 새로운 음식문화로서 일본에서 자리매김하였던 것이다. 이 メンタイコ는 현재 후쿠오카 및 홋카이도 지역의 특산물로 유명하며, 그냥 소금에만 절인 것은 '鱈子(タラコ)'라고 하여 구분되고 있다.

이처럼 일본은 개항기 이후에야 비로소 명태를 중요하게 인식하기 시작한 것이다. 일본에서 이전에 명태를 몰랐던 것은 물론 아니다. 이는 에도시대에 편찬 된 『魚鑑』(1831)에서도 나타난다.[15] 그러나 당시에 『魚鑑』에 기록된 'スケトウ'를 비생산지에서도 널리 인식하였다

---

[15] 일본에서도 스케토우의 명확한 설은 없으며 <魚鑑>에서 '佐渡'의 어원을 따 スケトウ라 불렀다는 설이 가장 유력하다.
　　http://www.fishexp.pref.hokkaido.JP<홋카이도 공식홈페이지>

고 보기는 어렵다고 생각된다. 비록 가마보코나 오뎅이 일본에서 흔한 가공식품이었다 하더라도, 생선살을 으깨서 만드는 식품이므로 명태가 아닌 다른 생선살을 이용하는 경우도 많았기 때문이다. 이러한 의식은 1908년에 편찬된 『한국수산지』에서도 드러난다. 『한국수산지』에 수록된 朝日魚明對照表에서 명태를 일본에서는 メンタイ 라고하며, 한자표기는 明太라 하였다. 이는 아마도 개항기 일본인들이 조선에서 항구마다 가득 쌓여있는 명태를 보고서야 명태에 관심을 갖기 시작하였기 때문이다. 그러므로 당시 재류 일본인 및 본토의 일부 일본인들에게는 일본식 명칭보다 조선식 명칭이 더 널리 사용될 수 있었던 것이다. 또한, 이를 통해 メンタイ가 일본 전역에서 사용되었을 것으로 생각된다. 이러한 이유로 인해 현재 명태의 정식 명칭은 'スケトウダラ'이지만, 사전적 의미에는 スケトウダラ의 다른 표현으로 '明太라 표기하고 メンタイ라고 읽는다.'라고 정의하고 있는 것이다.

3.2 중국 · 러시아

중국과 러시아 또한 일본과 마찬가지로, 우리와 유사한 발음인 '明太魚(míng tài yú)'와 'минтай '라고 표기한다.

중국에서는 본래 명태가 생산되지 않았기 때문에, 『본초강목』과 같은 본초문헌에 명태는 실려 있지 않다. 즉, 옛날 중국인들은 명태를 전혀 알지 못 하였기 때문에 음식의 재료로 사용하지 못 하였던 것이다. 그러나 지금까지도 중국인들은 명태를 즐겨먹지 않는다. 중국에서는 míng tài yú라고도 하지만, 중국식 발음인 狹鱈(xiá xuě)라고 부르는 경우가 많다. 이는 '몸집이 작은 대구'라는 뜻으로, 실상 억지로 대구 '大口魚(dà kǒu yú)'와 구분하기 위한 목적이 더 큰 것이다.[16]

현재 중국에의 명태 산업은 조선족자치주를 중심으로 발달하고 있으며, 그 주목적은 한국수출을 위한 것이다. 연변에는 명태가공협회를 설립하였으며, 최근에는 조선족과 한국인을 대상으로 한 명태라면이 유통되기 시작하였다.

<그림 5>현재 연변지역에서 판매되고 있는 명태라면

　러시아의 경우도 중국과 매우 유사하다. 우선 минтай 라고 하는 발음의 유사성으로 보자면, 중국을 거쳐 러시아로 전해진 것으로 추측된다. 따라서 명태가 중국으로 전파된 것 역시 일본과 마찬가지로 개항기를 전후한 시기라고 생각해본다면, 결국 러시아에는 이보다 더욱 늦은 시기에 전해진 것이다. 명태의 주산지인 러시아에서 명태 인식이 이토록 낮았다는 사실이 오히려 낯설 정도이다. 지금도 러시아인들은 명태어업을 영위하지만, 여전히 음식의 주재료로 사용되는 경우는 드물고 그 가치를 매우 낮게 인식하고 있다. 러시아에서 명태가 기호식품이 되지 않은 것은 다양한 이유가 있겠지만, 지나치게 많이 잡히면서도 다른 어족에 비해 그 맛이 좋지 못한 것도 그 이유가 되었을 것이다.

　러시아의 명태관련 산업의 주목적 역시 다른 국가와 마찬가지로 對韓 수출을 위한 것이다. 최근에 이명박 대통령이 러시아 순방 때에 명태쿼터를 2만톤에서 4만톤으로 증가시켰다고 하자, 러시아 연안에는

---

16) 윤덕노, <음식잡학사전>, 북로드, 2007, p.105

명태가공공장이 대거 들어섰다고 한다.[17] 이러한 사실은 러시아에서 명태어업의 주요 대상국이 우리나라임을 즉각적으로 반영하는 것이다. 이렇듯 중국·일본·러시아에서 공통적으로 명태산업의 주요 대상국이 우리나라가 된 것은, 최근 명태의 남하범위가 북상함으로 인해 남한의 동해안 지역에서는 명태생산량이 매년 급감하고 있기 때문이다. 그러므로 국내 명태 수요를 위해 삼국으로부터 점차 수입하는 명태량은 증가하고 있으며, 지금도 삼국에서는 명태를 자국소비용보다 對韓수출을 목적으로 어획하고 있는 것이다.

이상에서 살펴 본 바와 같이, 명태의 주요 섭식장소를 주변으로 한 국가들 가운데 명태를 이토록 즐겨 먹는 곳은 우리나라밖에 없다. 한국에서는 다양한 방법으로 명태의 상업성이 극대화되었지만, 일·중·러 3국에서는 명태가 우리와 같이 적극적으로 수용되지 못하였던 것이다. 그렇지만 인접한 삼국의 명태 명칭의 유래가 우리나라에 있다는 흔적과 더불어, 같은 대상임에도 불구하고 처해진 역사적 상황에 따라 전혀 다르게 인식을 하였다는 점은 흥미로운 것임에 틀림없다.

Ⅱ. 나오는 말

조선의 대표적 어업으로서 명태어의 위치는 이미 널리 알려진 바와 같다. 특히 조선후기에 가장 발달하였던 명태 어업은 식생활과 더불어 서민들의 관혼상제 의식에도 침투할 만큼 범국민적인 어종이었다. 이렇게 다양한 측면에서 볼 때, 명태의 파급력은 상상을 초월하는 것이었다고 할 수 있다. 따라서 명태에 대한 연구는 수산이나 경제사적인 부분만이 아니라, 역사나 문화 방면으로도 이루어져야 하는 것이다.

---

17) 헤럴드 생생뉴스 경제. 3월 10일자

이러한 필요성의 일환으로 본 글에서는 명태의 출현 시기 및 명칭의 기원과 발달에 관하여 살펴보았다. 명태의 출현 및 명칭의 기원에 관하여 언급하고 있는 여러 문헌들을 비교한 결과, 명태의 출현은 최소한 조선초기부터 시작되었던 것으로 보인다. 명태가 어획되기 시작한 조선 초 이후로 얼마 동안은 잡어로 치부되어 서식지 근처의 민간에서만 이를 식용하다가, 조선 중기 이후에는 진상 물품에 포함되었고, 시간이 흐름에 따라 현재와 같은 위치로 올라섰던 것이다.

또한 명태라는 명칭은 어획 직후가 아니라 상당한 시간이 지난 후에야 명명되었다. 따라서 명태보다 먼저 사용된 명칭으로 ≪신증동국여지승람≫에서 등장하는 무태어를 명태의 선칭으로 보는 것이다. 즉, 함경도 지방에서는 명태보다 무태가 먼저 사용되었으며, 무태의 생산량이 점차 많아지고 수요가 늘어나자 명태라는 명칭과 혼용되었고, 이 가운데 명태가 조선 팔도에 퍼져 보편적으로 사용되었던 것이다. 무태어에서 명태로 변화되는 과정은 다소 불분명하지만, 아마도 명태의 어획과 유통이 활발해지고 다른 지역으로 전파되는 과정에서 발생한 것으로 생각된다.

조선후기에는 명태의 어획 및 수요가 급증하여 북어·동태 이 외에도 18가지에 달하는 방언을 가졌었다. 명태가 이렇게 폭발적인 파급력을 가질 수 있었던 것은 가공법·유통망·조리법 등 다양한 원인들이 있었기에 가능하였던 것이다. 특히, 오랜 기간 지속된 흉년으로 먹을 것 없었던 조선에 이토록 명태가 풍어를 이루었으니, 명태의 발달은 필연적이었던 것이다.

그러나 최근에는 온난화 현상으로 인해, 명태의 씨가 말랐다고 할 만큼 동해안에서의 그 어획량이 줄어들었다. 게다가 특히, 강원도 지역까지 남하하는 명태량이 극히 줄어들었다고 하니, 조선시대에는 개가 물어가도 쫓아가지 않는다던 명태가 지금은 귀하디 귀한 몸이 되신 것이다. 이에 따라 우리나라에서도 명태의 의미가 점차 축소되어가는 듯 하지만, 여전히 우리 민족문화의 일부를 상징하는 데에는 부족함이 없다.

조선시대 명태어장과 어로기술

심민정*

Ⅰ. 들어가면서

Ⅱ. 명태의 출현 : 무태어와 명태

Ⅲ. 명태 어장과 어획시기 : 이상기후의 발생과 명태 수요 급증

Ⅳ. 명태 어로 기술 : 낚시에서 어망어업까지

Ⅴ. 나오면서

Ⅰ. 들어가면서

조선후기에 들어 명태는 국내에서 엄청난 어획·교역량을 자랑하였으며, 머리부터 꼬리까지 하나도 버릴 것 없이 이용했던 서민의 식품이었다. 동시에 관혼상제의 행사 음식에는 빠짐없이 올라가는 생선이었으니, 그 수요량이 얼마나 엄청났었는지는 짐작하고도 남음이 있다. 그렇다면 이렇게 많이 소용되었던 '명태'라는 물고기는 도대체 언

---

* 부경대 해양문화연구소 연구원.

제, 어디에서 나타났으며, 어떤 경로를 통해 현재까지도 우리들의 밥상에, 혹은 차례상에 어김없이 올라오게 된 것일까?

본고 뿐만 아니라 이 저서의 집필진들은 모두 명태라는 물고기가 러시아나 일본 북해도에서 더 많이 잡히지만, 실제 상 위에 이렇게 자주 올라가고, 다양한 요리법을 가지게 된 국가는 현재 우리나라 밖에 없음을 결론지었다. 동시에 '명태'라는 이름도 조선에서 처음 붙인 명태라는 명칭이 그대로 러시아, 중국, 일본 각지로 퍼져 'minta−i' 혹은 이와 유사한 발음으로 전해져 세계인들의 입에 오르내리고 있는 상태이다.

이렇게 현재 널리 조선의 '명태'라는 물고기가 이름지어지게 된 경로, 즉 명태가 어획되기 시작한 시점과 그것이 널리 이용되어 어장이 확대되고, 동시에 어로기술의 발달까지 이어지는 전 과정을 본고에서 밝혀보고자 한다. 물론 개항 이후 일본에 의한 어업침탈의 자행, 기후의 변화 등으로 명태 어로 기술이라든지 주요 어장이 변화하는 양상을 보이는데, 여기에서는 그 이전, 즉 조선만의 명태 어획이 활발하던 시기를 중심으로 어장의 분포와 어로 기술을 살펴볼 것이다.

Ⅱ. 명태의 출현 : 무태어와 명태

개항 이후 조선의 여러 해역에서 일본을 비롯한 각국의 침탈이 자행되었는데, 그 중에서 명태 어업은 가장 많은 부분을 차지한다고 해도 과언이 아니다. 게다가 명태는 오로지 국내 수요를 충족시켰을 뿐이라는 점을 생각한다면, 명태어업 및 거래량은 상당한 부분을 차지하는 셈이다. 하지만 이렇게 국내에서 많은 수요량을 자랑하는 명태도 실제 그 명칭이 알려진 것은 그다지 오래되지 않았다.

본인이 사료를 검토한 결과로는 1652년(효종 3년)에 처음 '명태'라는 명칭이 등장한다.[1] 이는 효종조에 대구알젓 대신 명태알을 봉진(封進)한 일에 대해 강원도에서 조사하여 해당관원을 추고(推考)할 것을 청한 내용인데, 명태알이라는 명칭이 대구알에 대신해 등장하고 있는 것으로 보아 이 시기에는 명태가 널리 이용되고 있었던 것으로 추측된다. 하지만 그다지 고급음식으로는 인식되지 못한 것 같다. 대구알은 고급음식으로 봉진하는 것인데, 그보다 하품(下品)인 명태알로 젓갈을 만들어 봉진하였다는 것이 용납되지 않았던 것이다. 이런 인식은 조선 후기에 명태가 보편적으로 널리 이용될 당시에도 계속 이어진다.

> (가)일용으로 항상 찬에 올리는데, 민간의 여러 백성들은 이것을 포로 만들어 제사지낸다. 유가(儒家)에서는 빈한한 자들도 또한 제기에 올리니 물건은 천하지만 쓰임은 귀한 것이다.[2]

> (나) 북해(北海)에 있는 고기는 명태(明太)라 하고, 또한 북어(北魚)라고도 하니, 북쪽의 고기이다. 그 고기는 살아서 물에서 활발하게 뛰노는 것이 혜자(惠子)의 구경거리도 못되고, 죽어서는 자양(慈養)이 적어 공후귀족(公侯貴族)에게는 접대할 수도 없다. 다만 그것이 많이 나고 그 값이 싼 까닭으로, 우리나라[조선] 사람은 심산궁곡(深山窮谷)의 노인과 여자, 어린 아이들까지도 북어를 모르는 사람은 없다. 지금 박물원에 있는 어족의 설치를 보건대 홀로 북어만 보이지 않으니, 저들도 말하기를 '없는 것은 이것[北魚] 뿐이다.'라고 하였다.[3]

---

1)『承政院日記』, 효종 3년 9월 10일(무인); 10월 8일(병오).

2) 이규경,『오주연문장전산고』, 萬物篇, 蟲魚類, 北魚辨證說.

3) 김기수,『日東記游』제3권, 物産, 1877.

(가), (나)의 사료를 보면, 당시 명태가 널리 이용되고 있음에도 불구하고 명태라는 생선 자체는 '천하다'고 인식되고 있다. 하지만 서민의 일용 찬(饌), 제사에 쓰이는 포 등으로 그 쓰임은 매우 다양하고 가격도 싸서 전국적으로 이용하는 생선인 것이다.

이렇듯 천하면서도 쓰임이 다양한 '명태'라는 생선은 정말 조선 후기에 들어와 보편화된 것일까? 만약 그렇다면 처음 명태를 어획하고, 그것을 식용에 이용하게 된 시점은 언제일까? 이를 살펴보기 위해서는 명태가 '명태'라는 명칭 외에 어떤 다른 명칭을 가지고 있는지부터 짚고 넘어가야할 필요성이 있다. 그래야 그 출현시기를 정확히 밝힐 수 있기 때문이다.

> (다) 명태는 명천에서 나는데, 곧 무태어(無泰魚)이다.[4]

> (라) 북해(北海)에 있는 고기는 명태(明太)라 하고, 또한 북어(北魚)라고도 하니, 북쪽의 고기이다.[5]

> (마) 일반적으로 산 것은 명태, 마른 것은 북어라 한다.[6]

위의 자료는 명태에 관한 다양한 명칭을 기록한 것이다. 우선 (다)에서는 명태의 명칭이 '무태어(無泰魚)'라고 밝히고 있다. '무태어'라는 명칭에 대해 자세한 의미나 어원은 알 수 없지만[7], 무태어가 명태라는 사실은 명태의 출현 시기를 조선 전기로 소급시킬 수 있는 의미있는

---

4) 黃泌秀, 『方藥合編』, 藥性歌, 魚, 北魚.

5) 김기수, 『日東記游』 제3권, 物産, 1877.

6) 서유구, 『임원십육지』, 「佃漁志」, 제3편 魚名攷, 海魚, 無鱗類, 明鮐魚.

7) 박구병은 '「한국명태어업사」, 『부산수대논문집』20, 1978'에서 '無泰'라는 말이 '大'와 상통한다고 하고 있다.

내용이다. 즉 '무태어'라는 명칭이 조선 전기 사료에서 나타나기 때문이다. 『신증동국여지승람(新增東國輿地勝覽)』에서는 함경도 경성과 명천현의 '토산(土産)'조에 '무태어'라는 어명(魚名)을 기록하고 있다. 이것이 사실이라면 명태의 출현은 『신증동국여지승람』의 출간 시점인 1530년 경으로 소급된다. 여기에 이 저서를 간행하기 위해 조사·검토한 시간까지 고려한다면, 명태는 1490년경부터 어획되고 있었을 것으로 추측된다.

하지만 한가지, 명태를 무태어라 기록한 『방약합편(方藥合編)』이 고종대에 편찬되었고, 여기에는 명태에 대해 이외의 다른 기록이 없다는 것이 문제시된다. 명태가 무태어라는 것을 증빙할만한 다른 내용이 전혀 없는 것이다. 이보다 앞서 편찬된 『순암집』에는 중국 사서인 『성경통지』를 칭송하면서, 우리 조선의 『여지승람』에는 '목어(目魚)', '명태(明太)', '멸어(蔑魚)'가 빠져있다고 얘기하고 있다.[8] 그렇다면 이 두 저서의 내용상 '무태어=명태'라는 부분에 대해서는 쉽게 단정할 수 없는 것이다. 이 부분에 대해서는 추후에 관련된 사료가 발견된다면, 해결될 문제라고 생각되므로 잠시 접어두도록 하겠다.

(라), (마)에서는 또 다른 명칭을 언급하고 있는데, 이 명칭은 다행히 사람들에게 널리 알려져 있어 그 용어에 대해 문제삼을만한 부분은 없을 것이다. 즉 우리가 현재까지도 널리 사용하는 '북어(北魚)'라는 명칭이다. (라)에서는 명태의 어원을 밝히면서, 북어는 '북쪽에서 온 물고기'라는 뜻으로 사용하고 있다. 그렇다면 '북어'라는 명칭은 명태가 잘 잡히는 곳이 함경북도 부근의 북쪽 바다이므로 그런 이름이 붙은 것으로 볼 수 있을 것이다. 반면 (마)에서는 북어라는 명칭에 대해 좀

---

8) 『순암집』 제7권, 잡저, 書.

다른 견해를 가지고 있다. 즉 북어는 '명태를 말린 것'이라는 의미로 쓰이는 것이다. 이런 용어의 차이는 세부적으로 들어가면 미묘한 의견 차이가 있기는 하나, 본 절에서는 그다지 큰 문제는 없다. 다만 '북어'라는 명칭은 대체로 정조(正祖)대 이후부터 자주 나타나고 있어, (라)의 견해에서 본다면 '명태'라는 용어보다 '북어'라는 용어가 나중에 사용된 것으로 단순히 결론내릴 수 있겠지만, (마)의 견해에서 본다면, 명태를 말려 포로 만드는 가공법이 활성화·보편화된 것은 정조대 이후라고 결론내릴 수 있을 것이다.

앞서 명태의 명칭과 관련하여 여러 사료들을 언급했는데, 본 절에서 이 사료들을 통해 밝혀야 할 것은 명태어업이 언제부터 시작되었는지 하는 부분이다. 이것을 앞의 내용들과 연관시켜 정리해 보면, 우선 '명태는 무태어'라는 전제가 맞다면, 명태어업의 출현 시점은 조선 건국 후 백여 년이 지난 시점으로 볼 수 있을 것이다. 하지만 명태가 무태어와 다른 것이라면, 명태의 출현 시점은 조선후기, 즉 17세기 중반 무렵으로 볼 수 있다. 이는 앞서 제시한 『승정원일기』의 내용과도 부합되지만, 『임하필기』의 내용 중에 노봉(老峯) 민정중(閔鼎重)이 명태는 '300년 뒤에 지금보다 귀해질 것이다.'라고 언급한 부분에서도 알 수 있다. 명태가 알려지기 시작할 때 이러한 언급을 한 민정중은 1628~1692년 사람으로, 그가 활동하던 시기를 미루어 짐작해 본다면, 17세기 중반 무렵이 명태어업이 활성화되기 시작하는 기점으로 볼 수 있을 것이다.

앞의 두 전제들을 통해 정리하자면, 명태는 조선시대에 들어와 그 이름이 알려지기 시작했고, 어획되었음을 알 수 있다. 그렇다면 명태어업은 그다지 오랜 역사를 가지고 있지는 않은 것이다. 하지만 명태는 이후로 갈수록 그 이름이 알려지고, 쓰임이 활성화되었으며, 조선

내 수요의 많은 부분을 차지하는 생선이 되었다. 그렇다면 도대체 명태의 어떤 점이 이렇게 큰 수요를 낳게 한 것인지 궁금하지 않을 수 없다. 이 부분은 명태어업의 발달과정을 살펴보면서 차차 추측해 보도록 하자.

Ⅲ. 명태 어장과 어획시기 : 이상기후의 발생과 명태 수요 급증

명태의 명칭이 여러 가지로 분화되었든 한 가지 명칭을 가졌든 이런 명칭이 등장한다고 해서 당시 바로 명태어장이 형성되어 어업이 행해졌던 것을 의미하지는 않는다. 어장이 형성되었다는 것은 그만큼 그 어종에 대한 수요가 늘고, 생산이 활성화되었음을 의미한다. 즉 그 어종의 등장과 어업의 활성화는 다른 문제인 것이다.

앞서 살펴보았듯이 명태도 그 등장은 그리 화려하지는 않으나 수요는 빠른 속도로 널리 번져갔다. 하지만 높은 신분을 가진 이들의 고급상에 오르지는 못했다. 어찌 보면 이렇게 서민들을 통해 보급되고 이용되었다는 점이 이용·확산을 빠르게 한 부분일 수도 있다. 하지만 싼 가격, 대량 어획, 맛 등의 요건만으로는 명태가 그렇게 빨리 확산되었다고 단정지을 수 없다. 여기에는 다른 요인들도 복합적으로 작용했던 것 같다. 그 부분을 밝히기 위해서는 실제 명태어업이 활성화된 시점인, 어장의 형성 부분을 눈여겨봐야 할 것이다.

우선 명태의 최초 등장 시점을 아직 확실하게 단정지을 수 없으므로, '명태＝무태어'라는 범주도 무시하지는 못할 것이라 생각된다. 이에 다음 지도에 무태어를 포함한 명태 어장의 분포를 시기별로 표시해 보았다.

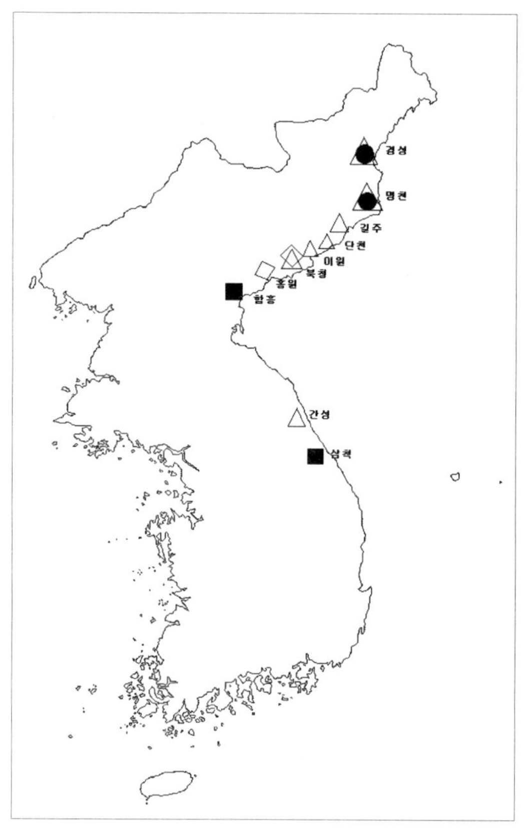

● 1490~1530　△ 1750~1770　■ 1770~1780　◇ 1900~

어획시기별 명태어장 분포

① 1499~1530 : 함경도 경성도호부, 함경도 명천현 – '무태어'9)
② 1750~1765 : 함경북도 경성도호부, 함경북도 명천부 – '무태어'10)
　　　　　　 강원도 간성 – '명태'11)
　　　　　　 함경북도 길주 – '명태어'12)

---

9)『新增東國輿地勝覽』제50권, 함경도 경성도호부, 명천현, 土産.

10)『여지도서』, 함경북도 경성도호부읍지, 명천현부읍지, 物産.

11)『여지도서』, 江原道 杆城, 物産.

함경남도 북청부 – '명태'[13)

함경도 북청, 홍원, 이성, 단천 – '명태'[14)

③ 1774 : 강원도 삼척[15)

④ 1775 : 함경도 함흥[16)

⑤ 1903 : 홍원·북청 두 군 안의 신포(新浦), 신창(新昌), 차포(遮浦)
세 마을[17)

앞의 그림과 함께 어장의 분포를 살펴볼 때 조선 전기의 무태어가

---

12) 『여지도서』, 咸鏡道(關北邑誌) 咸鏡北道吉州牧邑誌, 物産.

13) 『여지도서』, 咸鏡道(關北邑誌) 咸鏡南道北靑府邑誌, 物産.

14) 『備邊司謄錄』, 영조 35년(1753) 기유 9월 7일. "同日入侍時, 行司直洪鳳漢所啓, 觀此咸鏡道北靑·洪原·利城·端川等海尺金華伯等上言, 則以爲均役應稅外, 進上凡節, 監·兵營本官所納如前, 尤有一難支之痼弊, **明太所捉之時**, 稱以行狀, 自營幕分給各船, 徵價太重, 初則一船所納, 不過五級, 間爲二十級, 今爲錢一兩一錢, 均廳之後, 宜蠲狀等之稅, 而乃反加徵, 民不支堪, 請其革罷云云."

15) 『各司謄錄』, 영조 50년(1774) 7월 25일(음). "표민(漂民) 사공 김계용(金戒用)이 보고한 내용 중에, "우리 승선원은 7명인데, 모두 강원도 삼척부(三陟府) 동면(東面) 부례포(扶禮浦)에 거주하는 해한(海漢)으로 **명태어를 잡고자** 망자(網子) 22립(立)을 가지고 같은 마을에 사는 균역청(均役廳) 소속 선주(船主)조도치(趙道致)의 배에 함께 타고, 작년 12월 28일 본토에서 발선하여 바다로 나가, 망을 설치하고 물고기를 잡았는데, 서풍(西風)이 크게 일어 망자(網子) 10립(立)은 겨우 건졌으나 배를 제어하지 못해 대양(大洋)에 표류하게 되었습니다. (하략) (漂民沙工金戒用所告內, 矣徒沙格並七名, 皆以江原道三陟府東面扶禮浦所居海漢, 明太魚捉得次, 持網子二十二立同里居均役廳屬船主趙道致船處隻中同騎, 上年十二月二十八日, 自本土發船出海, 設網捉魚, 西風大作, 網子十立, 僅以拯出, 不能制船, 轉漂大洋)"

16) 『各司謄錄』, 영조 51년(1775) 6월 28일(음). "함경도 함흥 표민 선주 이이상(李二尙)·이성귀(李成貴) 등이 보고한 내용에, "우리 승선원 7명 등은 모두 함흥포(咸興浦) 청면(靑面) 집삼리(執三里)에 사는 어부로, **명태어를 잡고자** 각각 조자(釣子)를 가지고 균역청 소속 선주 이이상과 저의 선척을 함께 타고, 작년 10월 29일 새벽에 본토에서 발선하여 바다에 나와서 낚시를 할 때, (하략) (咸鏡道咸興漂民船主李二尙李成貴等所告內, 矣徒等沙格幷七名等段, 皆以咸興甫靑面執三里所居海夫, **明太魚捉得次**, 各持釣子, 同役廳屬船主李二尙矣身船隻良中同騎, 上年十月二十九日鷄鳴初, 自本土發船出海釣魚之際,)"

17) 『한해통어지침』, 1903.

명태라면 어장이 형성된 시점은 앞에서도 언급했듯이 15세기 말로 추측할 수 있다. 그렇다면 왜 하필 이 시기에 명태라는 생선이 알려져 어장까지 형성된 것일까? 좁은 소견으로는 당시 조선의 기후 변동과 연관지을 수 있지 않을까 생각한다. 15세기 말에서 16세기를 거치는 동안 조선은 일명 '소빙기'라고 불릴 정도로 추운 기후가 찾아왔다. 이에 추위 등으로 먹을 것이 부족해지면서, 그동안 먹지 않았던 명태에 눈을 돌린 것이다. 게다가 명태는 생산량이 엄청나서 먹을 것이 부족한 서민들에게 좋은 영양식이 되어 주었던 것이다.

명태 어장은 조선 후기에 들어와 빠른 속도로 확대되고, 그 어획량 및 수요량도 큰 규모로 늘어가는 것을 볼 수 있다. 즉 앞의 그림에 의하면, 처음에는 명태 어장이 함경도 지역에 한정되던 것이 강원도 지역으로 점차 내려와 동해 삼척까지 어장이 내려온 것이다. 이는 명태의 생태 특성상 수온 1~10℃에서 서식하는 것을 생각한다면, 18세기 후반에는 강원도 삼척 부근의 수온이 그 정도의 한랭한 기후였음을 짐작할 수 있다. 이는 19세기 초·중반 무렵까지 유지되는 것으로 보이는데, 자료 ③, ④와 같은 실례는 찾을 수 없으나, 서유구의 『임원십육지』에서는 명태에 대해, "四時皆可取 每自臘月 爲始設網捕之"라고 하여 사시 사철 잡을 수 있는 물고기로 묘사하고 있다. 이런 언급은 동해안이 사시사철 명태가 활동할 수 있는 수온으로 유지되고 있었음을 의미한다. 서유구의 저서가 19세기 초반에 나온 것을 감안한다면, 적어도 그가 명태에 대해서 조사하고 저술 작업을 하였을 것이라 짐작되는 18세기 후반 무렵에는 동해안에서 1년 내내 명태가 서식할 수 있는 수온이 유지되고 있었음을 알 수 있다. 이런 이상 기후는 실록을 통해서도 알 수 있는데, 17세기 초엽부터 19세기 초반 무렵까지 조선 전역은 한랭한 기후가 계속되었고, 동시에 해역도 이런 영향을 받은 것이다.

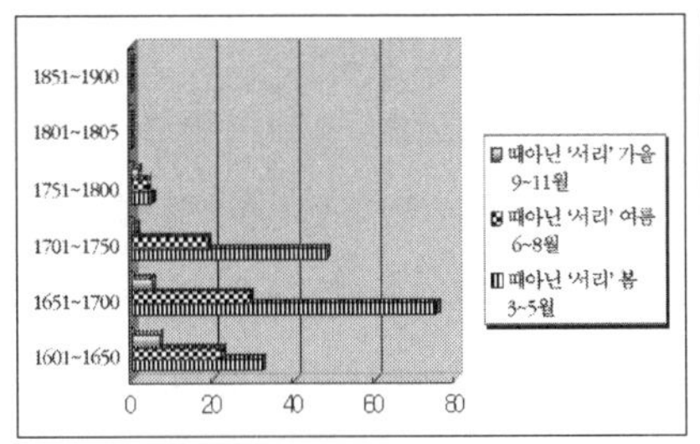

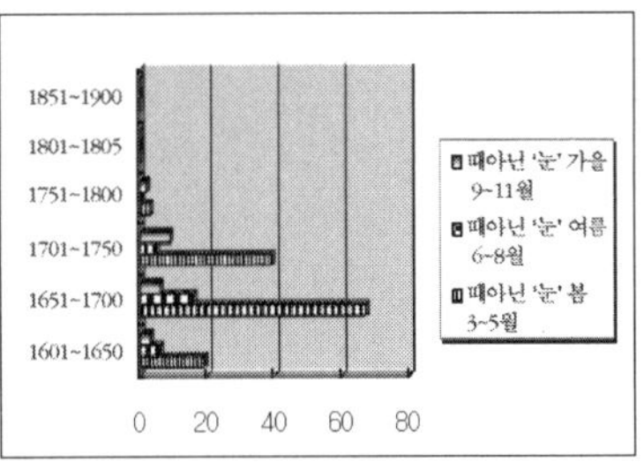

<도표 1> 조선 후기 이상기후 — 때 아닌 '서리'

<도표 2> 조선 후기 이상기후 — 때 아닌 '눈'

위의 <도표1>과 <도표2>는 『조선왕조실록』에 나오는 이상기후 관련 기사 중 '때 아닌 눈'과 '때 아닌 서리' 기사를 중심으로 도식화한 것이다. 겨울이 아닌, 봄·여름·가을에 눈이나 서리가 내린다는 것은 그만큼 기후가 한랭하였다는 것을 보여준다고 할 수 있다. 이를 통해 각 시기별 특징을 보면, 17세기 중후반 무렵의 기후가 가장 한랭하였다는 것을 짐작할 수 있는데, 실질적으로는 17세기 초반부터 19세기 초반까지는 전체적으로 한랭한 기후가 나타나는 시기라고 할 수 있다.

대체적으로 이렇게 이상기후가 나타나면 국가의 정책이 변화하고 농법 등에 새로운 이론이 등장하기 마련인데[18], 조선시대에도 『均役廳事目』과 같은 책이 편찬되고 있다. 즉 당시 이상 기후로 인해 농업 생산량이 현저하게 줄어들면서 국가에서는 농업으로 인한 세금 대신 바다에 눈을 돌려 어·염·선세 등을 징수하려는 생각을 가졌던 것이 아닐까 하는 추측을 해볼 수 있는 것이다.

---

18) 김문기는 '「17세기 강남의 기후변동과 명청교체」, 부경대학교 사학과 박사학위 논문, 2008'에서 17세기의 소빙기 현상과 더불어 명말 『農政全書』, 『吳中水利全書』 등과 같은 농업과 수리에 대한 全書가 출현하고 있음을 밝힌 바 있다.

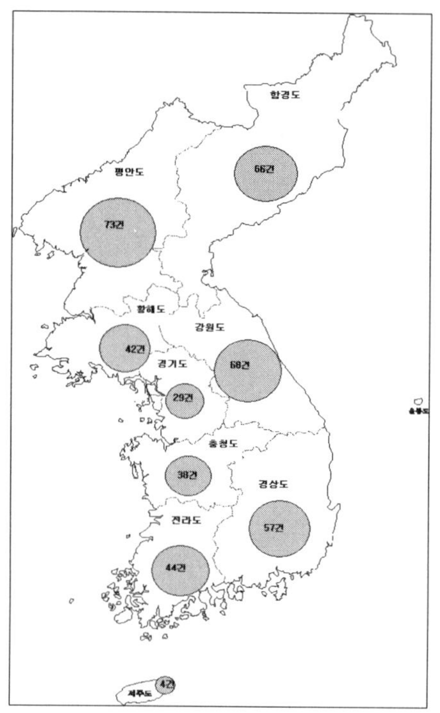

당시 이상 기후는 전국적으로 고르게 발생하였고, 특히 명태 어장이 발달한 동해안 쪽에 서리나 눈 같은 한랭한 기후 요소들이 빈번하게 기상 변화를 일으켜 명태 어업 및 거래를 활발하게 이끈 것 같다. 이상기후로 인해 전국에는 기근과 재해 등이 발생하였는데, 특히 함경도 등과 같은 북쪽 지역은 식용으로 사용할 곡물이 현저하게 모자라는 상황이었다. 이에 그 대책들이 쏟아져 나오고 있는데, 명태와 관련해서는 다음의 기록이 눈에 띈다.

1600~1850년 지역별 때 아닌 눈·서리 기사 건수

> 본도(北道)가 곡식을 생산하는 방법은 단지 **명태**를 많이 무역하는데 있다. 명태는 혹 덕원(德源)·함흥(咸興) 등지에 쌓아두고 일을 담당하는 자를 영남에 보내어 미상(米商)을 잘 개유해서 곡물을 싣고 들어오면 곧 값을 깎아 생선을 팔겠다는 뜻을 간곡하게 하여 서로 약속한다. 그래서 미상이 한번 와서 이익을 얻고 가면 바로 소문이 돌아 반드시 장차 모두 모일 것이다. 또 본도에서 뱃삯을 후하게 주고, 연일(延日) 등지에 실어보내 쌀과 무역하게 하면, 따라서 나누어 지급한 곡식을 운반하게 되니, 머리와 꼬리가 서로 연결되는 격이라, 곧 이것이 백성을 구제하는 한 방법이다.[19]

위의 기록은 함경도 감진어사(監賑御史)가 가지고 갈 절목의 일부
인데, 기근으로 인한 북도(北道) 백성들의 일용 양식에 대한 대책 중
하나로 명태와 쌀의 무역을 들고 있다. 물론 이 기록은 이 시기 기근이
나 재해가 있었다는 사실을 반증하는 기록이기도 하지만, 동시에 식량
자원인 쌀과 교역할만큼 많은 명태를 북도(北道)에서 생산하고 있었
음을 보여주는 기록이기도 하다. 당시 명태의 정확한 생산량은 알 수
없으나, 아래의 기록을 통해 명태의 생산·교역량이 많았음을 짐작할
수는 있다.

> (가) 당초 표풍(漂風)한 연유를 물으니, 표민(漂民) 사공 김중
> 재(金中才)가 보고한 내용 중에, "승선한 사람 13명 중 10
> 명은 개성부(開城府) 예성강(禮城江)에 사는 백성이고, 3
> 명은 전라 강진(康津)에 사는 백성인데, 모두 흥판(興販)
> 때문에 한 배에 타 돈 2,200냥을 싣고, 작년 2월 13일 예
> 성강에서 출발하여 같은 날 은진(恩津) 경계에 왔습니
> 다. 무역하는 쌀 540석은 5월 초 5일 영일포항(迎日浦項)
> 에 도착해 거래를 시작해, **명태어(明太魚) 52태(駄)**와 교
> 환하는 거래를 했습니다.(하략)"20)
>
> (나) 선주(船主) 겸 사공 신도성(申道成)이 보고한 내용 중에,
> "우리 승선원 12명은 모두 함경도 안변부(安邊府) 남변

---

19)『備邊司謄錄』, 영조 17년(1741) 신유 10월 26일. "本道生穀之道, 只在於多貿明太,
而明太或積峙於德源·咸興等地, 而發遣幹事人於嶺南, 開諭米商, 使之載穀入來, 則
當減價賣魚之意, 丁寧相約, 而米商一來得利而去, 則風聲所及, 必將齊集, 又自本道,
厚給船價, 載送於延日等處, 使之貿米, 仍運劃給之穀, 首尾相接, 則此爲救民之一
道."

20)『各司謄錄』, 영조 33년(1757) 6월 21일(음). "漂民沙工金中才所告內, 矣徒沙格幷
十三名內, 十名段, 開城府禮城江所居之民, 三名段全羅康津居生之民, 同務興販次,
同騎一船, 本錢二千二百兩載持, 上年二月十三日, 自禮城江發船, 同月日往于恩津
境, 貿米五百四十石, 五月初五日到迎日浦項發賣, 換貿明太魚五十二駄."

하도(南邊下道) 낭성진(浪成津)에 사는 백성으로 상판(商販)하러 본관 소속 저의 배에 함께 타고, **명태(明太) 100태(駄)를 싣고**, 작년 12월 초 6일 본토를 떠나 출발하여 경상도 영일포항을 향해 갔고, 같은 달 15일 강원도 양양(襄陽) 남쪽 해안 앞바다에 이르렀는데 북풍을 만나 선박을 제어할 수 없었습니다. (하략)"21)

(다) 함경북도 북청(北靑) 표민 김상운(金相雲)이 보고한 내용에 "저는 본래 북청부(北靑府) 남면(南面) 시신포(時新浦)에 사는 백성으로 흥리(興利)차 **북어(北魚) 25태(駄)**를 가지고 배를 타서 작년 2월 초 3일 본토에서 출발하여 3월 초 10일 원춘도(原春道) 삼척부(三陟府) 초곡리(草谷里)에 도착했는데, (하략)"22)

위의 기록들은 표류된 이들을 중심으로 하여 표류된 연유를 묻는 내용인데, 이들은 모두 명태를 교역하기 위해 배에 싣고 바다로 나갔다가 표류된 자들이다. (가), (나), (다)의 사료 모두 명태 52태, 100태, 25태 등을 싣고 출선(出船)하였는데, 1태(駄)는 200마리짜리 10묶음이므로 2000마리가 된다. 그렇다면 위 사료에서 배에 실었던 명태 수는 10만 4천마리, 20만마리, 5만마리가 된다. 당시 무역을 하러 갔다가 표류된 선박에 실린 명태 수만 이렇다고 한다면, 실제 성어기에 명태를 교역하는 양은 엄청났을 것이다. 이것을 (가)의 사료를 중심으로 환산

---

21) 『各司謄錄』, 영조 50년(1774) 7월 28일(음). "船主兼沙工申道成所告內, 矣徒沙格幷十二名, 皆以咸鏡道安邊府南邊下道浪成津所居之民, 商販次, 本官屬矣身船隻良中同騎, 明太一百駄載持, 上年十二月初六日本土離發, 向往慶尙道迎日浦項是如可, 同月十五日至江原道襄陽南崖前洋, 猝遇北風, 不能制船,"

22) 『各司謄錄』, 정조 13년(1789) 기유 5월 28일(음), "咸鏡道北靑漂民金相雲所告內, 矣身, 本以北靑府南面時新浦居民, 興利次持北魚二十五駄, 幸逢同府順付船同騎, 去年二月初三日, 自本土離發, 三月初十日, 到原春道三陟府草谷里"

하면, 명태 한 마리는 쌀로 5홉, 돈으로는 2푼 1리이다. 이렇게 저렴한 가격이었기 때문에 명태의 수요량은 엄청났고, 18세기 중엽 무렵에 대규모 거래가 이루어지고 있었다는 것은 17세기 무렵에는 보편적으로 명태가 일반 민들에게 알려지고 소용되었음을 의미하는 것이다.

특히 당시 한랭한 기후 변화로 인해 기근과 재해가 빈번한 상황이었다면, 명태는 한랭한 기후에 바다에 대규모로 나타난 구세주같은 구황 식품이었음에 틀림없다. 게다가 많은 생산량에 비해 가격도 저렴하니 빈곤한 서민층에게는 더할 나위없는 영양 보충식이었던 것이다.

17세기경 수온이 급격히 낮아지는 변화와 더불어 부상하게 된 명태어업과 명태어장은 ⑤의 시기[23]에 이르러서는 다시 함경도 지방으로 북상한다. 이는 남하했던 명태들이 다시 북상하게 되었다는 것이고, 함경도 이남의 바다가 자신들의 생태에 맞는 수온이 아니었음을 의미하는 것이다.[24] 결과 명태는 다시 자신들의 생태에 적합한 기후로 변화한 함경도 앞바다를 찾은 것이다.

앞서 본 여러 자료들과 관련하여 명태 어장의 형성을 정리하면, 시기별로 어느 정도의 변화를 보이고 있다. 원래 명태 어장은 처음 함경북도에 형성되어 있었는데, 시간이 지날 수록 점차 남하하여 18세기 말경에는 강원도 삼척부근까지 이동한다. 이와 동시에 명태의 수요량과 어획량도 급증하고 있는데, 본고에서는 이 부분이 당시 기후상으로 한랭한 이상 기후로 변화함에 따라 생긴 현상으로 추측하였다. 또한

---

23) 앞의 명태어장 분포지도와 함께 언급했던 항목. 즉 이 시기는 조선어업에 대한 조사가 이루어져 기록이 된 시기이므로 실제 조사 시점은 19세기 말경이 될 것이다.

24) '趙在三, 『松南雜識』3, 漁獵類 14, 魚鳥類, 北魚明太.'에서는 "오직 북쪽에서 생산되나 함풍(咸豊) 무오년(1858)에는 서해(西海)에서도 산출되었는데, 대구어와 비슷하지만 또한 달랐다."고 하여 19세기 중엽 무렵에 한랭기의 마지막 추위가 기승을 떨쳤던게 아닌가 추측해 본다.

19세기 후반 무렵이 되면, 다시 예전의 기후를 회복하여 명태는 유어(游魚)하는 장소를 함경도 부근으로 옮기게 된다. 그러면서 당시의 어장도 함경도 부근으로 다시 이동하는 모습을 보였다. 물론 명태가 조선시대에 처음 그 이름을 알리기 시작하여 갑자기 대규모의 수요량을 올리게 된 데에는 싼 가격, 비싼 대구와 비슷한 맛, 많은 어획량 등 복합적인 요인들이 작용했겠지만, 여기에는 그런 요인들을 가능하게 만들었던 기후의 변화도 한 몫을 하고 있음은 틀림없다.

Ⅳ. 명태 어로 기술 : 낚시에서 어망어업까지

명태 어장이 확산되고 생산량이 증가했다는 것은 그만큼 어업기술의 발달을 가져왔다는 것이 된다. 물론 지금 현재의 근대화된 어업기술은 대부분 개항 이후 일본의 해양침탈과 더불어 진행되었다고는 하지만, 조선 자체 내에서도 많은 수요를 충당시킬 수 있을 만한 어업기술이 있었고, 점차 발달하는 과정에 있었다. 그 일례로 명태어의 어로기술도 처음에는 적은 양 밖에 어획할 수 없는 '낚시'라는 방법이 이용되었지만, 점차 많은 양을 어획해야 함에 따라 '어망'을 이용한 어로기술의 발전으로 나아갔다.

명태 어획 방법에 대해서는 근대의 여러 조사서에 기록되어 있는데, 『한국수산지』에서는 '연승(延繩), 자망(刺網), 거망(擧網), 수조망(手繰網)'25)을, 『한해통어지침』에서는 '저자망(底刺網), 수조망(手繰網), 저연승(底延繩)'26)을 제시하고 있다. 하지만 이 중에서 수조망은 조선인들이 사용한지 12~3년 정도 밖에 안되었다 하므로,27) 개항 이후에

---

25) 농산공부수산국, 『한국수산지』1, p.218.
26) 『한해통어지침』, 중요어업의 상태, 명태어업, 1903.

일본인들의 어망을 모방해 사용한 것으로 보인다. 그렇다면 조선시대에 명태를 잡기 위해 사용한 방법은 연승, 자망, 거망으로 축소할 수 있을 것이다.

하지만 근대에 기록된 이 자료들을 기준으로 하면 조선시대에 행해졌던 어업과 결부시키기 어려운 측면도 있다. 일단 어구의 용어 자체도 조선시대의 그것과는 다르고, 어구의 형태도 물론 조금씩은 달랐을 것이라 생각된다. 이에 본고에서는 최대한 개항 전 조선시대의 용어를 되살려 어구 및 어법을 서술하고자 한다. 그렇게 한다면 조선시대의 어로기술은 크게 낚시어업과 어망어업 두 가지로 양분할 수 있을 것이다. 각 어구를 사용한 어획 방법은 다음과 같다.

(1) 낚시어업

명태에 대해 처음 나오는 기록들에서는 대체로 명태를 낚시로 잡는다[28]고 하고 있는데, 그래서 어장이 형성되기 전에는 명태를 낚시로 소량씩 낚았던 것으로 보인다. 대개 근대의 어구 용어로는 '연승어업(延繩漁業)'이라는 말을 흔히 사용한다. 『각사등록』의 영조 51년(1775) 기록에 보면, 명태어를 잡기 위해 7명의 선원들이 배를 타고 가다가 표류된 사건이 발생하는데, "明太魚捉得次 各持釣子"[29]라 하여 각자 낚시도구를 가지고 간 것을 알 수 있다.

조선시대에 명태 낚시에 관한 자료는 개별적으로 정리되어 있지는

---

27) 농산공부수산국, 앞의 책, p.218.

28) "捕靑魚鯖魚以網 無泰魚以釣 文魚以叉 海菜海蔘以鉤"(洪良浩, 『耳溪集』, 北塞記略, 孔州風土記, 1843.);『임하필기』에서도 명천의 태씨 성을 가진 어부가 명태를 낚시로 잡아 바쳤다고 하고 있다.

29) 『各司謄錄』, 영조 51년(1775) 6월 28일(음).

않지만, 『임원십육지』, 「佃漁志」에서 일반적인 낚시에 대해 설명하고 있다. 낚시는 낚싯바늘을 드리워서 물고기를 잡는 도구이며, 낚싯줄의 중간 쯤에는 물억새나 갈대, 기장의 줄기 1, 2촌(寸)을 매달아 범자(泛子:浮子)를 수면 위에 띄우는데, 물고기가 미끼를 물면 움직이게 되고 이를 신호로 낚싯대를 들어올린다. 낚싯줄은 천잠사(天蠶絲), 참외줄기 말린 것 등을 쓰는데, 천잠사는 광동에서 산출되며 길이가 2장(丈) 정도로 황색이며, 몹시 질겨서 끊어지지 않는다고 한다. 참외줄기도 햇볕에 말리면 그 질긴 정도가 철선과 같아져서 끊으려 해도 잘 안 되므로 낚싯줄로 사용하는데, 일반적으로 어가(漁家)에서는 이것을 가장 중하게 여긴다고 한다.[30]

반면 『한국수산지』에 기록된 명태 연승어업에 관해서는 다음 그림과 같은 형태의 연승을 기록하고 있다.

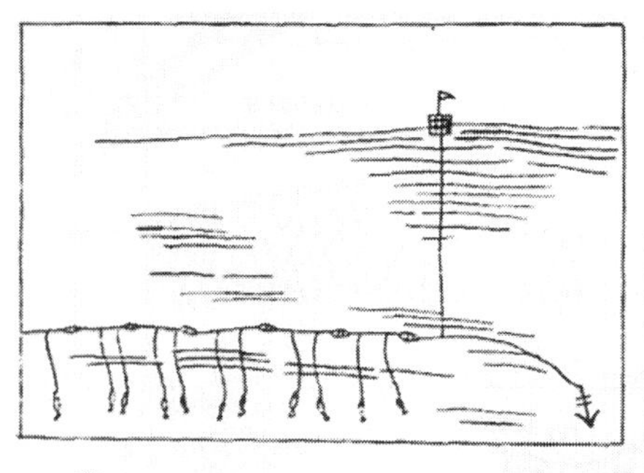

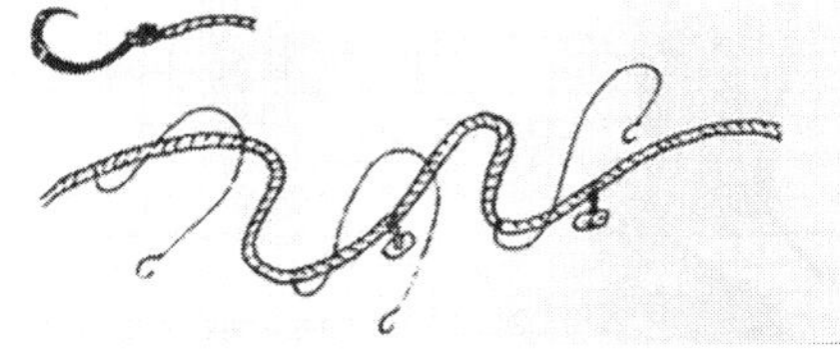

이 때 명태 연승은 500발을 한 바퀴[鉢]로 하여 지승(枝繩) 일천조(條)를 달았으며, 어선 한 척에 5~6인이 승선하여 11월 상순 무렵까지는 한 척이 3바퀴를 사용하고, 그 이후에는 5바퀴<명태가 다소 수면 가까이 올라와 사용하기에 편리했기 때문에>를 사용하여 조업했다고 한다.[31]

---

30) 서유구, 『임원십육지』, 「佃漁志」, 제2편 漁釣, 釣箍, 釣.

31) 농산공부수산국, 『한국수산지』2, p.165.

(2) 어조망(漁條網·中船網)어업

명태어업에 관한 기사가 처음 등장할 무렵에는 낚시로 명태를 잡는
다는 기록이 많다. 이는 아무래도 초기에는 명태가 잘 알려지지 않아
어망으로 대량 어획할 만큼 수요량이 많지 않았던 결과일 것이다. 하
지만 명태 어획량이 증가하면서 여러 사료에서 명태 잡는 어구로 '어
망'이 등장한다.[32] 이 어망의 형태에 대해 일반적으로 '자망(刺網)'일
것이라고 추측해 왔고[33], 『한국수산지』에서도 명태어업은 연승 다음
으로 자망이 생겼다고 하여 다른 어망의 존재를 인식하지 않았던 듯
하다. 하지만 『임원십육지』에서는 어조망(漁條網)을 설명하면서 중
선망(中船網)이라고도 부르는데, 그 조로(條路)에 설치하는 것으로 북
해에서는 청어와 북어가 제일이라고 하여[34] 이 어망으로 북어를 잡고
있음을 말하였다. 하지만 근대에 기록된 자료들에서는 중선망이 조기
나 새우를 어획하는데 쓰이는 어구로 설명하고 있으며, 명태를 잡을
때 사용했다는 설명은 없다. 그러나 19세기 초반 기록인 『임원십육지』
에서 명태 어구로 어조망을 언급하고 있으므로, 아마도 이는 자망보다
이전에 등장한 어망이었을 것으로 추측된다.

어부들은 시후(時候)를 살피고 큰 배를 타고 나가, 닻을 던져 조로
(條路)에 세우고, 선저에 그물을 달아매어서 물고기를 잡는데, 이 때문
에 어조망이라 불렀다<연해의 어부들은 그 어선을 중선이라 부르고,
그물을 중선망이라 부르는데 무슨 뜻인지 아직 모르겠다>

---

32) 『各司謄錄』, 영조 50년(1774) 7월 25일(음): 서유구, 『임원십육지』, 「佃漁志」, 제3
   편 魚名攷, 海魚, 無鱗類, 明鮐魚.

33) 박구병은 '「한국명태어업사」, 『부산수대논문집』20, 1978.'에서 자망은 19세기
   중엽에 형성된 것으로 추측하며, 『난호어목지』의 '設網捕之'에서 나타난 어망은
   자망이 틀림없다고 하였다.

34) 서유구, 『임원십육지』, 「佃漁志」 제2편 漁釣, 罟罾, 漁條網.

그 그물은 마승(麻繩)으로 만든다. 위는 넓고 아래는 좁게 하는데, 넓은 곳은 망목을 듬성듬성하게 하고, 좁은 곳은 망목을 촘촘하게 한다. 길이는 45파이고, 위 넓은 데에는 꼭 6파가 되도록 한다. 이와 같이 만든 것을 8장을 연결한 후 차례로 연결해 좌우의 가장자리를 붙여서 하나의 대망을 만든다. 모양은 포대 같은데, 아가리는 넓고, 꼬리는 세소하게 하며, 위 아가리의 둘레는 48파가 되도록 한다. 송진이 있는 나무 12파가 되는 것을 구해 깎아서 상하가 깎여지지 않도록 해 망입구의 상하에 맨다.

뱃머리의 좌우에는 각각 녹노(轆轤)를 설치하는데, 칡으로 꼬은 대궁(大綆) 두 가닥으로, 아래쪽에는 망 입구의 아래쪽 가장자리에 있는 황목에 매고, 위쪽은 녹노의 중심축에 맨다.

이렇게 해놓고, 물고기가 노는 조로의 요긴한 대목에 배를 세워놓고, 닻줄을 풀어 투묘해서 길이 80파 되는 닻줄로서 자리를 잡게 하고, 다시 40파 되는 대궁의 한 쪽 끝을 망 입구의 아래쪽 가장자리에 있는 황목에 매고, 한 쪽 끝은 닻줄의 허리에 매어 그물로 하여금 흘러 도망가지 못하게 한다. 이와 같이 하면 망 입구의 상하에 있는 두 개의 나무가 하나는 뜨고, 하나는 물에 잠겨서 망 입구가 저절로 열려 펴진다.

조수가 크게 밀려오면 물고기떼가 조수를 따라 그물 안으로 들어오는데, 앞에서는 끌어안고, 뒤에서는 밀어붙이니, 다시는 조수를 거슬러 탈출할 수가 없다. 한 떼가 그물 안에 다 들어가기를 기다렸다가, 빨리 녹노를 돌린다. 망 입구의 아래쪽 가장자리의 횡목과 위쪽 가장자리의 횡목을 끌어 당겨서 아가리를 합쳐 배 밑에 붙여놓고, 이어 철수하는데, 왼쪽을 들어 매궁에 매면 그물의 전체가 저절로 전복되어 오른쪽 돛대 바깥에 매달리면서 배도 따라서 오른쪽으로 기울어진다.

미리 준비해 둔 5~6파되는 대승 수십조로써 양쪽 끝에 돌덩어리를 매어 선창에 놓아둔다. 왼쪽 대궁에서 빠져나가 배가 오른쪽으로 기울어질려고 하면, 급히 모든 힘을 모아서 돌을 맨 줄을 잡고, 풀어서 왼쪽 돛대에 걸어, 한 쪽이 무거워서 배가 기울어지는 것을 면하게 한다. 이어서 그물을 끌어당겨 돛대 바깥 오른쪽에 바짝 붙여 매고, 망폭의 붙인 곳을 정개하여 물고기를 취해서 선창 속으로 옮겨 저장하는데, 주머니를 더듬어서 물건을 취하는 것과 같아서 한 마리도 흘리지 않는다. 다 마치고 나면, 봉폭을 다시 좌록의 왼쪽 대궁에 맨다. 녹은 아래쪽 좌우를 따라서 양색에 이르면, 그물은 저절로 전과 같이 아가리를 벌린 상태로 물 밑에 있게 된다. 다시 조수가 올라와 물고기가 따라 오기를 기다린다.

대저 바다의 물고기 종류는 많은데, 다니는데 조로가 있는 것은 북해에서는 청어·**북어**가 제일이고, 연어·방어·엽어·대구어가 다음이다. 남서해에서는 청어·조기가 제일이고, 시어·민어가 다음이다.

오는 것이 시후가 있고, 가는 것이 조로가 있으니, 그 때를 맞추어서 바로 그 길을 막으면 한 떼의 물고기가 벌같이 그물 속으로 들어온다. 그물이 아주 큰 것이 아니면 물고기를 모두 수용하지 못하고, 배가 아주 큰 것이 아니면 그물을 이겨내지 못한다[35]고 하여 어조망어업에 대해 자세히 기록하고 있다.

(3) **자망어업**

자망어업이란 연안 가까이 물고기가 잘 다니는 길목에 긴 그물을 설치해서 거기에 물고기가 걸리도록 해서 잡는 일종의 걸그물이다. 조선에서 이 어업을 이용한 시기를 19세기 중엽 정도로 보고 있으므로, 개

---

35) 서유구, 『임원십육지』, 「佃漁志」 제2편 漁釣, 罟罾, 漁條網.

항과 그리 멀지 않은 시기에 명태에 도입된 어업이라고 할 수 있다.

한말에 사용된 명태 자망은 저마사(苧麻絲)를 사용하여 길이 40발로 망을 엮은 것을 22발로 연결하여 사용하였으며, 부자(浮子)는 상수리나무 껍질 등으로 만들었고, 침자(沈子)는 자영석을 이용하여 만들었다. 어법은 폭 12척(尺), 길이 35척(尺) 정도의 어선에 12명의 어부가 승선하여 조업하는데, 어망의 부설은 먼저 한쪽의 부표부터 투입하여 조류를 가로질러 점차 그물을 연속적으로 부설하며, 전체 망을 부설한 후에는 다시 한 개의 부표를 달아두는 것으로 끝났다. 어선 한 척이 사용하는 어망은 50폭 내지 70폭이었다.[36]

V. 맺음말

앞에서 살펴본 바에 의하면 명태가 등장하여 명태어업이 본격적으로 시작된 것은 현재와 그리 멀지 않은 시기임을 짐작할 수 있다. 무태어를 명태의 異稱으로 봐야하는지에 대해서는 완전히 결론을 내릴 수 없으나, 만약 무태어가 명태라고 하더라도 명태의 출현은 15세기 말경으로 파악할 수 있다. 하지만 무태어가 명태가 아니라면 명태의 출현 및 어업확대시기는 조선후기로 들어올 수 밖에 없다. 명태의 출현시기를 논외로 하더라도 명태어장이 형성되어 본격적인 명태어업이 이루어지고 있는 것은 적어도 17세기 중반부터이므로, 명태가 우리에게 친숙하게 알려진 것은 아주 가까운 시기가 되는 것이다.

그렇다면 왜 이 시기에 명태가 그렇게 알려졌으며, 널리 소용되기에 이르렀는지가 의문일 것이다. 이 점은 본고의 내용에서처럼 기후라는 요인이 크게 작용하고 있는 것으로 보인다. 조선 전기 '무태어'라는 명

---

36) 농산공부수산국, 『한국수산지』1, 제7장 어구및어선, 명태자망.

칭이 알려진 시점을 인정한다면, 중종대 전후 한랭한 기후 변화로 인해 먹을 것이 부족한 상황에서 무태어라는 생선이 이름도 가지지 못한 채 식용으로 이용되었을 가능성을 인정할 수 있다. 이후 조선 후기에 들어와 인조·효종대를 전후하여 조선에서는 다시 이상기후 현상이 많이 나타나기 시작했으며, 숙종대에 이르면 흔히 소빙기라고 일컬어질 정도로 여름에도 차가운 기후로 변화하고 있다. 이런 현상은 내륙에서의 기온 뿐 아니라 해수의 기온에도 영향을 미쳤을 것임은 짐작하고도 남는다. 이렇게 낮은 수온대가 형성되면서 동해안은 명태가 서식하기에 좋은 장소가 되어 명태의 수도 급격히 증가했던 것이다. 이는 명태 어장이 점차 남하하고 있다는 사실에서도 확인할 수 있었다.

이에 따라 명태어업도 활발해졌고, 어로기술도 발달할 수 밖에 없었다. 물론 일제시기로 들어가면서 조선에서의 명태어로기술은 전통적인 방식에서 벗어나 기계화된 저인망을 이용하고 있지만, 이전의 전통적인 방식도 점차 발달하는 양상을 보이고 있었다. 즉 처음에는 낚시를 이용하던 형태에서 점차 어조망·자망어업으로 변해간 것이다.

이상에서 살펴본 조선시대 명태어업의 흐름은 물론 기후와도 어느 정도의 관련성을 가지면서 진행되어 활성화된 면이 있지만, 실제 일제시기로 들어와 명태어업 및 가공이 활성화되기 전에 이미 조선만의 특징적인 어업으로 정립되어 있었다는 사실이 더 중요하다고 생각한다. 일제시기에 들어 기술적인 면의 발전으로 명태 어획량이 증가한 것은 사실이지만, 그보다 앞서 명태가 조선후기의 중요어업으로 자리잡고, 어업기술 및 가공면에서의 발전을 보인 점은 간과해서는 안 될 것이다.

조선후기 명태의 유통과 가공업의 발달

한임선*

Ⅰ. 머리말
Ⅱ. 조선후기 명태의 유통
Ⅲ. 명태가공업의 발달
Ⅳ. 맺음말

Ⅰ. 머리말

서해안의 조기, 남해안의 대구와 함께 조선의 3대 어종으로 널리 알려진 명태는 조선후기부터 오늘날에 이르기까지 "民의 생선"으로 자리를 잡고 있다. 명태가 언제부터 어획되기 시작했고, 어떻게 하여 "명태"라는 이름을 얻어 전국적으로 확산되었는가에 대해서는 여러 가지설이 있지만, 조선후기에 이르러서는 생산량이나 선호도 등 모든 면에서 명태가 조선을 대표하는 어종이 되었음은 분명하다. 이처럼 짧은 시간 안에 명태가 조선의 대표어종으로 자리매김하게 된 것은 아이러

---

* 부경대 사학과.

니하게도 17세기 이상기후에 의한 잦은 흉년이 가장 큰 영향을 미친 것으로 보인다. 계속되는 흉년으로 함경도에 대한 무상진휼이 어려워지자 이를 타개하기 위한 하나의 방안으로 국가적 차원에서 "명태무역"이 제시되었다. 아울러 남부지방의 쌀과 함경도의 명태를 교환하는 명태무역이 활성화 된 것은 동건법(凍乾法)이라고 하는 명태특유의 가공법과 18세기 후반 사회경제의 발달에 따른 전국적 유통로의 형성이 있었기에 가능한 일이었다. 한반도의 가장 변방이라고 할 수 있는 함경도에서 생산된 명태는 흉년·기근이라는 당시의 상황과 유통과 가공법의 발달이라는 사회 조건이 함께 결합됨으로써 "변방의 생선"에서 "民의 생선"으로 탈바꿈할 수 있게 되었던 것이다. 이러한 관점에서 본다면 당시의 기후와 명태의 유통·가공을 빼놓고는 "民의 생선"인 명태를 논할 수 없다고 해도 과언이 아니다.

명태는 "명태"라는 이름이 붙여진 후에야 비로소 본격적으로 국가나 백성의 생활 속에 들어갔다. "이름 없는 물고기는 먹지 않는다."는 관습에 따라 무명의 고기였을 때는 국가에서 공식적으로 이용하지 않았을 뿐만 아니라 백성들도 이것을 먹기를 꺼려했었을 것이기 때문이다. 그렇다면 유통 또한 명태라는 이름이 널리 알려진 후에야 활발하게 이루어졌다고 볼 수 있다. 17세기 말 명태의 어획량의 증가와 현실적인 필요에 의해 어획된 명태는 함경도를 벗어나 전국으로 유통되어 나가기 시작했다. 이 시기 명태의 유통이 활발해지게 된 배경을 살펴보는 것은 당시 사회와 함경도의 상황 등을 이해하는 하나의 중요한 수단이 될 것이다.

일반적으로 유통과 가공법은 함께 발달해 나간다. 명태의 유통과 가공, 가공과 유통도 또한 필연적으로 함께 수반되어 나갔을 것이다. 『한국수산지』에서는 "종래 한국의 (수산물)제품에는 건제품(乾製品), 염장품(鹽藏品), 엄장품(醃藏品), 간유(肝油) 등이 있지만 모두 조잡하게 제조[粗製]하고, 건제품 중 명태를 제외하고는 달리 제품이라고 볼 만한 것이 없다."[1]고 하면서 한국의 수산가공품의 수준을 폄하하고 있다. 그러나 흥미로운 사실은 명태의 가공법에 대해서만은 "본 제품은 확실히 한국 특유의 것으로서 자랑하기에 충분한 것이다."[2]라고 하며 높이 평가하고 있다는 점이다. 당시 일본인들의 눈에도 함경도 지방에서 행해지고 있던 "동건법"이라는 명태의 가공방식은 매우 인상적으로 다가왔던 것이 분명하다.

본고는 명태라는 특정품목에 집중해서 그 유통과 가공을 다루는 것을 목적으로 한다. 명태의 유통과 가공이 활성화 될 수 있었던 배경에는 당시의 환경이 큰 영향을 미치고 있었다. 명태어업이 발전되어 나가는 모습을 기후, 물산, 유통이라는 상관관계 속에서 해명해 보고자 한다.

Ⅱ. 조선후기 명태의 유통 : 명태의 길을 따라서..

조선시대 명태의 기원을 알려주는 중요한 기사는 이유원의 『임하필기』(1871)에서 찾아볼 수 있다. 이 기록은 명태가 왜 "명태"가 되었는지를 알려주는 기본적인 전거로 사용되고 있다.

> 명천(明川)에 태씨(太氏) 성을 가진 어부가 있었다. 어느 날 낚시로 물고기 한 마리를 낚아 고을 관청의 주방(廚房) 일을 보는 아전으로 하여금 도백(道伯)에게 드리게 하였는데, 도백이 이를 매우 맛있게 여겨 물고기의 이름을 물었으나 아무도 알지 못하

---

1) 농상공부수산국, 『한국수산지』1, 1908, 337쪽.

2) 『한국수산지』1, 338쪽.

고 단지 "태씨 어부가 잡은 것입니다."라고만 대답하였다. 이에 도백이 말하기를, "명천의 태씨가 잡았으니, 명태라고 이름을 붙이면 좋겠다."고 하였다. 이로부터 이 물고기가 해마다 수천 석씩 잡혀 팔도에 두루 퍼지게 되었는데, 북어(北魚)라고 불렀다. 노봉(老峯) 민정중(閔鼎重)이 말하기를, "300년 뒤에는 이 고기가 지금보다 귀해질 것이다." 하였는데, 이제 그 말이 들어맞은 셈이다. 내가 원산(元山)을 지나다가 이 물고기가 쌓여 있는 것을 보았는데, 마치 오강(五江 지금의 한강(漢江) 일대를 말함)에 쌓인 땔나무처럼 많아서 그 수효를 헤아릴 수 없었다.[3]

간단한 기록임에도 불구하고 여기서는 명태에 대한 중요한 몇 가지 사실을 알려주고 있다. 첫째로, 낚시로 물고기를 낚았다는 점이다. 이는 당시 명태어를 잡는 어법에 낚시가 이용되고 있었음을 말한다. 다음으로 이름을 알 수 없는 물고기를 주방에 주어 요리를 한 뒤 도백, 즉 관찰사에게 드렸다는 것이다. 함경도 관찰사는 이 물고기가 이름이 없는 고기인지도 모르고 먹었는데, 이것이 심히 맛있어서 그 이름을 물어보니 이름 없는 고기였다는 것이다. 이에 명천에서 태씨 어부가 잡았다는 사실에 근거하여, 지명과 어부의 성을 한 자씩 따서 "명태"라는 이름을 붙여주었다는 사실을 전하고 있다. 곧 명태가 "명태"라는 이름을 얻게 된 연원을 소개하고 있는 것이다.

그렇다면 이름 없는 물고기에서 "명태"라는 이름이 붙여진 이 시기는 대략 언제쯤으로 볼 수 있을까? "명태"라는 이름이 생겼다는 것은 이제 백성들이 마음 놓고 이 고기를 먹을 수 있게 되었음을 뜻하는 것

---

3) 이유원,『임하필기』제27권, 春明逸史, 명태. 1871. 明川漁夫有太姓者 釣一魚使廚吏 供道伯 道伯甚味之 問其名皆不之 但道太漁夫所得 道伯曰名以明太可也 自是此魚歲 得屢千石 遍滿八路 呼爲北魚 閔老峰之言 三百年後 此魚當貴于今 其言豫驗 余過元 山 見魚積如五江之峙柴 不計其數.

이므로, 유통과 관련해서도 이 시기를 설정하는 것은 매우 중요한 문제라고 할 수 있다. 노봉 민정중은 "300년 뒤에는 이 고기가 지금보다 귀해질 것이다"고 하였다고 기록되어 있다. 민정중의 생몰연대는 1628년에서 1692년이다. 민정중이 명태에 대해 언급을 하였다면 이 시기에 이미 명태라는 고기에 대해 인식하고 있었던 것으로 볼 수 있다. 따라서 그 생몰연대와 관련해서 생각해 보면 늦어도 17세기 후반에는 명태가 조선에 알려져 있었다고 판단할 수 있으므로, 명태의 유통은 이즈음을 시작으로 하여 18세기에 이르면 본격화 되었을 것으로 예상된다.

이처럼 명태어업이 확산되고 유통되던 17・18세기, 즉 숙종・영조 연간은 그 어느 때보다 기후변동이 심한 시기였다. "17세기 소빙기"라고도 불리는 이 시기는 잦은 이상기후 때문에 한국사에서 유래가 없을 정도로 심각한 흉년과 자연재해가 발생하고 있었다. 그런데 기온이 떨어지고 급격한 기후변동이 잦은 이 시기에 오히려 명태어업은 활발해지고 있었다. 이는 기후현상과 명태어업이 일정한 연관성을 가지고 있음을 의미한다. 실제로 함경도에서 명태어업이 활발히 진행되고 있던 이 때에 조선 8도, 그 중에서 특히 함경도는 심각한 기근에 시달리고 있었다.

국가가 불행하여 **해마다 흉년이 들고** 올해는 물난리가 일어났으니, **재해(災害)가 예사롭지 아니한데**, 관동(關東)・북관(北關)・관서(關西)・해서(海西)가 더욱 심하다. 면화 농사에 이르러서는 팔도가 흉년이 들었으니, 불쌍한 우리 백성들이 어떻게 한 해를 마치고 허다한 신역(身役)은 어떻게 마련해 내겠는가? 내 생각이 이에 미치니 마음에 측연하다.[4]

북도의 일은 실제로 참혹합니다. 이미 진구(賑救)를 시작하였
는데 만일 계속해서 지급하지 못한다면 죽음에서 구제하지 못하
니 당초에 진휼하여 지급하지 않은 것과 다름이 없어 앞서 들인
공을 모두 버리게 됩니다. 영남의 곡물은 본래 여유가 있으니 **아
무쪼록 2만 석을 갖추어 옮겨 지급하게 하되** 호남의 군작미(軍作
米)와 절미(折米)로써 채워서 갚게 하는 것이 좋을 듯합니다.[5]

숙종·영조시기에는 이상기후로 인한 흉년·가뭄 등의 재해 때문
에 백성들이 살아갈 방도가 없게 되었으므로 이를 진휼하는 것에 대한
논의가 매우 빈번하게 나타나고 있다. 그 중에서도 함경도는 타 도에
비해 그 피해가 훨씬 심각했는지, 다른 도에서 함경도로 곡식을 보내
는 일이 비일비재하게 일어나고 있었다. 즉, 국가는 함경도 진휼책의
일환으로 전세(田稅)·공물(貢物)·진상 등 각종의 세를 면해주고,
남도(南道)의 조금 풍년이 든 여러 고을에 있는 곡식을 북도(北道)의
백성들에게 옮겨서 지급했을 뿐만 아니라 무상으로 미곡을 제공하고
있었던 것이다.

북쪽 지방의 진휼(賑恤)은 하루가 시급한데 남쪽 곡식은 아직
도 실었다는 보고가 없고 **조정에서도 달리 떼어 줄 곡식이 없다
고 한다.** 비록 감진어사를 보낸다 하더라도 곡식이 없다면 백성
을 구제할 수 있겠는가? 지금까지도 구제하지 못하였다. 아! 북
쪽 지방의 재앙을 입은 **백성은 앞으로 모두 죽는 것이 아닌가?
어찌 별도로 보살펴줄 방법이 없겠는가?** 고원·문천 두 고을이
호조(戶曹)에 바쳐야 할 세은으로 남겨둔 것을 감진어사로 하여
금 모두 가져오게 하고 형편에 따라 무상 지급하여 한시라도 **빨**

---

4) 『숙종실록』, 숙종33년(1707), 11월 2일.

5) 『비변사등록』, 영조5년(1729), 11월 7일.

리 급한 일을 구제하도록 하라. 비국은 즉시 관찰사와 감진어사
에게 나의 뜻을 알려 처리하라.6)

그러나 계속된 흉년으로 시간이 지날수록 국가의 진휼미도 바닥을
드러냈다. 조정에서도 더 이상 떼어 줄 곡식이 없고, 다른 도에서 서로
곡식을 보충할 만큼 곡식을 모을 길도 끊어져 국가로서도 이를 해결할
뾰족한 대안이 없었던 것이다. 함경도의 이 같은 상황을 타개하기 위
한 하나의 방책으로 논의된 것이 바로 명태무역이었다.

> 본도(함경도)에 곡식을 만드는 방법은 다만 **명태를 많이 무역**
> 하는데 있다. 명태는 혹 **덕원·함흥** 등지에 쌓아두었는데, 간사
> 인(幹事人)을 영남에 보내 미상(米商)들에게 말을 해서 곡식을 싣
> 고 들어오면 고기를 사는 값을 깎아줄 것이라고 정녕 약속을 해
> 야 한다. 그리하여 미상이 한 번 와서 이익을 얻어 가면 소문이
> 날 것이고 반드시 장차 모여들 것이다. 또 본도에서 배 삯을 후하
> 게 주어 연일 등지에 싣고 가서 **쌀과 바꾸게 한다면** 곧 곡식을 운
> 반하는 것이 서로 이어질 것인즉, 이것이 **백성을 구휼하는 하나
> 의 방법**이 되니 도신(道臣)과 더불어 서로 생각해야 할 것이다.7)

"무상원조"에 대한 국가의 한계가 드러나면서, 왕을 위시한 위정자
들은 이를 극복할 다른 대안을 제시할 수 밖에 없었다. 그 과정 속에서
등장한 것이 바로 위와 같은 명태와 쌀의 무역이었다. 언제까지 국가

---

6) 『비변사등록』, 영조6년(1730), 4월 29일.

7) 『비변사등록』, 영조17년(1741), 12월 26일. 本道生穀之道, 只在於多貿明太, 而明太
   或積峙於德源·咸興等地, 而發遣幹事人於嶺南, 開諭米商, 使之載穀入來, 則當減價賣
   魚之意, 丁寧相約, 而米商一來得利而去, 則風聲所及, 必將齊集, 又自本道, 厚給船價,
   載送於延日等處, 使之貿米, 仍運劃給之穀, 首尾相接, 則此爲救民之一道, 與道臣商量
   爲之爲白齊.

가 무상으로 계속적인 지원을 해 줄 수 없는 상황에서, 가장 이상적인 방안은 악조건 속에서도 "백성들이 스스로 살아갈 수 있는 길"을 제시해 주는 것이었다. 당시 함경도는 명태가 무수히 많이 잡히는 상태였으므로 그 양이 많았을 뿐만 아니라, 시간이 지나면서 이것은 상품으로서 가치를 지니게 되었으므로 명태를 다른 지방의 쌀과 교환하게 함으로써 함경도의 "生穀之道"를 만들고자 했다. 즉, 국가가 나서서 미상(米商)들이 함경도에 곡식을 싣고 들어오면 그 대가로 명태를 싸게 팔거나 배 삯을 싸게 해주는 등의 혜택을 제공함으로써, 쌀과 명태의 교환 · 무역이 활성화 되도록 장려하고 있었던 것이다. 이러한 관점에서 보면 명태의 유통은 처음에는 "백성을 구휼하는 하나의 방법"으로써 국가에 의해 진행된 측면이 강하며, 이를 배경으로 하여 점차 사무역도 발전해 나갔다고 생각된다.

일반적으로 명태의 유통과 관련하여 언제부터, 어떤 방식으로, 누구에 의해 유통되었는지를 알려주는 정확한 기록이 없기 때문에, 이들 문제에 대해 단정적으로 말하기 어려운 것이 사실이다. 그럼에도 단편적으로나마 유통실제를 살펴보기 위해 당시 명태무역과 관련된 표류 기사들을 정리해 보았다.

	승선인원	출발지	도착 (예정)지	목적	교환물	출처
1	사공 김수연 외 10명	전라도 홍양현	강원도 간성지역	명태무역 [明太貿得]	돈 · 곡물→명 태	표인영래등록 1695.03.22
2	사공 강막룡 외 8명	강원도 삼척	은진 · 강 경	무역 [興利]	명태어→쌀	표인영래등록 1726.06.24

3	사공 최선이 외 7명	영일 흥해	함경도 이성지역	무역 [興販]	돈·포목 1통 22필 →명태어60통	표인영래등록 1728.06.07
4	물주 김정적 외 9명	함경도 북청	경상도	무역 [興利]	경홍:돈·패물[錢佩] →북청:명태어· 잡색어물 → 경상도 : ?	표인영래등록 1731.05.09
5	사공 신도성 외 11명	함경도 안변	경상도 영일현 포항	무역 [商販]	명태어 100짐[駄] → ?	각사등록 1774.07.28
6	商賈 신달귀 외 11명	강원도 간성	경상도 영일현 포항	무역 [興利]	명태어 150짐 →쌀 200석·소금10 0석	각사등록 1778.09.15
7	卜主 김창숙 외 14명	함경도 영흥	경상도 창원	무역	명태어 120태 → ?	각사등록 1796. 06.21
8	선주 채적무 외 13명	함경도 함흥	경상도 창원	무역 [興利]	명태어 150태 → ?	각사등록 1803.08.24

<표 1> 17세기말－19세기초 명태관련 표류기사

　위의 <표 1>은『표인영래등록』과『각사등록』에서 명태무역의 목적으로 바다를 항해하다가 표류하게 된 사례들을 찾아서 정리한 것이다. 이 8가지 사례는 그 시기가 17세기 말에서 19세기 초까지에 이르고 있는데, 그 중 18세기의 표류기사가 특히 많은 비중을 차지하고 17·19세기는 각각 1건의 기사가 있을 뿐이다. 이들 중 가장 이른 표류기사가 17세기 후반인 1695년에 나타나고 있고, 18세기에 특히 표류가 많은 점으로 미루어, 앞에서 예상한 것과 같이 실제로 명태의 무역과 유통이 17세기 중·후반에 시작되어 18세기에 본격화되고 있었음을 확인할 수 있다. 표류기사가 많다는 것은 그 만큼 명태무역이 활발했음을 반증하는 것이기 때문이다. 다만 18세기 이후 표류기사가 잘 보이지 않는 것은 19세기 도입된 기선의 영향으로 표류사례가 줄어든

것을 이유로 볼 수 있다.

위의 사례에는 표류주체, 출발지와 목적지, 무역품 등이 함께 기록되어 있으므로 당시 명태무역의 실체를 어느 정도 예상할 수 있게 해준다. 먼저, 무역의 주체는 사공·물주·상고(商賈)·복주(卜主)·선주 등 여러 가지로 나타나고 있다. 상대적으로 이른 시기에는 무역의 주체가 주로 사공이나 격군만 등장하는 것에 비해, 18세기 후반이 되면 상고·복주·선주 등의 계층으로 분화되고 있는 것이다. 이는 명태무역에 여러 가지 계층의 사람이 함께 참여하고 있었음을 보여주는 동시에, 한편으로는 시간이 지날수록 무역의 주체가 경제력을 지닌 자들로 바뀌어 가고 있음을 알려준다.

표류민들에게 그 당초 표류의 연유와 거주지, 성명, 나이 등을 물으니 표류민 선주 겸 사공 채적무(蔡適武)가 고하기를 "저희들은 본래 함경도 함흥부 포창면 집삼리에 사는 사람인데, **무역할 차로** 함경도 홍원에 사는 박일삼(朴日三)이 소유한 영흥본궁소속 5파 길이의 **삼선을 370냥을 주고 영구히 사들였습니다.** 그리하여 매번 행상 때마다 동리사람 4명, 영흥사람 3명, 홍원사람 3명, 덕원사람 2명으로 격군을 만들어서 함께 船業을 하였습니다. 작년 10월 덕원에 사는 물주(物主) 최대현(崔大賢)이 부(府)에 와서 말하기를 '명태 150태에 370냥을 주고 이 곳에 사두었는데, 지금 **경상도 창원지역에** 가서 팔려고 하니 **배를 빌려 싣고 갔으면 한다.**'고 하기로 650냥을 배 값으로 정해 사격과 물주 합 14명이 함께 타고 명태를 싣고 11월 3일 아침식사 후에 본토를 떠났습니다.(하략)8)

---

8)『각사등록』1803년 8월 24일. 同漂民等處, 招問其當初漂風緣由及居住役姓名年歲, 則漂民船主兼沙工蔡適武所告內, 矣身本以咸鏡道咸興府浦倉面執三里所居之民, 興利次同道洪原居朴日三所持永興本宮所屬五把半杉船, 給價三百七十兩, 永爲買得, 而每於行商時, 同里居民四名, 永興居民三名, 洪原居民三名, 德原居民二名, 作爲格軍,

이 인용문은 당시 명태무역의 주체가 어떻게 구성되고 있었는지를 이해하는데 도움을 준다. <표 1>을 통해서도 알 수 있듯이 한 배에는 보통 10명 내외의 인원이 승선하고 있었다. 그 중에는 사공·격군이 있었고, 물주·선주·상고와 같은 자들도 동승하는 경우가 많았던 듯하다. 위 기록에서도 명태무역에 종사하는 주체는 두 가지로 대별됨을 알 수 있다. 즉, 배를 빌려주는 "선업(船業)"에 종사하는 사람과 실제로 명태를 사고 파는 일에 관련되었던 "물주"가 그것이다. 선업에 종사하는 사람들은 같은 마을이나 인근지역에서 연합하여 함께 자금을 모아 배를 구입한 뒤, 배 삯을 받고 배를 빌려주던 일종의 "유통업자"였다. 이에 반해 물주는 직접 명태어를 사서 다른 지역에 가서 팔던 "무역업자"로 볼 수 있다. 이 시기 명태무역에서는 물건을 운반하면서 그에 상응하는 운임료를 받던 "선업자"와 명태를 매매하여 이익을 획득했던 "물주"가 확연히 구분되어 있는 양상을 보이고 있다. 즉, 명태무역의 초기에는 유통업자와 무역업자의 개념이 구별되지 않고 배를 가지거나 빌린 사람이 무역에도 종사하다가, 차차 시간이 지나면서 유통과 무역이 조금씩 분화되어 갔던 것을 알 수 있다.

둘째로, 출발지와 도착(예정)지를 통해 명태의 유통경로를 추측해 볼 수 있다. 전통적으로 물산의 유통은 해로와 육로를 통해 이루어졌는데 명태 또한 마찬가지였다.

> 모두 남쪽 원산으로 수송하는데 원산은 사방 상인의 도회지이다. 배에 실은 것은 동해를 거쳐서, 말에 실은 것은 철령을 넘어 주야(晝夜)로 끊이지 않고 팔도에 퍼진다.[9]

相與船業矣. 去年十月, 則德源居物主崔大賢來府曰, 明太一百五十駄, 給價錢三千四百兩, 貿置此處, 而方欲發賣於慶尙道昌原地, 捧貸載去亦爲去乙, 定船價六百五十兩, 矣徒沙格及物主合十四名同騎, 明太載持, 十一月初三日早食後, 自本土離發.(하략)

앞의 영조17년『비변사등록』의 기사에서도 알 수 있듯이 함경도 각 지에서 어획된 명태는 일단 함흥이나 덕원부의 원산으로 집하되었다 가 선박을 이용하거나 소나 말을 이용하여 전국 각지로 유통되었다.

명태유통이 시작되던 17세기에는 특정한 지역을 대상으로 하는 정 기항로가 존재하지 않았다. 따라서 이 시기의 유통지역은 각 무역주체 들의 필요에 의해 자의적으로 결정되었다고 볼 수 있다. <표 1>에서 보면 바닷길을 통한 명태의 유통지역은 크게 전라도-강원도(1,2), 경 상도-함경도(3,4,5,7,8), 경상도-강원도(6) 사이로 구분된다. 강원도 와 함경도를 중심으로 생각해 본다면 이 두 지역은 명태의 주요산지이 므로 명태유통의 기점이 되고, 전라도와 경상도는 명태를 파는 시장, 즉 소비지가 된다. 즉, 상대적으로 거리가 먼 남부지방은 해로를 이용 하여 명태가 유통되었는데 그 주요 대상지역은 경상도와 전라도였다. 그 중에서도 경상도는 영일현 포항·창원, 전라도는 은진·강경·홍 양 등지가 명태가 유통된 주요 도시였던 것으로 볼 수 있다.

해로를 통한 유통 외에 함경도를 포함한 북부지방은 육로를 통해 명 태유통이 이루어졌다. 북부지방에서의 명태유통은 크게 함경도내와 경기·평안지역으로 구분할 수 있다. 먼저, 함경도내의 물품 유통은 해로와 육로가 함께 이용되고 있었다. <그림 1>에서 알 수 있듯이 경 성-명천-길주-단천-이원-홍원-함흥-덕원 등 연안을 따라 발달한 읍에서는 선상(船商)들에 의한 해로 수송이 활발히 이루어졌 고, 이들 연안 포구지역에 집산된 명태는 다시 행상(行商)들에 의해 도 내 곳곳으로 판매되어 나갔다.

육로와 해로 수송을 담당했던 행상과 선상은 대부분이 소규모의 영

---

9) 서유구, 『林園十六志』2, 佃漁志, 明鮐魚. (상략) 皆南輸于元山 元山四方商族之都會 也 船輪循東海 馬載踰鐵嶺 晝夜絡繹 流溢八域. (하략)

세 상인이었다. 행상들은 상설점포가 없이 지방의 장시를 정기적으로 순회하며 상품유통을 담당하고 있었는데 그 대표적인 행상이 바로 보부상이다. 이들은 생산자나 물화집산지의 상인에게 상품을 구입하여 각 지역의 장시에서 소비자에게 이를 판매하던 소매상인이었던 것이다. 또한 선상은 주로 명태산지인 북청·길주와 집산지인 원산·함흥 등지의 상인들로, 생산지 어민들에게 구입한 어물을 원산에 가져가 파는 역할을 하였다.[10]

이에 비해 경기·평안지역으로의 유통은 주로 육로를 통해 이루어졌다. <그림 1>과 <그림 2>에서는 원산과 서울을 잇는 육로가 자세히 나타나 있다. 조선후기 함경도와 경성을 오갈 수 있는 도로는 크게 세 가지의 종류가 있었는데, 그 중 서울-양주-포천-영평-철원-금화-금성-회양을 거쳐 함경도의 안변으로 이어지는 철령로(鐵嶺路)가 가장 오래된 교통로였다. 그러다가 18세기 중엽에 들어 안변에서 강원도 평강(平康)으로 이어지는 삼방로(三防路)가 새로 생기게 되었다. 삼방로는 추가령 구조곡을 지나는 길인데 좌우로 험한 절벽이 이어지기는 하나 함경도에서 평강-연천-대탄-양주로 연결되어, 철령을 넘어 회양-금성-금화를 도는 길보다 서울까지의 노정을 60리 정도 단축시킬 수 있었다. 다시 18세기 말에는 삼방로 외에 설운령로가 개통되었는데 이를 통해 강원도 평강·이천을 지나 곧바로 황해도의 여러 읍으로 연결될 수 있었다.[11] 요컨대 경기·평안지역으로의 명태 유통은 소나 말, 혹은 수레를 이용한 육로수송이 주를 이루고 있었는데, 서울로의 주된 유통로는 철령로와 삼방로였고 평안 지역으로는 설운령로를 통해 수송되고 있었던 것이다.

---

10) 고승희, 『조선후기 함경도 상업연구』, 국학자료원, 2003, 181-183쪽.
11) 고승희, 앞의 책, 63-66쪽.

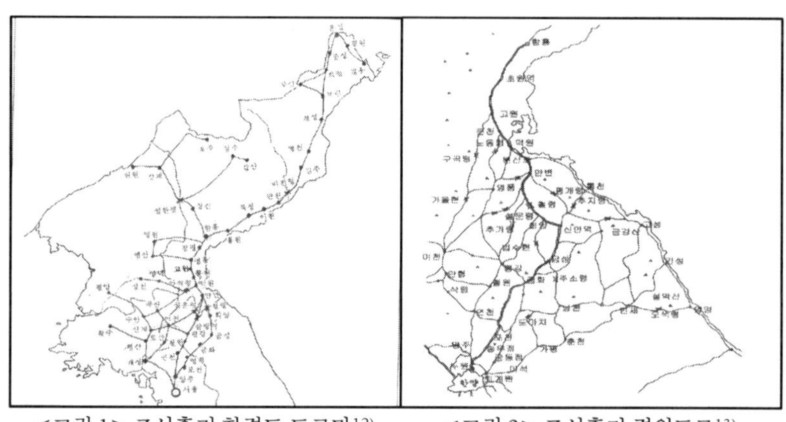

<표><그림 1> 조선후기 함경도 도로망12)   <그림 2> 조선후기 경원도로13)

셋째로, 명태무역에 이용되던 교환물품을 알 수 있다. 18세기에는 화폐경제가 발전하였지만 유통에 있어서 여전히 물물교환이 큰 비중을 차지하고 있었다. <표1>에서는 돈·포목·곡물·쌀·소금·패물 등이 명태와 무역하는데 사용되던 주요 물품으로 나타나 있다. 그러나 이 중에서도 가장 많은 비중을 차지하던 것은 역시나 쌀과 명태의 무역으로 볼 수 있다. 앞에서도 살펴보았지만 당시 북부지역에 위치한 함경도에서 제일 필요로 하던 것은 바로 쌀이었기 때문이다. 당시 명태무역은 상업을 통한 부를 축적한다는 의미 외에도 도내 수용에 필요한 쌀을 공급한다는 목적이 강했다. 또 함경도에서 백성들이 가장 필요로 하는 것이 쌀이었기 때문에 명태무역업자의 입장에서도 쌀로 교환해 와서 도내에 파는 것이 가장 이익이 되었을 것은 쉽게 짐작할 수 있다. 이러한 현상은 18세기 조선의 자본주의가 발전하지 않았기

---

12) 고승희, 앞의 책, 67쪽. <그림 2>에서 재인용.

13) 최완기, 「조선후기 누원점의 경제적 입지」, 『한국사학보』7, 1999. <그림 2>에서 재인용.

때문에 "명태 – 쌀"이라는 물물교환이 성행했던 것이 아니라, 현실적인 필요성에 의해 명태의 교역이 주로 "쌀"에 집중하여 이루어지고 있었던 것으로 설명할 수 있다.

명태의 유통은 "기후변동과 명태어업의 발전"이라는 상황 속에서 진행되었다. "여름에 명태나 도루묵, 양다리가 개락이면(많이 잡히면) 흉년이다."는 말이 있다. 이는 명태와 기후, 농사와의 관계를 잘 설명해 주는 속담이라 할 수 있다. 즉, 명태와 같이 차가운 한류에 서식하는 어종이 많이 생산된다는 것은 한류의 영향이 그만큼 강하다는 의미이며, 한류의 영향으로 저온이 지속되면 냉해에 의한 피해가 심하여 흉년이 드는 것이다. 결국 기후상 명태의 풍어는 흉년과 연결되는 구조라고 할 수 있다. 함경도 지방만을 두고 생각해 보았을 때 흉년이 심할수록 명태의 유통은 더욱 활성화되는 양상을 띠었을 것이다. 흉년이 들면 도내에서 쌀의 수요·공급을 충당할 수 없었기 때문에 다른 지역으로부터 곡식을 운반해 와야 했고, 함경도 물산 중에 쌀과 교환할 수 있는 가장 적합한 물품은 바로 명태였기 때문이다. 이러한 맥락에서 보면 17·18세기라는 이상기후가 잦았던 시기에, 남부지방을 중심으로, 명태와 쌀의 무역이 활발했다는 사실은 당시의 국가적 상황과 명태유통업의 발전상을 설명하는 데 필수적인 요소라고 할 수 있을 것이다.

Ⅲ. 명태가공업의 발달: 명태가 북어로 되기까지..

함경도에서 잡힌 명태가 전국적 단위로 유통되기 위해서는 일련의 가공절차를 거쳐야만 했다. 짧은 기간 내 가까운 지역을 대상으로 하는 경우 날 생선인 채로 유통될 수도 있었지만, 그 이외의 경우에는 유통기간동안 상하지 않도록 별도의 가공처리를 해야만 했던 것이다. 이는 조선후기 명태가 본격적으로 어획되고 유통되기 시작하면서 필연적으로 가공법이 함께 발달하기 시작했음을 의미한다.[14] 명태는 다른 생선과는 달리 어업과 가공이 확연히 구분되어 있었으므로, 명태의 가공에 대한 이야기는 명태잡이를 담당했던 어민들에서부터 시작되어야 할 것이다. 따라서 이 장에서는 어민들에 의해 어획된 명태가 가공업자에게 넘겨져 가공이 끝나기까지의 일련의 과정을 살펴보고자 한다.

함경북도 명천 지방에서 발상했다고 전해지는 명태어업은 이후 어장이 확대되어 1901년 경에는 함경남도 홍원군에서 북청·이원을 거쳐 단천군 이진(梨津)에 이르는 연안 약 30리가 주요어장이 되었다. 특히 신포(新浦)·신창(新昌)·차호(遮湖) 세 지방이 그 중심지였는데, 어기(漁期)가 되면 800척 내지 천 수백 척의 어선이 집중하였으며 한 척당 50−200태(1駄는 명태 2,000마리)의 어획량을 올리곤 했다. 당시 명태의 총 어획고는 조선의 어업 중 제일을 차지하고 있었다.[15]

조선후기 최대의 어획고를 자랑하던 명태어업은 크게 두 가지의 경영형태로 이루어지고 있었다. 하나는 일반 어민들에 의한 공동경영이고, 다른 하나는 자본가에 의한 경영이었다. 한 漁期동안 바다에 나가서 어업을 하는 것은 상당한 자본금을 필요로 하는 일이었다. 다음에 나타난 표는 명태어업에 필요한 자금을 조사한 것인데[16], 이를 통해

---

14) 명태의 유통과 함께 가공법이 발달하기 시작했음은 분명하다. 그러나 가공의 수준이 체계화되고 발달된 것이 정확하게 언제부터였는지, 유통초기에는 어떠한 수준으로 가공이 되었는지 명확하지는 않다. 따라서 본고에서는 명태의 가공법에 대해 비교적 자세하게 기술되어 있는 19세기말 20세기 초를 대상으로 서술하고자 한다.

15) 吉田敬市,『朝鮮水産開發史』, 潮水會, 1954, 112쪽.

명태어업에 나서기 위해서는 어느 정도의 자금이 요구되었는지를 알
수 있다.

내　역	들어간 비용
어선 한 척을 한 계절동안 빌리는 비용 [漁船一隻一季間借入費]	40원
자망 200파를 한 어기동안 빌리는 비용 [刺網二百把一期間借入費]	360원
자망 100파를 새로 맞추는 비용 [刺網百把新調費]	300원
어부 10명의 한 계절간 급료 [漁夫十人一季間給料]	200원
어부 10명의 한 계절간 식대 [同 一季間食料]	80원
그물 수선료 [網修繕料]	20원
어부 10인분 숙박료 [漁夫十人分宿代]	10원
세　금 [稅金]	20원
연료비 [炭薪料]	20원
잡　비 [雜費]	30원
합　계	1,080원

<표 2> 명태어업에 필요한 자본

　　당시 한 어기동안 고용된 어부가 받은 급료의 평균수준은 30원으로
볼 수 있는데[17], 이를 기준으로 계산하면 한 어기동안 명태어업에 필
요한 자본은 36명의 어부를 고용할 수 있는 비용에 달하는 수준이었
다. 이처럼 어업 자체에 상당한 자본이 필요했기 때문에 명태어업의
경영은 어민 단독으로 행해지지 못하고 각자의 자금을 갹출해서 공동

---

16) 葛生修吉,『韓海通漁指針』, 黑龍會出版部, 1903, 429~430쪽. 이 표는 1902년 일
　　본 농상무성기사 金田이 조선인으로 하여금 명태어업에 필요한 자본을 예산하게
　　한 내용을 정리한 것이다. 한인의 어선·어구를 빌리고 망 100파는 새롭게 맞추
　　며, 어선 한 척으로 한 어기동안 종사한다는 가정으로 예산한 것이다.

17)『한국수산지』1, 220쪽.

경영을 하거나, 대자본가에 의한 단독경영의 방식으로 이루어지게 되었다. 일반적으로 명태잡이는 견폭 1장 내외의 어선에 7－10명 정도가 승조(乘組)하여 행해졌는데,[18] 공동경영일 경우 어획에 필요한 자본을 함께 모아 명태잡이에 나서고, 이후 잡은 어획물을 균분하는 방식을 취했던 것이다. 어민들에 의한 공동경영은 상대적으로 어업규모가 작을 수밖에 없었으므로, 상품판매를 전제로 한 대부분의 어업경영은 자본가에 의해 이루어졌다. 자본가에 의해 경영되는 경우 어민들은 한 사람의 영업주 아래에 고용된 임금노동자의 성격을 지니고 있었다. 이 때 어민들은 자본가와 한 어기동안 일정한 급료를 받고 명태어업에 종사할 것을 계약했다. 이들이 받는 급료는 한 어기(약 2개월 반)당 22원 50전 내지 36원 정도였으며, 영업주는 고용기간 동안 이들 어부에게 담배·장화·방한구 등과 같이 필요한 물건을 제공했다.[19]

<그림 3> 명태잡이 어선[20]

명태어업에 종사하는 자들은 대개가 함경도·강원도 출신의 어민들로 그 중에서도 함흥지방의 사람이 가장 많았다고 한다. 다른 어종과는 달리 강원·함경출신의 어부들로 명태잡이의 구성이 이루어진 이유는 명태어업의 특수성에 기인했다. 명태가 어획되는 시기는 겨울인데 이 어기의

---

18) 葛生修吉, 앞의 책, 427쪽.

19) 『한국수산지』1, 220쪽.

20) 수우회,『현대한국수산사』, 고려서적주식회사, 1987. 192쪽. <사진 43> 재인용.

한파는 너무나 혹독해서 도저히 다른 지방의 어부는 감당할 수 없었던 것이다. 함경도 지역의 어민들은 이처럼 혹독한 한파를 견뎌낼 수 있었을 뿐만 아니라 거센 풍랑에도 두려워하지 않는 용맹성을 가지고 있었기 때문에 명태어업에 적응할 수 있었지만, 상대적으로 따뜻한 바다에서 어업을 영위하던 일반어민들은 도저히 여기에 종사할 수 없었다. 때문에 영업주들은 어기가 시작하기도 전에 명태잡이에 나설 어민들을 예약해 두었고, 고용계약을 맺을 때 고용주는 이들에게 전체 급료의 30－40%에 해당하는 7원 50전 내지 15원의 선금을 지불하는 것이 일반적이었다고 할 정도로 어부의 확보는 중요한 문제였다.[21]

어민들은 명태잡이에 나서서 만선(滿船)하여 돌아오면 잡은 명태를 직접 가공하지 않고 제조 전문의 업자에게 위탁했다. 이 때 어업자가 직접 위탁하는 경우도 있지만 이는 매우 드물었고 대부분은 중매인에게 매도해서 중매인이 가공업자에게 위탁하는 방식으로 어획물이 처리되었다. 즉, 대부분의 어민은 명태잡이에만 종사할 뿐 그 이후의 제조과정에는 참여하지 않았던 것이다. 이처럼 명태 어업과 제조가 분리되어 있었던 데에는 몇 가지 이유를 들 수 있다. (1) 혹한기에 경영하는 명태어업은 일시에 대량의 어획고를 올리기 때문에 다른 일반의 제조업처럼 어업자 스스로가 제조할 겨를이 없었고, (2) 일시에 많은 양을 제조하고 또한 제조에 다소 장기의 일수를 필요로 하기 때문에 자재·노력·자금 등의 문제에서 영세어업자인 어민은 그 경영이 곤란했으며, (3)명태의 가공은 기후에 의해 많이 좌우되었으므로 제조상 특별한 기술을 필요로 했을 뿐만 아니라 (4) 제품가격의 변동이 현저하여 많은 위험성이 따르고 있었던 것 등을 생각해 볼 수 있다.[22] 이러한 이유 때

---

21) 『한국수산지』 1, 220쪽.

22) 吉田敬市, 앞의 책, 138~139쪽.

문에 어업자는 대부분 어업만 영위했고, 가공은 자본력을 지닌 제조업자가 담당하게 되었다. 결국 명태어업에 종사하는 어민들은 명태의 생산과 가공이라는 측면에서 볼 때 생산을 담당하고 있었던 존재라고 볼 수 있다. 이들은 공동어업인 경우 각자의 자금을 갹출하고 잡은 어획물을 균분하여 그것으로 이익을 삼았고, 고용어민인 경우에는 한 어기 동안 일정한 급료만 받는 일종의 임금노동자였음을 알 수 있다.

어민들이 어획한 명태의 건조·가공을 전문적으로 담당하는 사람은 덕주(㯖主) 혹은 덕업자(㯖業者)였다. 명태의 가공은 그 규모가 컸을 뿐만 아니라 한 번 가공하는데 상당한 시일이 필요로 했기 때문에 자본가가 덕주가 되어 가공장을 운영했다. 덕주는 어업자나 중매인으로부터 제조·위탁을 받을 때 명태 1태에 대해 150文씩의 임전(賃錢)을 받고 제조를 했다.[23] 뿐만 아니라 생어(生魚)에서 가공·건조를 마치기까지 모든 책임은 덕주에게 있었기 때문에 그에 상응하는 대가를 받고 가공을 맡았다. 즉, 명태의 건조가 끝나기까지는 3－4주의 시일이 걸렸는데 그 사이 명태의 보관·감독 등은 모두 덕주의 책임이었으므로 만약 위탁품에 손실이나 결손이 생겼을 때에는 덕주가 이를 변상해야만 했다. 때문에 위탁자는 그 결손을 미리 예상하여 명태 1태에 대해 약 600마리 쯤을 가산(加算)해서 덕주에게 명태의 가공을 위탁했던 것이다.[24]

어선에서 육지로 올려진 명태는 바로 제조에 들어갔다. 명태는 동건법(凍乾法)이라고 하는 조선고유의 독특한 방식으로 가공되어졌다. 동건법이란 말 그대로 "얼려서 건조하는 것"으로, 실외의 건조장에 내장을 제거한 명태를 걸어 두고 차가운 바람을 쐬어 말리는 방법이다.

---

23)『한국수산지』1, 221－223쪽.

24)『한국수산지』1, 221－223쪽.

동건법을 거쳐 명태는 말린 명태, 즉 북어가 되는 것이다.

명태를 동건하기 위해서는 먼저 배따기 작업이 이루어졌다. 명태가 육지로 올려지자마자 덕장에서 일하는 부녀자들은 이것을 자르기 시작한다. 그 방법은 우선 생선의 머리를 앞으로 두고 아가미 밑에서 칼을 넣어 항문까지 절개하고 알·간장(肝臟)·위장을 잘라내어 각각을 별도의 그릇에 담아 두었다. 내장을 다 제거한 생선은 바닷물로 한 번 씻은 다음 20마리씩 결속하는데 이로써 건조장에 나갈 준비는 마무리 되었다. 이러한 배따기 작업에 종사하는 부녀자들을 노꾼(勞軍)이라고 불렀는데, 이들 중 어떤 이들은 하루에 2태(명태 4,000마리)를 처리할 정도로 숙련된 기술자들이었다. 노꾼들은 작업의 품삯으로 명태 알을 거두어 갔고, 나머지 명태의 내장과 눈알은 덕주의 소유가 되었다.[25]

<그림 4> 명태처리풍경[26]

<그림 5> 덕장[27]

노꾼들에 의해 배따기 작업이 완료된 명태는 가공장인 덕장(㢇場)으로 옮겨졌다. 명태의 가공장을 덕장이라고 부른 이유는 명태를 건조

---

25) 『한국수산지』1. 221 – 223쪽.

26) 길전경시, 『조선수산개발사』, 367쪽. <사진 112> 재인용.

27) 수우회, 앞의 책, 217쪽. <사진 55> 재인용.

하는 건조봉을 "덕(椺)"이라고 불렀기 때문이다. 즉, "덕장"이나 "덕
주"라는 용어는 모두 이 椺에서 연원한다고 할 수 있겠다. 덕장은 환경
에 큰 영향을 받기 때문에 지형·풍향·일조·교통 등의 지리적 사정
을 고려해서 설비되었다. 덕장은 지름 1척 내외의 긴 소나무를 2칸 정
도의 간격으로 병행해서 바둑판모양으로 세우고, 지상에서 손이 닿지
않는 높이에 지름 5,6촌의 소나무를 가로로 놓은 다음 각 기둥에 엮어
서 묶는다. 이 가로로 놓인 횡목을 관목(貫木)이라고 부르고 최하단으
로 삼는다. 다시 위쪽에 2단, 3단으로 봉을 만드는데, 이것의 건축비는
한화(韓貨) 약 50관문을 필요로 했다고 한다.[28]

배따기가 완료되어 덕장으로 옮겨진 명태를 걸어 놓는 일은 덕꽤꾼
에 의해 이루어졌다. 명태를 덕장에 걸어 놓은 후 약 15일 내외가 되면
반쯤 말려지는데 이 때 상·하층의 것을 서로 바꾸어 걸어주고, 이로
부터 다시 5일 정도가 지나면 완전히 동건한다. 건조할 때 기후가 따뜻
하면 일건(日乾)되어서 명태의 몸통이 굳고 육질이 딱딱하며 색이 검
게 된다. 이 경우 품질이 떨어져 좋은 가격을 받을 수 없다. 반면에 추
위가 격렬하고 바람이나 눈이 많을 때는 생선 속에 수분이 동결(凍結)
해서 몸체가 부풀고 육질이 푸석푸석하게 되며 색은 옅은 반투명의 엿
색이 되었다. 이러한 북어를 우량품으로 하기 때문에 덕장의 위치는
서북쪽의 한랭한 바람을 맞을 수 있는 곳을 가장 좋은 장소로 했다. 지
세상 이 위치에 해당하는 곳이 바로 신창이여서 이 지역의 제품이 뛰
어났다고 한다.[29] 명태의 건조가 완료되면 덕에서 내려 길이 3척 정도
의 칡이나 싸리로 20마리씩 맞추어 머리 부분을 꿴다. 건조 전에 20마
리씩 엮어 둔 명태는 건조과정에서 날씨가 따뜻해지면 부패해서 떨어

---

28) 吉田敬市, 앞의 책, 139 – 140쪽.

29) 『한국수산지』1, 221 – 223쪽.

지는 경우가 많았기 때문에 건조 후에 다시 수를 맞추는 작업이 진행되었던 것이다. 이렇게 20마리씩 묶은 것을 1곳 혹은 1급이라 하고, 100급이 곧 2,000마리인 1태가 되었다.

<그림 6> 명란가공공장[30)

명태의 가공법에는 몸통을 가공하는 동건법 외에도 알과 내장을 저장·가공하는 염장법이 있었다. 염장법은 소금과 고춧가루를 이용한 제조방법이다. 명태알은 명란(明卵)이라고 하는데, 명란젓을 만드는 알은 아직 방산(放産)하지 않은 것을 좋은 것으로 삼았다. 이미 어느 정도의 방산을 시작한 것은 제조 후에는 막이 터지고 알도 흩어져 외관과 맛 모두가 좋지 않았기 때문이다. 염장은 동건법과 비교하면 매우 간단한 가공방법이었다. 용량 8·9되 정도의 질그릇 병에 명란 270－300개 정도를 넣고 소금 5홉 정도에 고춧가루를 더해 절이는 것이다. 이렇게 염장된 명란 한 병의 가격은 280－350문 정도였으며, 부산을 비롯하여 인천·목포 등 각 개항지를 거쳐 내지(內地)로 수송되어졌다. 그 중 수용이 가장 많은 지역은 경성·진남포·강경·대구 등이었다고 한다. 내장의 수용은 명란과는 달리 적어서 겨우 가정용 혹은 다른 곳에서 주문을 받았을 때만 이를 제조했다. 제조 방법은 소금과 고춧가루를 넣는 양이 다소 많은 것을 제외하고는 명란과 크게 차이가 없었다. 다만 제조할 때에 내장의 오물을 제거하는 일이 번거로워 한 병의 용량을 얻는 데는 자못 많은

---

30) 수우회, 앞의 책, 219쪽. <사진 58> 재인용.

노력이 필요했기 때문에 가격은 알에 비해 비싼 500문 정도를 보통으로 했다.[31]

그 외에 간장(肝臟)을 끓여 기름을 만드는 방법도 있었다. 간장에서 추출된 기름은 모두 점등용으로 사용되었는데 그 방법은 다음과 같다. 먼저 석유통 2잔의 간을 가마 속에 넣고 끓이는데 열이 높아짐에 따라 떠오르는 거품을 제거하고 또 끓여서 기름이 가마 속에서 넘치려고 할 때 원료를 넣어 이를 냉각한다. 계속해서 끓여 간장에서 유분이 다 나오고 남은 찌꺼기가 솥바닥에 침전하게 되면 가열을 그친다. 그리고 솥 안의 유분을 떠서 병으로 옮겨 잠시 방치한 후 기름을 냉각해서 그 속에 함유된 고형물이 점점 병바닥에 침전하기를 기다렸다가 그 위에 맑은 것은 다른 큰 항아리에 떠서 옮긴다. 수일간 가만히 두어 다시 미세한 찌꺼기를 침전시켜 그 위의 맑은 것을 떠서 석유통에 저장한다. 그릇 아래에 침전된 고형물은 다시 새로운 원료와 함께 솥 안에 넣어서 끓여 남은 기름을 삼출시킨다. 기름 1병의 가격은 1관 450문으로 모두 점등용으로 사용되었다.[32]

일반적으로 명태는 늦가을부터 이른 봄에 걸쳐서 어획되었는데 가을·겨울에 잡은 명태는 기후가 한랭했기 때문에 동건 처리를 하고, 봄철에 잡힌 춘태(春太)는 생선 채로 혹은 염장으로 판매되는 것이 보통이었다. 이러한 명태의 어획과 가공은 철저하게 분업화되어 그 과정이 진행되고 있었다. 생산의 주체인 어민과 자본가, 제조업자인 덕주, 가공과정에 참여하는 노꾼·덕괘꾼 등은 모두 명태가 북어가 되기까지 일정한 역할을 분담하고 있었던 것이다. 가공과정에서 알 수 있듯이 명태는 몸통은 말할 것도 없고 눈알·내장·알까지 하나도 버리지

---

31) 『한국수산지』 1, 223 - 224쪽.

32) 『한국수산지』 1, 224쪽.

않고 모두 수용되어 백성들의 먹거리에 이바지되고 있었다.

IV. 맺음말

이상에서 17세기 후반 이후로 본격화된 명태의 유통과정과 이후 명태가공업의 발달에 대해 살펴보았다.

명태의 유통은 17세기 기후변동에 의한 흉년과 기근이라는 사회적인 상황 속에서 발전해나갔다. 기후가 한랭해지면서 흉년이 계속되자 국가는 더 이상 무상진휼책으로 감당할 수 없는 상황에 이르게 되었고, 이에 대한 타개책의 일환으로 함경도에서는 명태를 이용한 명태－쌀의 무역을 적극 권장하기에 이르렀다. 즉, 남부지방의 미상이 쌀을 싣고 와서 함경도의 명태와 교환하게 하되, 그들이 싼 값에 명태를 사들일 수 있고 배 삯에 대한 지원도 해 주면서 자연스럽게 무역이 활성화되도록 유도한 것이었다. 이는 궁극적으로는 연이은 흉년과 기근속에서 함경도가 자생할 수 있는 방안을 제시한 것이라고 볼 수 있다. 이러한 국가의 무역시도를 배경으로 차차 사적인 무역 또한 발전해 나갔던 것으로 보인다. 17·18세기 명태무역은 필요한 물품이 있는 지역에서 직접 무역을 하는 모습을 보이고 있다. 즉 쌀이 가장 절실한 물품이었던 상황에서 명태의 생산지인 함경도·강원도와 쌀의 생산량이 많은 전라도·경상도 간의 무역이 주된 루트로 나타나고 있었다. 그 유통경로를 살펴보면 함경도를 중심으로 남부지방은 해로로, 북부지방은 육로를 통해 명태가 유통되고 있었는데, 해로의 경우는 함경·강원도에서, 경상도의 포항, 창원으로, 다시 전라도의 은진, 강경, 홍해로 연결되고 있었다. 이러한 유통을 담당하고 있던 주체는 격군, 사격, 물주, 복주, 선주 등으로 표현되고 있는 사람들로서 이들은 시간이 지남에 따라 점차로 유통업자와 무역업자로 구분되어 나갔다. 실제로 18세기에 이르면 유통과 무역이 분화되는 모습을 보이고 있었는데, 이들 유통업자들은 개항이후 근대적인 해운업의 발달에 일정한 연관성을 지니고 있으리라 생각된다. 명태유통에서 주된 교환물은 돈·포목·쌀 등을 들 수 있는데, 당시 함경도의 상황에서는 현실적인 필요에 의한 "명태와 쌀"의 교환이 가장 큰 비중을 차지하고 있었다.

명태는 다른 어업과는 달리 어업과 가공이 구분되어 있는 것이 특징이다. 따라서 어민은 명태의 어획만을 담당하고, 가공은 자본력이 있는 "덕주"라는 독특한 가공업자가 담당하고 있었다. 명태는 "동건법"이라는 특별한 가공법을 통해 북어로 바뀌는데, 이 과정에서 무엇보다 중요한 것이 바로 기후였으므로, 동건법은 "하늘이 내린 선물"이라고도 표현되기도 했다. 그 밖에도 염장법, 젓갈, 간유 등의 가공법이 있었는데, 명태는 실로 눈알에서 내장까지 하나도 버리는 것이 없이 모든 부위가 백성의 먹거리로 이용되었다.

명태의 유통과 가공은 아이러니하게도 17세기 소빙기라는 악재 속에서 발전해 나가고 있었다. 농사가 불가능한 상태에서 함경도 지역의 민들이 살아갈 수 있었던 방법은 자신들이 가진 물품을 자신들이 가장 필요로 하는 물품과 교환하는 것이었다. 이것이 바로 명태와 쌀의 무역이라는 형태로 나타났다. 이 같은 명태무역의 활성화에 무엇보다도 큰 역할을 한 것은 바로 국가였다. "진휼"의 한 수단으로 무역을 강구했다는 것은 이 시기 조선사회가 상업에 대해 자생적으로 발전을 하고 있었으며, 이를 중요한 하나의 생계수단으로 인식하고 있었음을 뜻한다. 국가가 나서서 상인들에게 혜택을 주며 민들이 살아갈 수 있는 방안을 제시하고 있었다는 것 또한 중요한 의미를 지닌다.

"民의 생선, 명태"라는 말은 단순히 명태가 흔해서, 많은 사람들이 이를 즐겨 먹고 이용했다는 데 그치는 의미만은 아닌 듯하다. "명태" 는 어떤 시기에는 먹을 것이 없어 죽어가던 백성에게 삶의 길을 제시 해 주었고, 또 어떤 시기에는 생계의 수단으로, 평생의 업으로, 많은 재 물을 축적하는 도구가 되기도 했다. 이는 명태가 단순한 물고기 이상 의 의미를 지니고 있었음을 말해준다. 명태는 실로 당시의 조선의 기 후, 환경, 유통, 생활상의 한 부분들을 모두 내포하고 있는 "조선의 물 고기"였던 것이다.

고종 즉위 전후의 宮中供上과 명태

신명호*

Ⅰ. 머리말
Ⅱ. 조선후기 宮中供上과 食材料
Ⅲ. 조선후기 해산물의 宮中供上
Ⅳ. 고종 즉위 전후 명태의 宮中供上
Ⅴ. 맺음말

Ⅰ. 머리말

조선후기 궁중 음식[1]에 사용된 食材料는 기본적으로 貢納과 進上

---

* 부경대 사학과.

[1] 조선시대 궁중음식에 관한 연구는

  김용숙, 『조선조 궁중풍속연구』(일지사, 1987).

  한복려, 「조선왕조 궁중음식」, 『민족과 문화』6(1997).

  한복려, 『궁중음식과 서울음식』(대원사, 2003).

  궁중음식연구원, 『황혜성, 한복려, 정길자의 대를 이은 조선왕조 궁중음식』(궁중음식연구원, 2003)

  신명호, 「조선후기 궁중음식재료의 供上方法과 供上時期」, 『인문사회과학연구』6호(2006)

  박주희, 「조선후기 경상도 海産 진상품 연구」, 부경대학교 석사학위논문(2008) 등 참조.

을[2] 통해 공급되었다. 공납은 중앙의 官署를 통해 공급되는 방식이었고, 進上은 지방관을 통해 직접 궁중의 각 殿宮으로 공급되는 방식이었다. 지방의 특산물을 받아들여 궁중으로 공급하는 중앙의 관서가 이른바 供上을 담당하는 各司였다. 공상 각사는 대체로 궁중의 일상음식 재료들을 담당하였다. 이에 비해 지방관들이 궁중의 각 殿宮에 직접 공급하는 특산물은 지방과 계절에 따라 서로 달랐다.

중앙의 供上各司 중에서 각종 해산물을 공상하던 관서는 司宰監이었다. 『경국대전』에 의하면 사재감은 '魚物, 肉類, 食鹽, 燒木, 炬火'[3] 등을 관장한다고 하였다. 따라서 궁중에 공급되는 각종 해산물은 당연히 사재감에서 관장하였다. 아울러 조선후기의 진상품 중 해산물은 『萬機要覽』, 『貢膳定例』, 『六典條例』등에 구체적인 내용이 전하고 있다. 그것은 이들 자료에 궁중 음식과 관련된 供上이 종합적으로 실려 있기 때문이다.

그런데 조선전기의 『경국대전』은 물론 정조 대의 『貢膳定例』나 순조대의 『萬機要覽』에는 궁중 공상과 관련하여 명태는 전혀 언급되지 않고 있다. 이는 순조연간까지도 명태가 궁중 공상과 아무 관계가 없었기에 나타난 현상이었다. 하지만 고종 즉위 전후로 명태는 궁중 공

---

2) 조선시대의 貢納制와 進上制度, 大同法 등에 관하여는
　鄭亨愚, 「大同法에 대한 一研究」, 『사학연구』2(1958).
　田川孝三, 『李朝貢納制の研究』(東洋文庫:東京, 1964).
　劉元東, 「李朝貢人資本의 研究」, 『아세아연구』16(1964).
　韓榮國, 「大同法의 實施」, 『한국사』13(국사편찬위원회, 1978).
　鄭亨芝, 「李朝後期의 貢人權」, 『梨大史苑』20(1983).
　高錫珪, 「16, 17세기 貢納制 改革의 방향」, 『한국사론』12(1985).
　吳美一, 「18, 19세기 貢物政策의 변화와 貢人層의 변동」, 『한국사론』14(1986).
　德成外志子, 「朝鮮後期의 貢物貿納制」, 『역사학보』113(1987).
　박현순, 「16－17세기 貢納制 운영의 변화」, 『한국사론』38(1997) 등 참조.
3) "司宰監掌魚肉鹽燒木炬火等事"『經國大典』吏典, 司宰監條.

상 품목이 되었으며, 그 결과 궁중 음식문화에 크나큰 변화를 가져왔다. 이 글에서는 조선후기에 명태가 궁중에 공상되기 시작한 시점과 배경 및 그 결과로서 나타난 궁중음식의 특징을 살펴봄으로써 명태에 관한 이해의 폭을 넓히고자 하였다.

Ⅱ. 조선후기 宮中供上과 食材料

궁중음식과 직결된 공납이나 진상은 고종 이전까지 명태와 아무런 관련이 없었다. 즉 사재감이 공급하는 魚物이나 지방관들이 바치는 진상품 중의 해산물에 명태가 포함되지 않았던 것이다.

예컨대 사재감에서 궁중에 공급하는 魚肉에는 대구어와 석수어, 청어 등만 있었고 명태는 없었다.[4] 또한 정조 연간의 『공선정례』의 진상품 중 魚肉에도 대구어, 석수어, 秀魚, 문어, 청어, 薰魚, 광어, 瓜魚, 蝶魚, 송어, 오징어, 加兀魚, 연어, 은구어, 錦鱗魚, 낙지, 冬白魚 등이 있었을 뿐[5], 명태는 없었다. 다음의 <표 1>에서 보듯이 조선후기 명태 산지로 유명한 함경도와 강원도에서 궁중에 올린 朔膳에도 명태는 들어있지 않았다.

<표 1> 정조 연간 함경도와 강원도의 삭선품목 - 『貢膳定例』

함경도 朔膳品目	강원도 朔膳品目
乾瓜魚, 乾廣魚, 乾大口魚, 乾文魚, 乾鰱魚, 乾鰈魚, 乾海蔘, 乾黃魚, 古刀魚腹臟, 昆布, 大口古之醢, 大口卵醢,	乾廣魚, 乾大口魚, 乾文魚, 乾餘項魚, 乾鰱魚, 乾銀魚, 乾海蔘, 乾紅蛤, 大口古之鹽, 半乾大口魚, 栢子, 粉藿, 生

---

4) 『六典條例』吏典, 司宰監條.

5) 신명호, 「조선후기 궁중음식재료의 供上方法과 供上時期」, 『인문사회과학연구』6호(2006)

半乾大口魚, 半乾文魚, 生瓜魚, 生大口魚, 生梨, 生文魚, 生獐, 生靑魚, 生雉, 生海蔘, 生薰魚, 松魚醢, 鰱魚卵醢, 鰱魚醢, 早藿, 中藿, 蒸昆布, 塔士麻	大口魚, 生松魚, 生松茸, 生鰱魚, 生銀魚, 生獐, 生雉, 鰱魚卵醢, 鹽松魚, 鹽鰱魚, 早藿, 淸蜜, 生紅蛤

이는 순조 연간의 『만기요람』에서도 마찬가지였다. 순조 8년(1808)에 편찬된 『萬機要覽』의 맨 앞부분에는 당시의 왕실구성원인 大殿, 中宮殿, 王大妃殿, 惠慶宮, 嘉順宮을 위한 供上의 종류와 수량이 자세하게 기록되어 있다. 조선후기 궁중음식재료는 바로 이들 供上品이었다. 그러므로 供上品을 모두 분석하면 당시의 궁중음식재료의 종류를 확인할 수 있다.

『만기요람』에 의하면 각 殿宮別 供上의 종류에는 逐日供上, 素膳, 逐朔供上, 月令, 四朔一改, 年例, 藍染沈醬沈菹, 誕日節日表裏物膳衣襨, 朔膳, 陳賀 등이 있었다. 逐日供上은 말 그대로 매일 供上되는 물품이었고 逐朔供上과 月令은 매달 한 차례씩 供上되는 물품이었다. 素膳은 장례나 제사 때의 고기를 뺀 음식물이었다. 四朔一改는 4개월에 한차례 供上되어 바뀌는 물품이었고 年例는 1년에 한차례 供上되는 물품이었다. 藍染沈醬沈菹는 옷감을 물들이는데 필요한 물감과 김장에 필요한 소금 및 채소를 供上하는 것이었다. 誕日節日表裏物膳衣襨는 왕이나 왕비 등의 생일 또는 명절을 축하하기 위해 신료들에 의해 供上되는 옷감과 음식물 등이었다. 朔膳은 매달 朔望에 供上되는 음식물이며, 陳賀는 국가나 왕실에 경사가 있을 때 이를 경축하기 위해 供上되는 물품들이었다. 이처럼 조선후기의 供上은 종류도 다양하고 進供되는 시기도 다양하였다.

<표 2> 『萬機要覽』의 각 殿宮別 供上種類[6]

殿宮	供上種類
大殿	逐日供上, 素膳, 逐朔供上, 月令, 四朔一改, 年例, 藍染沈醬沈葅, 誕日節日表裡物膳衣襨, 朔膳, 陳賀
中宮殿	逐日供上, 素膳, 逐朔供上, 月令, 四朔一改, 年例, 沈醬沈葅, 誕日節日表裡物膳衣襨, 朔膳, 陳賀, 阿只尙宮以下宣飯衣纏
王大妃殿	逐日供上, 素膳, 逐朔供上, 月令, 四朔一改, 年例, 沈醬沈葅, 誕日節日表裡物膳衣襨, 朔膳, 陳賀, 阿只尙宮以下宣飯衣纏
惠慶宮	逐日供上, 素膳, 逐朔供上, 月令, 四朔一改, 年例, 沈醬沈葅, 誕日節日表裡物膳衣襨, 朔膳, 陳賀, 阿只尙宮以下宣飯衣纏
嘉順宮	逐日供上, 素膳, 逐朔供上, 月令, 四朔一改, 年例, 沈醬沈葅, 誕日節日表裡物膳衣襨, 朔膳, 陳賀, 阿只尙宮以下宣飯衣纏

그렇지만 위에서 보듯이 大殿, 中宮殿, 王大妃殿, 惠慶宮, 嘉順宮에 進供되는 供上의 종류는 거의 비슷하였다. 다만 供上되는 물품의 수량이 각 殿宮別로 조금씩 차이가 날 뿐이었다. 예컨대 月令의 生蛤일 경우 大殿은 800개, 中宮殿은 550개, 王大妃殿은 480개, 惠慶宮은 480개, 嘉順宮 430개였다. 이는 각 殿宮에 供上되는 음식재료의 종류가 거의 같고 따라서 각 殿宮別로 요리되는 궁중음식의 종류도 거의 같다는 의미라고 할 수 있다.

그런데 각 殿宮別로 進供되는 供上品에는 음식재료는 물론 종이, 비단, 모자, 신발, 활 등의 특산품들도 들어 있었다. 이 중에서 궁중음식과 관련되는 供上品은 물론 음식재료였다. 대표적으로 大殿에 供上된 음식재료만을 모두 추출해보면 다음과 같았다.

---

6) 『萬機要覽』財用編 1, 供上條.

<표 3> 1년간 大殿에 供上되는 음식재료의 종류[7]

供上種類	음식재료
逐日供上	粳米, 稷米, 泡太, 芥子, 大口魚, 石首魚, 卵醢, 白蝦醢, 鹽, 洗淨鹽, 眞油, 汁眞油, 茶麥, 醋, 生薑, 黃角, 黃角汁眞油, 牛毛, 豆湯赤豆, 淸蜜, 生梨, 生栗, 大棗, 胡桃, 黃栗, 栢子, 乾柿, 眞瓜, 西果, 生雉, 生鮮
素膳	黃大豆, 泡太, 粉藿, 早藿, 多士麻, 石茸, 甘苔, 藿耳, 細毛, 海衣, 昆布, 蕈古, 上末, 木麥末, 粘, 汁眞油, 實荏子, 全鼓, 生薑
逐朔供上	粉糠粳米, 黃蜜, 法油, 沈菜鹽
月令	生蛤, 生竹蛤, 海紅菜, 蕨菜, 辛甘菜, 黃石首魚, 木頭菜, 生烏賊魚, 靑蟹醢, 炙仇非石首魚, 蓴菜, 櫻桃, 大麥米, 靑瓜, 新眞末, 新粟米, 新稻米, 新黍米, 新稷米, 西瓜, 綠李, 冬瓜, 茄子, 眞瓜, 黃杏, 兒雉, 生榛子, 楸子, 積梨, 林檎, 新栢子, 蓮實, 銀口魚, 生錦鱗

---

7) 獼猴萄는 다래, 蕈古는 표고버섯, 茄子는 가지, 甘苔는 김의 일종, 芥子는 겨자, 粳米는 멥쌀, 乾秀魚는 건 숭어, 乾柿는 곶감, 昆布는 다시마의 일종, 藿耳는 미역귀, 蕨菜는 고사리, 茶麥은 차 끓이는 보리, 多士麻는 다시마, 大口魚는 대구, 大麥米는 보리쌀, 大棗는 대추, 冬瓜는 동아, 冬白魚는 동뱅어, 豆湯赤豆는 팥죽용 붉은 팥, 卵醢는 알젓, 臘肉은 납향용 고기, 蓮實은 연밥, 菉豆長音은 숙주나물, 綠李는 오얏, 林檎은 능금, 末醬은 말장, 木果는 모과, 木頭菜는 두릅, 木麥末은 메밀가루, 白米는 쓸은 쌀, 栢子는 잣, 白蝦醢는 새우젓, 法油는 들기름, 粉藿은 분곽, 山葡萄는 머루, 山葡萄正果는 머루정과, 蔘菩은 삼, 上末은 상말, 生葱은 생파, 生薑은 생강, 生錦鱗魚는 생쏘가리, 生絡蹄는 생낙지, 生栗은 밤, 生梨는 배, 生石首魚는 생조기, 生石花는 생굴, 生鮮은 생선, 生小螺는 생소라, 生松耳은 생송이버섯, 生烏賊魚는 생오징어, 生獐은 노루, 生竹蛤은 깃맛, 生榛子는 생개암, 生雉는 꿩, 生兎는 토끼, 生蛤은 생합, 生蟹는 생게, 薯蕷는 마, 西瓜는 수박, 石榴는 석류, 石首魚는 조기, 石茸은 석이버섯, 細毛는 참가사리, 洗淨鹽은 고운 소금, 蓴菜는 순채, 辛甘菜는 당귀 싹, 新稻米는 햅쌀, 新栢子는 햇잣, 新黍米는 햇찰기장쌀, 新粟米는 햇좁쌀, 新稷米는 햇메기장쌀, 新眞末은 햇밀가루, 實荏子는 깨, 兒雉는 수꿩, 櫻桃는 앵두, 禳灾黃大豆는 기도용의 노란 콩, 軟栗은 풋밤, 鹽은 소금, 牛毛는 우무, 柚子는 유자, 銀口魚는 은어, 銀杏은 은행, 炙仇非石首魚는 구이용 조기, 長音菉豆는 숙주나물용 녹두, 積梨는 적리, 全鼓는 메주, 粘은 점, 薺菜는 냉이나물, 早藿은 일찍 따서 말린 미역, 中米는 깨끗하게 쓸지 않은 쌀, 汁眞油는 즙용 참기름, 稷米는 메기장쌀, 眞瓜는 참외, 眞油은 참기름, 榛子는 개암, 靑瓜는 오이, 淸蜜은 꿀, 靑芽는 청아채, 靑蟹醢 게젓, 醋는 식초, 楸子는 가래, 沈菜鹽은 김장용 소금, 泡太는 두부용 콩, 海胖은 소내장, 海衣는 김, 海紅菜는 나문재, 胡桃는 호두, 紅柿는 홍시, 黃角은 황각, 黃角汁眞油는 황각용 참기름, 黃大豆는 황대두, 黃栗은 황률, 黃蜜은 밀, 黃石首魚는 참조기, 黃芽는 황아채, 黃杏은 살구이다.

	魚, 生松耳, 生蟹, 軟栗, 生小螺, 獼猴萄, 山葡萄, 生石首魚, 生石花, 海胖, 薯蕷, 生絡蹄, 銀杏, 冬白魚, 生獐
年例	粳米, 中米
藍染沈醬沈菹	末醬, 法油
誕日節日表裡物膳衣襨	生栗, 栢子, 生梨, 榛子, 紅柿, 西瓜, 石榴, 柚子, 木果, 淸蜜, 禳灾黃大豆, 長音菉豆, 芥子, 豆湯赤豆, 白米, 生雉, 生鮮, 蕘菜, 黃芽, 靑芽, 菉豆長音, 生葱, 山葡萄正果, 生兎
朔膳	朔膳物膳, 蔘茸, 乾秀魚, 臘肉
陳賀	生栗, 栢子, 生梨, 榛子, 紅柿, 西瓜, 物膳, 生雉, 生鮮, 山葡萄正果

　이론적으로 생각하면 조선후기 왕이나 왕비 등 왕실사람들의 밥상에 차려지는 궁중음식은 위에 나타나는 재료들을 이용하여 조리되었다고 할 수 있다. 물론 이것은 고기가 들어가는 일상음식, 고기가 빠지는 素膳, 잔칫상 등등 조선후기의 각종 궁중음식상을 포괄한 것이다.

　그런데 위의 내용은 1년간 進供되는 供上品의 수량과 종류를 총체적으로 정리한 것이므로[8] 구체적인 면에서는 한계를 가질 수밖에 없다. 즉 매일 이용된 궁중음식재료, 매달 이용된 궁중음식재료, 철마다 이용된 궁중음식재료가 구체적으로 어떠했는지는 위의 내용만 가지고는 파악할 수가 없는 것이다. 따라서 이런 내용을 확인하려면『萬機要覽』에 "一日一朔數 見定例"라고 언급된 것처럼 다른 자료를 확인해야 한다. 즉 매일 이용된 궁중음식재료는『六典條例』에, 매달 이용된 음식재료는『貢膳定例』등에 구체적으로 나타난다.

　예컨대『六典條例』에 의하면 大殿 逐日供上에서 확인되는 음식재료의 종류와 양은 다음과 같았다.[9]

---

8) "供上＜年數 ○一日一朔數 見定例＞"(『萬機要覽』1, 財用編).

9)『六典條例』戶曹, 前例房, 四殿宮元供上條.

<표 4> 『六典條例』의 大殿 逐日供上에서 확인되는 음식재료[10]

번호	음식재료	하루 수량	음식재료분류
1	粳米	6승	곡류
2	稷米	9홉	곡류
3	泡太	1두 2승	곡류
4	芥子	3홉	소금양념류
5	大口魚	2마리	어류
6	石首魚	9개	어류
7	卵醢	1승 5홉	소금양념류
8	白蝦醢	1승 5홉	소금양념류
9	鹽	3승	소금양념류
9(鹽)	洗淨鹽	1승	소금양념류(3일에 1번 進封)
10	汁眞油	1승 5홉	소금양념류
11	茶麥	3일에 2승	곡류
12	醋	1승 5홉	소금양념류
13	生薑	6냥	소금양념류
14	黃角	1근 2냥	해조패류(10.1－4.30 進封)
14(眞油)	黃角汁眞	9작	소금양념류(10.1－4.30 進封)
15	油	6냥 9전	해조패류(5.1－7.30 隔日 進封)
15(醋)	牛毛	2홉 1작	소금양념류(5.1－7.30 隔日 進封)
15(芥子)	醋	3홉	소금양념류(5.1－7.30 隔日 進封)
16	芥子	2승	곡류
16(粳米)	豆湯赤豆	2홉	곡류
17	粳米	3홉	소금양념류
18	淸蜜	15개	과일견과류(1개월간 20일 進封)
19	生梨	5승	과일견과류(1개월간 10일 進封)
20	生栗	5승	과일견과류(1개월간 10일 進封)

10) 供上되는 음식재료는 편의상 곡류, 육류, 어류, 해조패류, 채소나물류, 과일견과류, 소금양념류의 7가지로 구분하였다.

21	大棗	5승	과일견과류(1개월간 3일 進封)
21(栗)	胡桃	5승	과일견과류(1개월간 3일 進封)
22	黃栗	5승	과일견과류(1개월간 4일 進封)
23	栢子	2첩	과일견과류
24	乾柿	2개	과일견과류(6.1 – 9.30 進封)
25	眞瓜	1개	과일견과류(6.1 – 9.30 進封)
	西瓜		

위에서 나타나는 특징은 명색으로는 逐日供上이라고 해도 그 중에는 1년 내내 하루도 빠짐없이 供上되는 음식재료와 그렇지 않은 음식재료가 뒤섞여 있다는 점이다.

예컨대 1년 내내 매일 供上되는 음식재료는 粳米, 稷米 등의 곡류와 大口魚, 石首魚 등의 어류 그리고 鹽과 卵醢 등의 소금양념류였다. 粳米와 稷米는 밥을 하는데 사용되고 大口魚와 石首魚는 반찬을 하는데 그리고 鹽과 卵醢는 양념용으로 이용되었을 것이다. 또한 위에는 나타나지 않지만 司饔院의 鷹師契에서는 大殿에 매일 生雉 3마리를 供上하였고 漁夫契에서는 秀魚 3마리를 供上하였다.[11]

따라서 대전의 逐日供上 중에서 명실상부하게 1년 내내 매일 供上된 음식재료는 곡류, 어류, 육류 및 소금양념류였다고 하겠다. 이것은 왕의 평상시 식생활이 밥을 주식으로 하고 어류와 육류를 기본반찬으로 하였음을 의미한다.

이에 비해 1년 중 특정한 시기에만 供上된 黃角, 牛毛, 眞瓜, 西瓜 등은 제철음식으로서의 특징을 반영하는 것이라 할 수 있다. 여기에 지방에서 매달 올라오는 月令, 朔膳 등의 음식재료도 제철음식으로서

---

11) 『六典條例』 司饔院條.

의 특징을 갖고 있었다고 할 수 있다.

게다가 위에서 나타나는 각종 供上品들은 어느 한 관서에서 일괄적으로 進供하는 것이 아니었다. 供上品은 중앙의 供上 各司를 비롯하여 8도의 관찰사, 兵使, 水使 등 지방관들도 담당하였기 때문이다. 대체로 중앙의 供上 各司에서는 逐日供上, 逐朔供上, 素膳 등을 담당하였고12) 지방관들은 月令, 朔膳, 物膳 등을 담당하였다.13) 그러므로 실제 궁중에서 매일 또는 매달 이용된 음식재료를 확인하려면 供上을 담당한 각종 주체 및 이들 주체에서 진공한 供上品의 종류와 進供時期 등을 고찰할 필요가 있다.

조선시대 중앙의 各司 중에서 궁중음식과 직간접으로 관련되는 관서는 司饔院, 內資寺, 內贍寺, 司䆃寺, 司宰監, 內需司, 司醞署, 義盈庫, 掌苑署, 司圃署, 司畜署, 內侍府 등 12개였다. 이 관서들에서 궁중음식과 관련하여 수행한 업무는 다음과 같았다.

<표 5> 조선시대 供上과 관련된 中央 各司

번호	관서명	업무내용
1	司饔院	왕의 식사 및 궐내 음식물의 공급 등의 일을 담당14)
2	內資寺	闕內에 공급하는 쌀, 밀가루, 술, 장, 기름, 꿀, 채소, 과일 등 담당15)
3	內贍寺	各宮, 各殿에 대한 供上을 담당16)
4	司䆃寺	御用 창고의 米穀 및 闕內에 공급하는 醬 등의 물품을 담당17)

---

12) 예컨대 『六典條例』에는 중앙 各司의 進供 내용이 逐日, 逐朔, 素膳 등으로 구분되어 있다.

13) 예컨대 『輿地圖書』, 『供膳定例』에는 지방관의 進貢 내용이 月令, 朔膳, 物膳 등으로 구분되어 있다.

5	司宰監	魚物, 肉類, 食鹽 등에 관한 일을 담당[18]
6	內需司	闕內 需用의 米布 및 雜物, 奴婢 등에 관한 일을 담당[19]
7	司醞署	闕內에 술과 단술을 공급하는 일을 담당[20]
8	義盈庫	기름, 꿀, 黃蠟, 素物, 胡椒 등의 물품을 담당[21]
9	掌苑署	苑囿, 花草, 果物 등의 관리를 담당[22]
10	司圃署	園圃와 蔬菜에 관한 일을 담당[23]
11	司畜署	祭物아닌 여러 가지 짐승을 사육하는 일을 담당[24]
12	內侍府	闕內 飮食物의 監督 등의 일을 담당[25]

위의 관서 중에서 司醞署, 司畜署는 조선 후기에 폐지되었다. 그러므로 조선후기에 궁중의 供上과 관련되었던 부서는 10개였다. 그 중에서 內侍府, 內需司, 司饔院, 掌苑署를 제외한[26] 6개의 관서가 궁

14) “掌供御饍及闕內供饋等事”(『經國大典』吏典, 司饔院條).

15) “掌內供米麴酒醬油蜜蔬果內宴織造等事”(『經國大典』吏典, 內資寺條).

16) “掌各宮各殿供上二品以上酒及倭野人供饋織造等事”(『經國大典』吏典, 內贍寺條).

17) “掌御廩米穀及內供醬等物”(『經國大典』吏典, 司䆃寺條).

18) “掌魚肉鹽燒木炬火等事”(『經國大典』吏典, 四宰監條).

19) “掌內用米布及雜物奴婢”(『經國大典』吏典, 內需司條).

20) “掌供酒醴”(『經國大典』吏典, 司醞署條).

21) “掌油密黃蠟素物胡椒等物”(『經國大典』吏典, 義盈庫條).

22) “掌苑囿花果”(『經國大典』吏典, 掌苑署條).

23) “掌園圃蔬菜”(『經國大典』吏典, 司圃署條).

24) “掌司雜畜”(『經國大典』吏典, 司畜署條).

25) “掌大內監膳傳命守門掃除之任”(『經國大典』吏典, 內侍府條).

26) 內侍府는 궁중음식을 감독하였고, 內需司는 왕의 사적인 기구였으며, 司饔院은 御膳을 요리하였고, 掌苑署는 궁중 내의 園圃를 담당하였다는 점에서 供上을 직접 담당한 관서라가 보다 간접적인 관계를 갖는 관서라고 할 수 있다. 다만 司饔院의 鷹師契와 漁夫契에서 매일 生雉와 秀魚를 進排한 사실을 기억할 필요가 있다.

중 供上과 직결되어 있었다. 그러므로 이 6개의 관서를 供上六司라고 통칭하였다. 六司에서 궁중에 供上하는 음식 재료는 <표 6>과 같았다.

<표 6> 供上六司의 進供品目

官署名	逐日供上	逐朔供上	素膳
內資寺[27]	菁根, 水芹, 萵苣薑, 苽子 白茄子, 蓊臺	沈菜鹽	實荏子
內贍寺[28]	汁眞油, 醋, 豆湯跡豆, 淸蜜, 茶麥, 黃角汁眞油 乾膾汁醋, 牛毛, 汁醋		汁眞油, 上末, 木麥末 粘
司䆃寺[29]	粳米, 稷米, 泡太, 芥子 豆湯心粳米, 牛毛汁芥子 駝酪心粳米	粉糠粳米	黃大豆, 泡太
司宰監[30]	大口魚, 石首魚, 卵醢 白蝦醢, 鹽		
義盈庫[31]	黃角	黃蜜, 法油	粉藿, 早藿, 昆布 多士麻, 石茸, 甘苔 藿耳, 細毛, 海衣
司圃署[32]	生蔥, 水艾根, 蘿葍莖 苽子, 荏子葉, 茄子 蘿葍根, 水芹, 葵菜 萵苣菜, 長達里, 香菜 土卵莖, 冬瓜, 土卵 蔓菁根, 菉豆芽, 蔓菁芽 眞果, 西果, 生薑, 南瓜		生薑

---

27) 『六典條例』 內資寺條.

28) 『六典條例』 內贍寺條.

29) 『六典條例』 司䆃寺條.

供上六司에서 進供하는 供上品은 원칙적으로 조선에서 산출되는 음식재료였다. 그것은 조선후기에 대동법이 시행되면서 貢人들을 통해 조달되었다고 해도 변하지 않았다. 사계절이 뚜렷했던 조선시대에는 이런 음식재료들이 철따라 또는 달에 따라 산출되었다.

그런데 음식재료는 산출된 이후 오래 보관할 수 있는 재료도 있고 그렇지 못한 재료도 있었다. 오래 보관할 수 없는 음식재료는 산출되는 즉시 소비하지 않으면 대부분 쓸 수 없었다. 그러므로 이런 음식재료는 특별히 供上하는 시기를 정해 놓았다.

供上六司의 供上品 중에서 進供時期가 정해진 것은 주로 逐日供上의 음식재료였다. 그 중에서도 채소와 과일 등 보관상의 문제 그리고 제철음식이라는 측면이 강한 음식재료가 대상이었다. 進供時期가 정해지지 않은 逐日供上의 음식재료는 말 그대로 매일매일 供上되었다. 供上六司에서 담당한 채소와 과일 등의 進供 시기는 <표 7>과 같았다.

<표 7> 供上六司의 進供時期[33]

官署名	進供時期	進供品目
內資寺	立春-2월	菁根(무)
	3월	水芹(미나리)
	4월	萵苣蕫(상추)
	5-6월	瓜子(오이)
	7-9월	白茄子(가지)

---

30)『六典條例』司宰監條.

31)『六典條例』義盈庫條.

32)『六典條例』司圃署條.

33) 위의 월은 음력 기준이다. 왕과 왕세자에게는 生蔥(날파)을 4계절 내내 供上하였다.

	10－立春	蓤臺(근대)
內贍寺	4월	乾膾汁醋
	5－7월	牛毛
	5－7월	汁醋
	10－4월	黃角汁眞油
司䆃寺	5－7월	牛毛汁芥子
	10－1월	駝酪心粳米
義盈庫	10－4월	黃角
司圃署	1월	蘿葍根(무뿌리), 菉豆芽(녹두나물), 蔓菁芽(순무싹)
	2월	水艾根(쑥뿌리), 水芹, 菉豆芽, 蔓菁芽, 蘿葍根
	3월	蘿葍莖(무줄기), 水芹, 葵菜(해바라기 나물)
	4월	水芹, 葵菜, 萵苣(상추), 長達里(장다리), 香菜
	5월	瓜子, 水芹, 葵菜, 萵苣, 長達里, 香菜
	6월	荏子葉(깻잎), 茄子, 土卵莖, 冬瓜, 瓜子, 蘿葍菜(무채), 西瓜, 眞瓜
	7월	土卵莖, 冬瓜, 瓜子, 蘿葍菜, 南瓜(호박), 西瓜, 眞瓜, 茄子
	8월	冬瓜, 瓜子, 蘿葍菜, 茄子, 西瓜, 眞瓜, 稢菁, 稢白菜(어린 배추)
	9월	蘿葍根, 蘿葍菜, 土卵, 西瓜, 沈葅菁根(김장무), 菁根
	10월	土卵, 蘿葍根, 蔓菁根(순무), 菁根
	11월	土卵, 蘿葍根, 蔓菁根, 菉豆芽, 蔓菁芽
	12월	土卵, 蘿葍根, 蔓菁根, 菉豆芽, 蔓菁芽

Ⅲ. 조선후기 해산물의 宮中供上

조선후기에 해산물은 지방관들의 月令, 朔膳 등을 통해 궁중으로
진상되거나 중앙의 供上六司 중 '魚物, 肉類, 食鹽, 燒木, 炬火' 등의

供上을 담당한 사재감을 통해 궁중으로 공상되었다. 지방관들은 자신들의 지역에 月令이나 朔膳으로 배당된 해산물을 매달 궁중으로 진상했다. 반면 사재감에서는 사재감에서 담당한 공상물품을 몇 가지 방식으로 궁중으로 공상했다.

우선 사재감에서는 대구어, 조기, 청어, 준치, 蘇魚醢, 白蝦醢 등의 魚物을 매일 또는 3일마다 공상했는데, 그 내용을 조금 더 구체적으로 살펴보면 다음의 <표 8>과 같았다.

<표 8> 사재감에서 궁중에 공상한 魚物의 종류-『육전조례』

	1일마다 공상	3일마다 공상
대전, 중궁전	각각 대구어 2, 조기 9	
세자궁, 세자빈궁	각각 조기 6	각각 대구어 4
봉보부인	조기 3	대구어 1
阿只	조기 2	대구어 1
상궁, 시녀, 유모, 보모	조기 2, 청어 1.5, 준치 0.5	
무수리	조기 1, 청어 1	
首母, 房子, 阿只 몸종	조기 1, 청어 1	

위에서 보듯이 사재감은 이들 어물을 매일 또는 3일에 한 번씩 공상했으며, 이 魚物이 왕과 왕비 또는 궁녀 등 궁중 사람들의 일상 식재료로 이용되었던 것이다. 사재감에서 공상하는 어물을 받는 대상자는 왕과 왕비, 세자궁, 세자빈궁 등 왕족들과 이 왕족들을 시중드는 상궁, 시녀, 유모, 보모, 무수리 등 일꾼으로 구분되었다.

궁중의 왕족과 일꾼이 받는 사재감의 魚物은 신분이 다른 만큼 동일한 명목이 아니라 다른 명목으로 구분되었다. 즉 왕족들은 식생활에 필요한 供上으로 받았지만 일꾼들은 노동의 대가로 받았으며, 그 이름도 宣飯과 朔料로 불렸다. 宣飯이란 궁중 사람들 중에서 왕족들의 생활을 시중들기 위한 일꾼들 즉 봉보부인, 상궁, 시녀, 유모, 보모, 무수리, 首母, 방자, 아지 몸종 등에게 지급되는 음식물이었으며, 朔料는 다달이 지급되는 월급이었다.

순조 8년(1808)에 간행된 『만기요람』의 '阿只尙宮以下宣飯衣纏' 항목에 의하면 中米 566석 6두, 泡太 279석 13두 4승 4홉, 대구 101마리 반, 준치 7,015개, 조기 47,203개, 청어 39,578개 등으로 기록되어 있는데[34] 이것은 당시의 궁중에 있던 '阿只尙宮以下'에게 1년 동안 지급된 선반물종을 종합한 것이었다. 이에 의하면 아지, 상궁 등 궁중의 일꾼들이 받는 宣飯에는 대구, 준치, 조기, 청어 등 魚物이 많았다. 이는 즉 아지, 상궁 등 궁중의 일꾼들에게 宣飯으로 지급되는 魚物도 사재감에서 담당하였음을 뜻했다. 宣飯 뿐만 아니라 朔料 역시 사재감에서 담당하였다. 사재감은 供上과는 달리 宣飯과 朔料는 한 달에 한 번씩 납부 하였다.[35]

그렇다면 사재감은 궁중에 공상하는 魚物을 어떻게 확보하였을까? 그것은 바로 貢納제도와 貢人제도를 통해서였다. 조선전기에는 貢納제도를 통해 각 지역에서 魚物을 공급받았지만 조선후기 들어 대동법이 시행된 이후에는 貢人들로부터 어물을 공급받았다. 조선시대 사재감이 어물을 공급받는 방식에 대하여는 다음 자료가 참조된다.

"이번 6월 13일에 약방에서 入診하기 위해 入侍하였을 때, 부제
조 김일경이 아뢰기를, '지난번 장령 서종하와 지평 심준이 啓目

---

34) 『만기요람』재용편, 供上, 阿只尙宮以下宣飯衣纏.

35) "司宰監貢人等以爲 宣飯所需北魚 依例逐朔排納"(『승정원일기』고종 2년(1865) 1월 24일)

으로 臺監月令을 복구할 것을 허락받았습니다. 조종조에 各司에
서 進排할 때에는 사헌부 감찰을 보내 검찰하게 하였으며 그 이
름을 臺庫라고 하였습니다. 지금 신이 사재감 제조를 겸하고 있
는데 臺庫를 혁파한 지 지금 몇 년이 되어 원래 사헌부 감찰을 청
하여 창고를 열고 닫거나 물품을 들이거나 내는 일이 없습니다.
臺監月令도 또한 혁파된 것 중에 있으니, 臺監月令을 복구하는 것
은 폐단이 작지 않습니다. 臺監月令을 복구할 것을 취소하시는 것
이 어떻겠습니까?' 하였다. 제조 이태좌가 아뢰기를, '이른바 月
令監察이란 대개 곡절이 있습니다. 대동법을 시행하기 전에는 외
읍에서 供上 등의 물품을 모두 各司에 곧바로 납부하였습니다. 그
러므로 사헌부의 13 감찰이 각각 1司를 관장하여 규찰하고 받아
들였는데, 그것을 臺庫라고 하였습니다. 그러나 사헌부는 가난하
여 물력이 없는 곳이므로 감찰이 차출될 때, 옷이나 말 또는 거동
때의 천막 등을 의례 관장하는 各司의 貢人들에게서 거두었습니
다. 이것은 오래된 관례였습니다. 대동법이 시행된 후 외방에서
곧바로 공납하는 일이 없어졌고, 혹 있어도 별로 폐단이 없으므
로 各司의 月令監察은 臺庫가 폐지되면서 없어진 곳도 있고, 혹은
貢人들이 잔약해져서 폐지한 곳도 있습니다. (중략)' 하였다."[36]

대동법이 시행되기 이전 사재감에 月令監察이 필요했던 이유는 사
재감에서 지방의 魚物을 직접 받을 때 폐단이 생기는 것을 방지하기
위해서였다. 그리고 月令監察이라는 이름에서 알 수 있듯이 사재감은

---

36) "今六月十三日, 藥房入診入侍時, 副提調 金一鏡 所啓, 頃日因掌令 徐宗廈 持平沈埈
啓目, 臺監月令復舊事蒙允矣, 祖宗朝各司進排時, 送臺監使之檢察, 名之曰臺庫, 卽
今臣所帶提擧司宰監, 革罷臺庫今已年久, 元無請臺監封閉出入之事, 則月令自在當
罷之中, 而其爲弊, 則誠不貲矣, 月令復舊事還寢何如, 提調李台佐曰, 所謂月令監察
蓋有曲折矣, 大同未設立前, 外邑供上等物種, 皆爲直納於各其司故, 十三監察各掌一
司, 糾檢捧納, 名之曰臺庫, 而憲府淸寒無物力之故, 監察差祭時, 衣籠馬及擧動時依
幕器具, 例爲責徵於所掌司貢人處, 此舊例矣, 大同設立之後, 外方直貢之事絶無而僅
有, 別無大段糾檢之端, 各司中月令或因其罷臺庫而廢之者有之, 或因其貢人疲殘而
廢之者有之"(『비변사등록』경종 3년(1723) 6월 14일)

매월 魚物을 공급받았던 것이다. 대동법 시행 이후 비록 지방 대신 貢
人들이 사재감에 魚物을 납부하는 것으로 바뀌었지만, 貢人들도 매
월 납부하기는 마찬가지였다. 조선후기에 사재감은 貢人들로부터 매
달 납부 받은 魚物을 매일 또는 3일마다 供上하였고, 이에 더하여 궁
녀 등의 宣飯이나 朔料에 필요한 魚物은 매달 공급했던 것이다.

사재감 등 供上六司 또는 지방관이 궁중의 각 殿宮에 供上하는 음
식재료는 司饔院에서 받아들였다. 그것은 司饔院이 "왕의 식사 및 궐
내 음식물의 공급 등의 일을 담당"[37] 하였기 때문이었다.

경복궁이나 창덕궁의 경우 司饔院은 왕의 처소에서 멀지 않은 곳에
위치했다. 예컨대 경복궁의 司饔院은 闕內各司가 밀집했던 경회루
앞 지역의 승정원 앞에 있었다. 창덕궁의 司饔院은 熙政堂 앞쪽에 있
었다. 이는 왕의 식사 및 궐내 음식물의 공급 등의 일을 효율적으로 수
행하기 위해 司饔院을 왕의 처소 가까이에 위치시킨 결과였다.

『六典條例』에 의하면 司饔院에서는 供上六司 등에서 올리는 음
식재료들을 다음과 같은 절차를 거쳐 받아들였다.

> "매일 提調 1명이 일찍 본 司饔院으로 와서 入直郎廳 및 薛里內官
> 과 開坐한다. 그 후에 各司의 進排官＜司圃署는 매일이고 司䆃寺, 內
> 資寺, 內瞻寺, 四宰監, 義盈庫는 3일에 한 번씩이다.＞은 供上할 物種
> 들을 封進한다. 그러면 飯監이 그것을 받들어 提調 앞으로 가지고
> 와서 郎廳, 薛里와 함께 看品한다."[38]

위에서 주목되는 것은 음식재료를 看品할 때 司饔院의 提調와 郎
廳 뿐만 아니라 薛里와 飯監이 참여한다는 사실이다.

---

37) "掌供御膳及闕內供饋等事"(『經國大典』吏典, 司饔院條).

38) 『六典條例』司饔院條.

薛里는 '옆에서 보조하여 돕는다.'는 몽고어로서[39] 궁중 음식을 관리하는 내시였다. 薛里가 궁중음식을 관리하므로 司饔院에서 음식재료를 받아들이는 과정에도 참여하는 것이었다.

飯監은 司饔院에 소속된 闕內 差備였다. 司饔院에는 궁중 음식을 담당하는 수많은 남자 요리사들이 소속되었는데, 飯監은 그 요리사들의 수장으로서 일종의 주방장이었다. 司饔院에서 만드는 궁중음식은 飯監이 최종 책임을 졌으므로 飯監이 음식재료를 받아들이는 과정에도 참여하는 것이었다. 이런 절차를 거쳐 합격된 음식재료들만이 궁중 요리사들에게 전해져서 요리될 수 있었다.

Ⅳ. 고종 즉위 전후 명태의 宮中供上

명태가 궁중의 食材料로 공급되기 시작한 계기는 사재감이 대구어 대신 명태를 궁중으로 공급하기 시작하면서부터였다. 이와 관련하여 『승정원일기』에 다음과 같은 기록이 보인다.

> "의정부에서 아뢰기를, '貢人과 市人들에게 폐단에 대한 소회를 물어서 의정부에 啓下하였습니다. 그 소회를 가져다 보니, (중략) 사재감의 貢人 등은 말하기를, 저희들의 공납품 중에 供上하는 宣飯物種 중의 대구어를 이미 北魚로 대신 공납하고 있습니다. 그런데 요사이 黃大口契에서 白大口로 대신 공납한 이후, 주방의 창고에 납입한다고 칭하면서 반드시 대구어를 많은 수량으로 공납하도록 책임 지워 頒賜, 犒饋 등에 옮겨서 사용하고 있습니다. 이것은 저희들의 공납품 중에서 대구어를 공납하지 않게 한 것이 輕歇한 것에서 연유하였습니다. 지금 이후로 저희들의 공납품으로 責納하지 않도록 하소서 라고 하였습니다. (중략) 대구어를

---

39) 『譯註 經國大典』 - 註釋篇 - , 한국정신문화연구원(1992).

공납하지 않게 한 것이 輕歇하다고 하여 마구 징수하는 것은 특
히 말이 되지 않습니다. 이것은 주방을 어떻게 단속하느냐에 달
려 있습니다. 만약 마구 징수하는 폐단이 있으면 해당 貢人이 본
의정부에 와서 고발하도록 하소서.(하략)' 하였다."40)

위의 내용은 사재감의 궁중 供上과 관련하여 중요한 사실을 알려
주고 있다. 즉 사재감에서 공상하던 宣飯物種 중의 대구어가 어느 시
점에서인가 北魚로 대체되었다는 사실이다. 그 시점은 위의 기록이
나타난 시점보다 그리 멀지 않은 때로 생각된다. 그렇다면 고종 즉위
전후에 사재감에서 궁중에 공상하던 宣飯物種 중의 대구어가 북어로
바뀌었다고 할 수 있다.

宣飯物種 중의 대구어가 北魚로 대체된 이유는 위의 '대구어를 공
납하지 않게 한 것이 輕歇'하다는 기록을 볼 때, 대구어 값은 비싸고
北魚 값은 저렴하기 때문이었을 것이다. 그것은 대구어 생산이 격감
하고 대신 북어 생산이 격증한 결과라고 할 것이다.

그런데 사재감이 궁중에 공상하던 모든 대구어가 북어로 바뀐 것이
아니라, 위에서 나타난 대로 宣飯物種 중에 대구어가 북어로 바뀌었
을 뿐이었다. 이는 기왕의 宣飯과 朔料에 쓰이던 대구어는 북어로 바
뀌었지만, 그 외 왕족들의 식생활에 들어가던 대구어 공상은 그대로
유지되었음을 의미한다. 그렇게 바뀐 시점이 바로 고종 즉위 전후였던
것이다.

---

40) "議政府啓曰, 貢市人詢瘼所懷, 啓下本府矣。取考其所懷, (중략) 司宰監貢人等以
爲, 矣貢所供宣飯物種中, 大口魚, 旣以北魚代納, 而近自黃大口契, 以白大口代納之
後, 稱以廚房庫入, 必以大口, 優數責納, 移用頒賜·犒饋等處, 此緣矣貢防口之經歇故
也。從今以後, 勿使矣貢責納, (중략) 以防口輕歇之致, 濫徵殆無紀極, 此在廚房操束
之如何, 如有濫徵之弊, 該貢, 這這來告本府(하략)"(『승정원일기』고종 1년(1864) 5
월 1일조)

순조 8년(1808)에 간행된 『만기요람』의 '阿只尙宮以下宣飯衣纏'
항목에 등장하는 魚物에는 대구, 준치, 조기, 청어 등만 나타나고 명태
는 없으므로,[41] 순조 당시까지는 명태가 궁녀들의 宣飯이나 朔料로
지급되지 않았던 것이 분명하다. 이런 사실은 고종 연간의 자료를 통
해서도 확인된다. 예컨대 고종 3년(1869)의 자료인 『丙寅大殿分料圖』[42]
에 의하면 순조 32(1832)에 상궁과 시녀에게 지급된 朔料는 각각 米 7
두 5승, 太 6두, 饌物 대구어 10尾였으며 철종 10년(1859)에 상궁과
시녀에게 지급된 朔料 역시 각각 米 7두 5승, 太 6두, 饌物 대구어 10
尾였다.

이러던 것이 고종 즉위 전후하여 사재감이 대구어 대신 북어를 宣
飯物種으로 공납하게 되면서 상황이 바뀌게 된 것이었다. 그것은 결
국 봉보부인에게 3일에 한번 대구어 1마리를 공납하던 것을 북어로 대
체하였음을 의미했다. 宣飯 물종이 대구어에서 명태로 바뀌면서 朔料
또한 대구어에서 명태로 바뀌게 되었다. 그런 사정을 고종 32년(1895)
을미년 4월에 궁녀들에게 지급된 삭료를 至密宮女 중심으로 살펴보
면 다음과 같았다.

<표 9> 고종 32년 궁녀에게 지급된 朔料의 물종과 수량[43]

지밀
하상궁 온공상 : 쌀 7두 5승, 콩 6두, 북어 2태 10미
      온방자 3 : 쌀 18두, 북어 3태

---

41) 『만기요람』재용편, 供上, 阿只尙宮以下宣飯衣纏.

42) 『丙寅大殿分料圖』(장서각 도서분류 2－3169).

43) 『고문서집성』13, 을미ㅅ월위시분뇨블긔, 한국정신문화연구원, 1994.

안상궁 온공상 : 쌀 7두 5승, 콩 6두, 북어 2태 10미

　　　　온방자 2 : 쌀 12두, 북어 3태

지상궁 온공상 : 쌀 7두 5승, 콩 6두, 북어 2태 10미

　　　　온방자 2 : 쌀 12두, 북어 2태

하상궁 온공상 : 쌀 7두 5승, 콩 6두, 북어 2태 10미

　　　　반방자 : 쌀 3두, 북어 10미

김상궁 온공상 : 쌀 7두 5승, 콩 6두, 북어 2태 10미

서상궁 온공상 : 쌀 7두 5승, 콩 6두, 북어 2태 10미

　　　　온방자 2 : 쌀 12두, 북어 2태

신상궁 온공상 : 쌀 7두 5승, 콩 6두, 북어 2태 10미

　　　　반방자 : 쌀 3두, 북어 10미

엄상궁 온공상 : 쌀 7두 5승, 콩 6두, 북어 2태 10미

　　　　온방자 : 쌀 3두, 북어 1태

　　　　반방자 : 쌀 3두, 북어 10미

최씨　　온공상 : 쌀 7두 5승, 콩 6두, 북어 2태 10미

오씨　　반반공상 : 쌀 4두, 콩 1두 5승, 북어 13미

박씨　　반반공상 : 쌀 4두, 콩 1두 5승, 북어 13미

천씨　　반반공상 : 쌀 4두, 콩 1두 5승, 북어 13미

안씨　　반반공상 : 쌀 4두, 콩 1두 5승, 북어 13미

이씨　　온공상 : 쌀 7두 5승, 콩 6두, 북어 2태 10미

　　　　온방자 : 쌀 6두, 북어 1태

　　　　반방자 : 쌀 3두, 북어 10미

위의 자료에 의하면 상궁과 시녀의 온공상이 '쌀 7두 5승, 콩 6두, 북어 2태 10미'로 나타나는데, 이것은 순조와 철종 연간에 상궁과 시녀에게 지급된 朔料 '쌀 7두 5승, 콩 6두, 饌物 대구어 10尾'에 해당하는 것이다. 따라서 기왕의 찬물 대구어 10미가 고종 3년 이후에 북어 2태

10미 즉 50마리로 바뀌었음을 알 수 있다. 아울러 이 기록대로 한다면 기왕의 대구어 1마리는 북어 5마리의 비율로 환산되었음도 알 수 있다.

고종 32년(1895)인 을미년 4월에 궁녀들에게 지급된 朔料에서 기왕의 대구어가 북어로 바뀐 이유는 물론 고종 즉위 전후하여 사재감에서 궁중에 供上하던 宣飯 饌物 중에서 대구어를 북어로 바꾸어 공납한 결과였다. 당시 사재감의 공납인들이 대구어 대신 북어를 공납하려 했던 이유는 물론 대구어가 비쌌기 때문이었다. 그것은 대구어 대신 북어를 공납한 결과를 두고, 사재감의 공납인들이 '이것은 저희들의 공납품 중에서 대구어를 공납하지 않게 한 것이 輕歇한 것에서 연유하였습니다.'라고 했던 언급에서 잘 드러난다.

Ⅴ. 맺음말

고종 2년(1865) 1월 24일에 의정부는 왕에게 다음과 같은 보고를 하였다.

> "의정부에서 아뢰기를, '貢人과 市人들에게 폐단을 물어 본 결과를 의정부에 내리셨습니다. 그것을 취해 보니 (중략) 사재감의 貢人들은 말하기를, 宣飯에 들어가는 北魚는 의례 매달 납입하고 있으니 朔料를 줄 때 추가로 들어가는 물량을 또 납입하게 하는 폐단을 영구히 막아 주시고, 창고에 들이는 물품 역시 代錢으로 정해주시기를 바라는 일이었습니다. 北魚 납입은 이미 매달 납입하고 있습니다. 그런데 지금 사재감에서는 貢人들로 하여금 오래도록 북어를 저장하고 있게 하다가 반드시 값이 올랐을 때 거둬들이니 어찌 貢人들의 큰 폐단이 아니겠습니까? 지금부터는 매달 납입하는 것은 본 물품으로 저장하였다가 납입하게 하소서.

代錢으로 정해서 시행하게 되면 창고에 저장하는 것이 代錢으로 되는 것이니 훗날의 폐단이 있을 듯합니다. 시행하지 마소서. (후략)' 하였다."44)

이 기록은 고종 초의 宮中供上과 명태에 관련하여 중요한 시사를 주고 있다. 첫째 사재감의 貢人들은 매달 한차례 궁녀들의 宣飯 물종인 북어를 사재감에 공납하였다는 사실이다. 사재감의 공인들은 북어를 현지 또는 시장을 통하여 조달하였으며, 이는 고종 즉위 전후 북어의 생산과 유통에 궁중까지 포함될 정도로 북어 유통이 매우 활발하였음을 증명한다.

한편 사재감의 貢人들이 북어를 매달 한차례 공납하였다는 점에서 궁중에 공상되던 북어는 바짝 말린 형태였을 것으로 판단할 수 있다. 함경도 또는 강원도 연안 바다에서 어획된 명태가 서울까지 유통되고 그것이 또 다달이 궁중에 공납되려면 무엇보다도 오랫동안 상하지 않아야 가능했다. 그러려면 바짝 말린 북어라야 가능했다. 이런 점에서 고종 즉위 전후 궁녀들이 북어를 宣飯이나 朔料로 받으면서 궁중에는 바짝 말린 북어를 이용한 다양한 요리가 등장했을 것으로 판단된다.

둘째 고종 초 사재감의 貢人들은 궁중에 납입하는 北魚를 현물 대신 돈으로 납부하기를 원했다는 사실이다. 이는 북어를 현물로 유통하던 사재감의 貢人들이 현물 대신 돈으로 유통하는 추세가 점점 대세로 되었음을 증명하며 그것은 곧 북어를 매개로 한 상품유통경제의 발

---

44) "議政府啓曰, 貢市人詢瘼所懷, 啓下本府矣。取見其所懷 (중략) 司宰監貢人等以爲, 宣飯所需北魚, 依例逐朔排納, 而分料挪移之弊, 永爲防塞, 庫入儲蓄, 亦以代錢定式事也。北魚進排, 旣有每朔應納, 則今其許久儲置, 必待騰踊時責出, 安得不爲貢弊之大者乎? 自今爲始, 逐朔所納, 以本色儲留責出, 以代錢定式施行, 庫蓄代錢, 有關後弊, 置之。"(『승정원일기』고종 2년(1865) 1월 24일)

전을 반영한다고 하겠다.

셋째 사재감이 궁중에 공급하던 宣飯과 朔料가 대구어에서 북어로 바뀌면서 궁중 음식에도 북어가 등장하게 되었다는 사실이다. 이는 조선후기 들어 함경도와 강원도 연안 바다에서 대구어 대신 명태가 대량 어획되어 전국적으로 유통되던 결과가 마침내 고종 초에 이르러 궁중의 供上 품목에서도 명태가 대구어를 대신하는 데까지 이르렀음을 의미했다. 다만 북어는 궁녀들의 宣飯과 朔料에만 한정되었다는 점에서 고급 음식보다는 하급 음식으로 이용되었다고 하겠다.

조선시대 궁중음식 중에서 고급음식은 역시 왕, 왕비, 대비, 세자, 세자빈 등 왕족들의 음식이었으며, 왕족들의 음식에 들어가던 대구어는 매일 또는 3일마다 공상되었다. 이렇게 매일 또는 3일마다 공상되는 대구어는 바짝 말린 북어와는 달리 半乾 아니면 鹽藏으로 처리되었을 것으로 생각된다. 이런 점에서 대구어는 북어에 비해 상대적으로 싱싱할 뿐만 아니라 고급식재료였다. 조선후기 들어 함경도와 강원도 연안 바다에서 대구어 대신 명태가 대량 어획됨으로써 대구어가 비싸지고 명태가 저렴해지기는 했지만 품질 면에서는 여전히 대구어가 뛰어났다. 그러므로 다만 저렴하다는 이유만으로 명태나 북어가 대구어를 대신해 왕족들의 식재료로 될 수는 없었던 것이다. 이런 점에서 명태와 북어는 지방은 물론 궁중에서도 서민들을 위한 저렴한 음식이었다고 하겠다.

2부

조선의 물고기, '명태'

명태를 위한 서곡

이근우*

Ⅰ. 가곡 '명태'
Ⅱ. '명태' 속의 '명태'
Ⅲ. 명태에서 북어로

명태는 분명 우리와 친근한 물고기다. 친근함의 증거는 명태를 소재로 한 가곡이 있다는 사실이다. 우리나라를 대표하는 물고기로 조기도 있고, 대구(大口)도 있지만 조기나 대구를 다룬 가곡은 없다. 그만큼 명태는 특별한 셈이다. 그렇지만 친근한 것일수록 그 실체를 분명히 알 수 없는 경우가 많다. 그래서 명태만을 다룬 책을 써 보고자 했다. 그것도 인문학적인 관점에서.

요즘 '만들어진 전통', '만들어진 역사', '만들어진 고대'처럼 '만들어진' 즉 원래 존재했던 것이 아니라 비교적 가까운 시대에 새롭게 형성된 혹은 조작된 것들을 밝혀내는 것이 유행이다. 사실 명태도 그런 물고기다. 오래 전부터 있었던 물고기가 아니라, 조선시대 중기 무렵

---

* 부경대 사학과.

에 갑자기 동해안에 나타난 이상한 물고기다. 어찌 보면 순식간에 이 물고기는 대구의 자리를 대신하였고, 일상적으로 음식상에 오르게 되었고, 심지어는 제사상에 오르게 되었다. 그러면서 우리와 친근해졌다. 그렇지만 지금 그 물고기는 우리 곁을 떠나고 없다. 왜 나타났는지 왜 없어졌는지 여전히 의문에 쌓여 있다. 이 책에서는 그런 의문에 답해 보고자 하였다.

명태는 언제부터 동해안에 나타났는지, 왜 명태라고 불리게 되었는지, 명태는 왜 대구를 대신하고 나아가서는 제수가 될 수 있었는지, 조선의 어부들은 어떻게 명태를 잡았는지, 일제시대에 일본인들이 얼마나 명태를 남획하였는지, 명태는 왜 우리 입맛을 사로잡았는지, 우리의 민속 속에 어떻게 파고 들어갔는지를 밝혀보고자 하였다.

전체적으로 결코 책의 내용이 평이하지는 않지만 서두만이라도 쉽게 써보고자 하였다. 그래서 가곡 '명태'를 통해서, 명태에 대한 기초적인 정보를 확인해 두고자 한다.

Ⅰ. 가곡 '명태'

검푸른 바다 바다 밑에서, 줄지어 떼지어 찬물을 호흡하고, 길이나 대구리가 클대로 컸을 때, 내 사랑하는 짝들과 노상 꼬리치고 춤추며 밀려 다니다가, 어떤 어진 어부의 그물에 걸리어 살기 좋다는 원산 구경이나 한 후, 에지푸트의 미이라가 됐을 때, 어떤 외롭고 가난한 시인이 밤 늦게 시를 쓰다가 쐬주를 마실 때, 그의 안주가 되어도 좋다. 그의 시가 되어도 좋다. 짜악 짝 찢어지어 내 몸은 없어질지라도 , 명태, 명태라고 이 세상에 남아 있으리라.

이 가곡을 정말 이상한 느낌이 든다. 우리의 가곡은 대체로 서정적이거나 애상적이다. 변훈선생이 작곡한 또 다른 가곡인 '떠나가는 배'를 보자.

저 푸른 물결 외치는 거센 바다로 떠나는 배. 내 영원히 잊지 못할 님 실은 저 배는 야속하리. 날 바닷가에 홀 남겨두고 기어이 가고야 마느냐~ 터져나오라 애슬픔 물결 위로 한 된 바다. 아담한 꿈이 푸른 물에 애끓이 사라져 나홀로. 외로운 등대와 더불어 수심뜬 바다를 지키련다.

비장한 느낌 없이 부르기 어려운 노래이다. 연인과 헤어지는 사람의 절절한 감정이 그대로 녹아들어 있다. 가곡 '비목' 같은 경우도 비목이라는 사물에 사람의 애절한 감정이 이입되어 있을 뿐이다. 그러나 가곡 '명태'에는 사람의 감정이 이입되어 있다고 보기 어렵다. '짜악 짝' 찢어지는 물고기에 사람의 감정을 넣기는 어렵기 때문일 것이다. 거기다가 에집트, 미이라같은 우리 가곡에서는 보기 어려운 생경한 용어는 물론이고, 소주를 마시는 소리까지 들어 있으니, 이건 파격도 이만저만한 파격이 아니다.

과연 '명태'를 처음 듣고 느끼는 그 이질감은 우리들만의 것이 아니었다. 이 곡은 1951년에 작곡되었고, 1952년에 부산극장에서 바리톤 오현명이 처음 불렀다. 그런데 그 반응은 냉담했다. 객석 여기저기에서 웃음이 터져 나왔으며, 당시의 음악평론가 이성삼은 연합신문에 "이것도 노래라고 발표하나"라는 평론을 실었을 정도라고 한다.

그렇지만 1970년 말에 와서 '명태'는 새롭게 주목을 받았고, 홍난파·현제명과 같은 여성적이고 애상적인 가곡에서 탈피한 '명태'나 '쥐'와 같은 작품은 남성적이며 동시에 리얼리즘 가곡의 맥을 잇는 듬직한 산

봉우리라고까지 평가받게 되었다. 음악평론가 서우석은 『문예중앙』이라는 잡지에서 "언어의 억양과 사실성에 충실한 노래"라고 극찬하였고, 이상룡도 '한국 가곡의 길을 밝히는 저 빛나는 리얼리즘 ; 변훈의 「명태」'라는 글을 쓰기도 하였다.[1]

그러나 이 글에서 다루고자 하는 가곡 '명태'의 주역은 작곡자인 변훈선생이 아닌, 작사자인 양명문(楊明文)선생이라고 할 수 있다. '명태'의 내용을 지은 분은 바로 양명문선생이기 때문이다.

양명문은 1913년 평양에서 태어났으며, 호는 자문(紫門)이다. 일본 전수대(專修大) 법학부를 졸업하였고, 1939년에 시집 『화수원(華愁園)』으로 등단하였다. 그의 시는 언어의 기교미를 배척하고 분출되는 감정과 생각을 직선적으로 표현하는 것을 특징으로 한다고 한다. 자연과 생활에 대한 관조의 경지를 보이는 작품과, 반공과 민족정신을 바탕으로 한 현실 참여적인 작품계열로 나누어지며, 『송가(頌歌)』(1947), 『화성인(火星人)』(1955), 『푸른 전설(傳說)』(1965), 『이목구비(耳目口鼻)』(1965), 『묵시록(默示錄)』(1973), 『지구촌(地球村)』(1984) 등의 시집을 남겼다. 그의 시를 보도록 하자.

신아리랑

아리랑 아리랑 아라리요
아리랑 고개로 넘어간다
싸리문 여잡고 기다리는가
기러긴 달밤을 줄져간다
모란꽃 필 적에 정다웁게

---

1) 이상룡, 「한국 가곡의 길을 밝히는 저 빛나는 리얼리즘 ; 변훈의 「명태」」, 『음악동아』22, 1986.

만난 이 흰 국화 시들 듯
시들어도 안 오네

서산엔 달도 지고 홀로 안타까운데
가슴에 얽힌 정 풀어볼 길 없어라
아리랑 아리랑 아라리요
아리랑 고개로 넘어간다

아리랑 아리랑 아라리요
아리랑 고개로 넘어간다
초가집 삼간을 저 산 밑에 짓고
흐르는 시내처럼 살아 볼까나
아리랑 아리랑 아라리요
아리랑 고개로 넘어간다

석불(石佛)

태고적
피리소리
미묘하게 떠도는
당신의 입시울

연좌(蓮座)를
싸고 도는
그윽한 풍악소리
현묘한 율동

생사를 벗어버린
자비로운
몸가짐

황홀하게
흐느껴 오는
아, 당신의
눈시울!

군더더기 없이 직설적이다, 명태의 내용이 직설적인 것처럼. '명태'라는 시는 대구의 '녹향'이라는 고전음악 감상실에서 쓴 것이라고 한다. 6.25 피란 시절인 1951년에 이중섭 최정희 양주동 박계조 등이 대구의 녹향을 근거지로 하고 있었다고 한다. 당시 종군기자를 지냈던 양명문도 녹향에서 시간을 보냈고, 바로 그곳에서 쓴 시 중 하나가 변훈의 손으로 건네져 가곡으로 태어나게 된 것이다.

이 글에서 주목하고 싶은 것은 '명태'라는 시가 가진 사실성이다. 그래서 '명태'의 내용에 따라서 명태에 관한 기본적인 사실들을 정리해 두고자 한다.

Ⅱ. '명태' 속의 명태

검푸른 바다 바다 밑에서

명태(영어로는 Alaska pollack)는 주로 북태평양 지역의 대륙 사면 근처에서 산다. 경상북도 이북의 동해안에서 오오츠크해, 베링해, 일본의 야마구찌현까지 주로 서식하는데, 산란하기 위해서는 좀더 얕은 해안으로 이동한다. 가장 많은 모이는 곳은 강원도, 함경북도, 경상북도이다(1936년). 함경북도 북부에서는 50m, 함경남도 중부에서는 30~200m에서 주로 활동하며, 90~200m 깊이에서 산란한다. 동해의 깊은 바다에서 활동하고 산란하므로, "검푸른 바다 밑에서"라는 시의 표현은 동해를 가리키고 있음을 알 수 있고, 동해에 대한 묘사로 '검푸르다'고 한 것도 또한 사실적이라고 할 만하다.

줄지어 떼지어 찬물을 호흡하고

명태는 평소에는 50m부터 450m에 이르는 깊은 수층에서 서식하는데, 수컷은 중층, 암컷은 저층에서 떼를 지어 다니며 생활한다. 보통 수온이 10℃ 이하의 저수온층에서 서식하는 중층 어족으로 가장 적당한 온도는 2~4℃라고 한다. 어린 명태는 보다 차가운 수온에서 견딜 수 있어서 1~6℃ 정도인 더 깊은 바다에서 산다고 한다.

이처럼 원래 냉수성 어류인 명태가 우리나라 해안에서 사라진 이유도 지구의 온난화로 냉수대층이 약해졌기 때문이라는 관측이 있다. 평양 출신의 시인인 양명문은 직접 명태잡이에 나서보기라도 한 것일까? 아니면 어부로부터 명태의 습성에 대해서 자세히 들은 적이 있는 걸까? 하긴 적잖은 물고기 종류가 떼를 지어 다니기는 하지만, 시의 내용은 명태가 떼를 지어 다니는 모습을 직접 본 듯한 느낌으로 다가온다.

길이나 대구리가 클대로 컸을 때

명태는 알에서 깨어난 후 만 1년이면 몸길이가 10~16cm로 자라고, 2년이면 14~30cm, 3년이면 20~30cm, 4년이면 26~42cm, 5년이면 30~42cm로 자라며, 8~9년 후에는 50cm까지 자란다고 한다. 성어는 80cm까지 자라고, 최대 91cm, 무게 1400g에 이르기도 한다. 작은 갑각류, 멸치, 정어리, 오징어 종류 등 닥치는 대로 먹기 때문에 성장이 빠른 편이다. 이러한 명태의 식성을 탐식성(貪食性)이라고 부른다. 한편 '대구리'는 '대가리'의 평양 사투리인지 서울 사투리인지 지금도 간혹은 쓰인다.

클대로 컸을 때란 산란할 수 있을 만큼 성장했을 때라는 뜻이다. 대체로 몸길이가 40cm에 이르면 산란을 하는 것으로 알려져 있으므로, 알에서 깨어난 지 4~5년 정도면 산란하게 된다.

내 사랑하는 짝들과 노상 꼬리치고 춤추며 밀려 다니다가

사랑하는 짝들과 꼬리친다고 한 이 부분은 명태의 산란을 노래하고 있다. 명태의 산란기는 일반적으로 12월에서 다음해 1월이며 3월까지 산란하는 경우도 있다고 한다. 산란시기가 되면 연안으로 이동하여, 수온 1~5℃ 수심 50~100m 혹은 200m 정도 되며 바닥이 평탄하고 모래와 진흙이 섞인 지대에 알을 낳는데, 낳은 알의 개수는 몸길이 40~60cm이면 약 25만~100만개 정도에 이른다고 한다.

그러나 산란기의 명태는 결코 노상 꼬리치고 춤추며 밀려 다니는 로맨틱한 명태가 아니다. 산란기에 든 명태는 아무 것도 먹지 않은 채 알을 낳는 데 열중한다. 그래서 해안 가까이로 알을 낳기 위해 몰려든 명태의 뱃속은 완전히 비어있다. 이에 대해서 비교적 먼 바다에 있는 명태는 아직 알을 낳을 수 없는 어린 명태이거나 이미 알을 낳은 명태들인데, 이들 명태의 배는 여러 가지 먹이로 가득 차 있다.

알을 낳은 과정도 그냥 춤추며 다니는 것이 아니다. 수컷이 암컷의 아래쪽으로 내려가 몸을 뒤집는다. 그리고 수컷은 배지느러미로 암컷의 배를 붙잡다시피 한 상태에서, 수컷과 암컷이 함께 헤엄치면서 정자와 난자를 쏟아낸다. 또 알을 낳는 중에 수컷은 부레를 진동시켜 계속 소리를 낸다.

한 마리의 암컷은 1개월 동안 며칠 간격으로 여러 차례 산란을 거듭

한다. 몸길이 60cm인 암컷은 100만 개의 알을 낳는다고 하니, 물고기 중에서 알을 특히 많이 낳은 편이다. 수정란은 직경 1.3mm 전후이며, 바다 속의 중층에서 저층을 떠돌아다닌다. 명태 알은 하나하나 낱알로 분리되며 바닷물보다 무거워 물 속으로 가라앉는 성격을 가지고 있다. 명란을 먹다보면 낱낱이 분리되는 알을 확인할 수 있다. 이렇게 바다 속을 떠다니던 명태알은 수온이 2℃이면 30일, 4℃이면 20일, 6~7℃ 이면 15일 만에 부화된다.

어미가 알을 낳기만 하고 돌보지 않기 때문에 부화되기 전에 이미 다른 물고기의 먹이가 되기도 하고 치어인 상태에서도 잡혀 먹어, 성어로 자라는 경우는 극히 일부분에 불과하다. 그러나 워낙 많은 알을 낳기 때문에 명태가 일정한 수를 유지할 수 있는 셈이다.

시의 내용처럼 명태는 산란기가 되면 사랑하는 짝과 함께 헤엄치는 것은 맞지만, 먹이를 전혀 먹지 않을 뿐만 아니라, 수컷은 암컷의 배에 붙어서 거꾸로 헤엄을 치면서 게다가 부레까지 진동시키면서 소리까지 내야 하는 판이니 결코 녹녹한 일은 아닐 성 싶다.

어떤 어진 어부의

시의 내용 중에서 가장 문제가 많은 부분이 아닐까? 모처럼 잡은 명태를 놓아줄 어부는 없을 것이다. 어부가 그물에 걸린 명태를 놓아주었다면 모르겠지만, 그러지 않고서야 어진 어부라고 할 수 있을까.

일제시대를 기준으로 본다면, 전기에는 조선인 어부가 약 90%를 어획하였고, 일본인 어부가 약 10%를 어획하였다. 그러나 일본인들이 발동선을 동원하여 명태를 잡기 시작하면서 상황은 역전되어 일본인들이 잡는 명태의 양이 많아진다. 일제시대 전기의 상황이라면 명태가 조선인 어부에게 잡힐 확률은 90%이고, 일본인 어부에게 잡힐 확률은 10%였던 셈이다.

그런데 명태잡이는 주로 한겨울에 이루어진다. 해수온도는 2~4℃라고 하더라도, 한겨울 함경도 지역의 바다위는 영하 20℃까지 내려간다고 한다. 이런 추위 속에서 조업을 하기 때문에 어부들은 단단히 무장하지 않을 수 없었다. 그래서 털가죽으로 된 토시와 무릎가리개, 그리고 역시 털가죽으로 만든 신발을 신고 조업하였다고 한다. 가죽은 주로 개가죽을 사용하였다고 한다. 소가죽을 쓰는 경우도 있었지만 값이 싼 개가죽이 일반적이었던 것 같다. 거기다가 갈고리가 달린 긴 막대기를 들고 명태를 찍어 올리기도 하였다. 털이 달린 개가죽으로 온몸을 감싸고 갈고리까지 들고 있는 어부가 어질게 보이기는 애초부터 틀린 일이 아닐까?(<그림 1> 참조)

일제시대에 원산의 어부들이 불렀다는 노래 가사는 다음과 같다. "명태야 말 들어라, 너는 죽고 나는 살자. 진사급제(進士及第)도 네게서 나고, 수령방백(守令方伯)도 네게서 난다."[2] 명태 너는 죽고 어부인 나는 살자는 식이니, 겉모습뿐만 아니라 마음까지도 어질다고 하기 어렵다.

---

2) 「咸南列邑大觀, 明太王國인 元山府」, 『開闢』54, 1924.(국사편찬위원회 한국근현대 잡지자료에 의함)

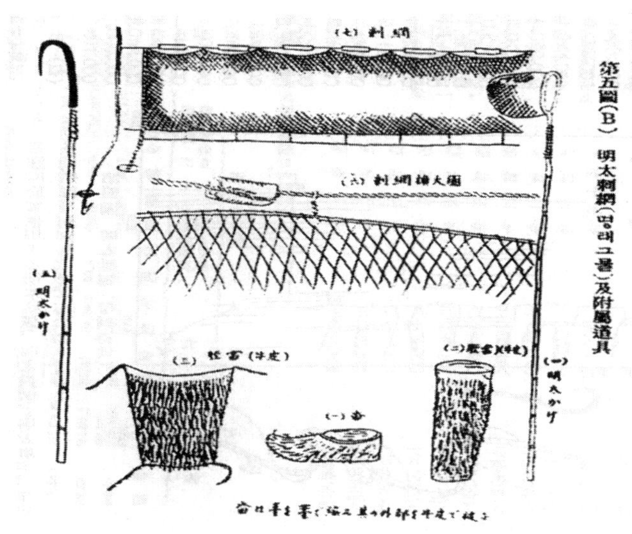

<그림 1> 명태를 잡을 때 어부들이 사용한 장비들

그물에 걸리어

명태를 잡는데 쓰인 전통적인 그물은 자망(刺網)이다. <그림1>에서 볼 수 있는 것처럼, 자망은 한 마디로 말하면 직선 형태로 된 그물이다. 일자 형태의 그물에 위에는 나무로 만든 뜨개를 달고 아래에는 돌로 된 추를 단다. 이 뜨개와 추의 무게 균형을 이용해서 바다 속 중간층까지 그물을 내린다. 그러면 떼를 지어 다니는 명태들이 이 그물의 코에 대구리(대가리)가 박혀 움직일 수 없게 된다. 물론 대구리가 작은 물고기는 빠져나갈 수 있다. 명태는 앞으로만 헤엄칠 수 있는 것 같다. 그렇기 때문에 계속 앞으로만 나아가려고 하니 그물코에서 대구리를 빼낼 수 없는 것이 아닐까.

그런데 이 그물에는 숨은 노하우가 있었다. 그물코의 크기다. 그물코가 너무 촘촘하면 아주 작은 고기는 잡힐지 모르지만 대구리가 큰 명태는 도리어 그물코에 끼지 않아서 잡히지 않는다. 너무 커도 명태는 빠져나가게 될 것이다. 실제로 일본인 어부들이 동해안에서 자망으로 명태를 잡으려고 했을 때 그물코가 맞지 않아서 명태를 잡지 못했다. 그래서 조선 어부의 자망을 빌어서 겨우 명태를 잡을 수 있었다고한다. 명태 잡는 기술에 있어서는 조선 어부가 한 수 위에 있었던 것이 분명하다.

이렇게 그물로 잡은 명태를 망태(網太)라고 하고, 연승(延繩, 주낙)이라는 바늘이 많이 달린 낚시로 잡은 것을 조태(釣太) 혹은 낚시태라고 한다. 과거에는 그물에는 주로 알을 낳으려고 연안 가까이에 온 명태들이 잡히고, 주낙에는 비교적 떨어진 바다에서 활동하는 어린 명태나 산란을 마친 명태들이 잡혔다. 그래서 망태는 대체로 크기가 비슷비슷하고 암컷을 알이 차있지만, 낚시태는 크기도 여러 가지이고 알이 들어있지 않다고 한다. 그래서 망태는 상대적으로 낚시태에 비해서 가격이 비쌌다. 또 산란을 준비하는 명태는 미끼를 물지 않기 때문에 낚시로는 잡을 수가 없었다.

그러나 지금은 연안에서 명태가 거의 잡히지 않을 뿐만 아니라, 그물도 달라졌다. 현재는 대구의 경우를 보면, 낚시로 잡은 것이 비싸고 그물로 잡은 것이 싸다. 낚시로 잡는 것은 그날그날 잡아 올리지만, 그물로 잡는 것은 정치망(定置網)을 사용하므로 2~3일씩 그물 속에서 몸부림을 치는 놈을 끌어 올리기 때문에, 오히려 낚시로 잡은 것보다 상태가 나쁘다.

이처럼 물고기도 그물로 잡았느냐 낚시도 잡았느냐에 따라서 몸값이 다르고, 또 알이 들었으나 들지 않았느냐에 따라서도 몸값이 변한다. 특히 명태는 명란으로 가공되는 알이 오히려 귀하게 팔리는 특별한 물고기다.

살기 좋다는 원산 구경이나 한 후

원산은 일제시대부터 급속히 발전하여 동해안 최대의 항구로 성장하였다. 또한 마산, 목포와 더불어 (항구 중에서) 풍광이 수려한 곳으로 이름나 있었는데, 그 중에서도 원산을 으뜸으로 쳤다고 한다. 1924년의 『개벽』이라는 잡지에 실린 원산에 관한 기사를 인용해 보자. 원문은 한자를 많이 쓴 옛날 말투이기 때문에 읽기 쉽도록 적당히 고쳤다.

원산만 안의 조류는 극히 완만하여, 간만의 차이가 겨우 90cm 안팎이고, 겨울철에도 바다가 얼어붙을 염려가 없어서, 항해와 정박에 모두 편리하므로, 참으로 동해안 유일의 양항이다. 원산부(元山府)는 북·서·남의 세 방향이 모두 덕원군(德源郡)에 쌓여 있으며, 동쪽은 원산만을 마주하고 있는데, 해안선이 4km에 이르고, 항구 내부는 물이 맑고 수심이 썰물 때도 5.4m 이상에 달하므로 부두에는 능히 3천톤 급의 선박 2척이 동시에 접안할 수 있다. 시가지의 북쪽 배후에는 높고 험한 산이 있는데 이름은 장덕(長德)이다. 또한 시가지의 남쪽에 소나무숲이 울창한 산이 있는데 그것이 남산(南山)이다. 이 항구는 고종황제(李太皇) 때인 1880년에 비로소 개항되었으나, 개항장으로 장구한 역사를 가진 부산항 다음가는 항구이다. 당시에는 봉수동(烽燧洞)이라고 하여 갈대와 싸리나무가 무성한 어촌에 불과하였으나, 시대의 변화를 따라 점차 내외인의 이주자가 증가되고 상공업이 또한 발전되어 현재의 시가를 형성하였다. 시가지는 원산리(元山里)와 원산항(元山港)으로 이루어져있는데, 적전천(赤田川)으로 경계를 구획하였으나, 두 지역이 인접해 있다. 원산리는 예로부터 조선 북부의 유수한 시장이고, 원산항은 원래 일본인 거류지와 기타 시가지이니 전 시가를 49정동(町洞)으로 나누었다. 최근 조사에 의하면 시내 총 호수는 6,117호, 총인구는 28,506인인데, 그 중 조선인 4,066호 20,390인, 일본인 1,910호 7,509인, 중국인 127호 567인, 기타 외국인 14호 32인으로 조선 동해안에서 가장 번화한 도시다. (중략)

교통은 1914년에 개통된 경원철도(京元鐵道)와 1920년에 개통된 함경철도(咸鏡鐵道)가 이 곳을 지나므로, 각지와의 연락이 편리할 뿐만 아니라, 아울러 1918년부터 일본해 횡단선로가 개시된 후, 일본과 관계가 밀접하고 또한 총독부의 사업으로 1915년부터 7개년에 걸친 공사로 264만원을 투입하여 완성한 축항(築港)은 한층 선박의 기항을 편리하게 하고 있다. 그 해로(海路)는 부산과의 거리 약 290리, 시모노세키(下關)와의 거리 약 413리, 블라디보스톡(浦鹽)과의 거리 약 328리, 쓰루가(敦賀)와의 거리 약 470리다. 그밖에 육로로는 안변(安邊)을 지나 경성(京城)에 이르는 경원가도(京元街道), 덕원군(德源郡)을 지나 평양(平壤)에 이르는 평원가도(平元街道), 영흥 함흥을 거쳐 회령(會寧)에 이르는 회령가도(會寧街道)의 일등도로, 기타 2, 3등의 도로가 다 완성되어 수륙의 교통운수가 극히 편리하다.

원산은 앞에서 말한 것처럼 하늘이 내린 좋은 위치를 가지고 있는 까닭에, 상공업이 또한 발달하여 최근 1년 간의 무역액은 수출 465만 7,308원, 수입 1,277만 7,864원에 이르렀다. 수출품으로 주요한 것은 쌀, 보리, 콩, 어류, 삼베, 광물 등이고, 수입품으로 주요한 것은 조, 목재, 종이, 금속제품, 식료 등이다. 또한 공장은 발전소 1, 철공소 5, 인쇄소 5, 정미소 3, 양조소 9, 고무제조소 1, 유리, 통조림 제조소 각 1개소가 있고, 시장은 상시(上市) 하시(下市), 가축 3시장이 있는데 모든 시가 다 매매가 활발하여 1개년 시장매매총고는 48만7천여 원에 이르고, 그밖에 어시장과 공설시장의 매매액도 또한 막대하다. 더우기 원산항은 자연적인 지세가 어업에 적당하므로 어획이 또한 풍부하니, 중요한 어족은 명태, 고등어(鯖), 삼치(鰆), 방어(鰤), 도미(鯛), 광어(鰈), 청어(鰊), 연어(鮭), 대구(鱈), 우뭇가사리(石花菜), 김(海苔) 등이다. 그 중 명

태는 연산 3백만 원에 달하여(咸南 一圓), 예로부터 강원도(江原道)
의 정어리(鰮), 전라도(全羅道)의 조기(石首魚)와 더불어 조선 3대
어업의 하나로서 장래에도 특히 유망한 업종이 될 것은 물론이
다. 그밖에 수산제조액도 또한 연간 85만여 원에 달한다.

시에서 원산이 살기 좋다고 한 것은 풍광이 뛰어나고, 교통이 편리
하고, 물산이 풍부하고, 또 제조업도 발달한 여러 가지 측면을 아울러
평가한 것이라고 할 수 있다.

에지푸트의 미이라가 됐을 때

이집트에서 미라를 만들 때, 몸 속에 들어있는 내장과 뇌를 들어내
고 방부제를 넣어 만든다고 한다. 명태도 잡아서 본격적으로 건조하기
전에 내장과 알을 들어내기 때문에, 만드는 방법이 닮았다고 할 수 있
다. 다만 명태의 내장과 알은 명란과 창란으로 가공되어 요긴하게 쓰
인다는 점이 미라와 다른 점이다.
　미라처럼 건조된 명태는 그냥 명태, 건명태, 북어라고 하고, 특히 얼
고 녹기를 반복하여 누르스름하게 잘 마른 것을 황태라고 한다. 특히
명천 등 함경북도 지역에서 겨울철의 삼한사온이라는 기후조건에서
양질의 황태로 가공할 수 있었다.

어떤 외롭고 가난한 시인이 밤 늦게 시를 쓰다가 쐬주를 마실 때

시에서는 외롭고 가난한 시인이 밤늦게 시를 쓰다가 '쐬주'를 마실
때 명태를 안주로 먹는다고 하였다. 그렇지만 명태는 조선 후기부터
이미 모든 사람들이 일상적으로 소비하고, 제사상에도 올리기도 하였

다. 시인은 명태를 즐기는 많은 사람들 중 한 사람일 뿐인 셈이다.

1935년의 명태 어획량은 119,194태 곧 약2억 4천만 마리가 잡혔다. 당시 조선의 인구를 2천만이라고 잡으면, 1인당 12마리 꼴로 명태를 소비한 셈이다. 결코 가난한 시인만 먹는 물고기가 아니었다.

그러나 이 부분에는 시를 쓴 양명문시인의 자화상이 투영되어 있다고 하겠다. 대구에서 피난생활을 하던 시절에 넉넉한 사람들은 흔치 않았을 것이다. 그런 형편에서 술이나 안주를 제대로 갖추어 먹기 어려웠을 터이다. '쐬주'에 '명태포'라는 조합은 요즘 같으면 환영받지 못할 것 같다. 지금은 '노가리'는 막걸리나 맥주 안주로 주로 올라간다. 독한 소주에 명태포를 안주삼아 술을 마신다는 건 빈한함의 상징이 아니었을까? '외롭고 가난한' 시인이었기 때문에 명태를 안주삼아 술을 마실 수밖에 없었을 것이다.

짜악 짝 찢어지어 내 몸은 없어질지라도

시인은 북어를 찢어서 고추장에 찍어 먹었을 것이다. 지금도 포장된 안주로 북어에 고추장을 끼워 파는 걸 볼 수가 있다. 그렇지만 명태를 먹는 방법이 어찌 짝 짝 찢어먹는 것밖에 없을까. 다양한 방법으로 조리해서 먹을 수 있다(제 2부 참조). 그러나 가난한 뿐만 아니라 외롭기조차 한 시인은 북어무침이나 북어국을 조리해 줄 사람조차 없었던 모양이다. 소주잔에 든 '쐬주'를 보면서 그저 명태를 찢어먹을 수밖에 없었던 모양이다.

명태의 본 고장인 명천 지역에서는 명태를 이용한 명태국을 끓였다. 쐬주 안주로는 오히려 이 찌개가 제격일 것 같다. 명태를 큼직하게 토막을 친 다음, 가마솥에 쇠고기를 다져 넣고 볶다가, 물을 서너 바가지 붓고 된장과 고추장을 약간 풀어 넣고, 한쪽에 알, 고질, 애를 얹어서 끓인다. 익은 애를 건져서 마늘과 함께 곱게 다지고 고춧가루와 버무려서 양념을 만든다. 명태국에 만들어 놓은 양념을 넣어서 먹는 것이데, 맛이 얼큰하여 추운 겨울을 이기는 힘을 주었다고 한다.

그러나 지금 잡히는 명태는 대부분 '스리미(surimi)'라는 형태로 가공되어, 어묵이나 '게살맛 어육'의 재료로 사용된다. '스리미'는 일본 말이지만 세계 각국에서 널리 쓰인다. 명태의 껍질과 뼈를 제거하고 살고기를 잘게 간 다음, 냉동 때 살코기의 변성을 막기 위해서 약간의 당류(糖類)를 첨가하여 얼린다.

명태, 명태라고 이 세상에 남아 있으리라.

이 시 가운데서 가장 주목해야 할 대목이다. 명태(明太)라는 말은 물론 현재까지 남아 있다. 그런데도 신기하게도 일본에서도 지역에 따라서 멘타이라고 하고 명란(明卵)은 멘타이코(明太子)라고 한다. 중국에서도 '밍타이'라고 하고, 러시아에서도 러시아에서도 민타이(МИНТай)라고 한다. 시인이 예언한 대로 명태라는 말은 우리나라만이 아니라 이 세상에 남아 있다. 일본, 중국, 러시아까지 '명태'라는 말이 남아 있는 것이다.

우선 중국에서는 명태를 잡을 수가 없었기 때문에 우리나라에서 쓰던 명태라는 말을 그대로 받아서 쓴 것으로 보인다. 일본의 경우도 명태는 북해도 지역을 제외하면 많이 잡히지도 않았고, 일본인의 기호에도 맞지 않아서 별로 즐기지 않았으므로, 과거에는 제대로 이름이 없었거나 지역마다 서로 다른 이름으로 불렸던 것 같다. 그런데 조선에서 만든 명란젓에 맛을 들인 일본인들이 명태알이라는 뜻으로 '멘타이

코'라는 말을 쓰게 되면서 지역에 따라서는 먼저 '멘타이'라고 부르게
되었다.

러시아의 경우는 분명하지 않지만, 연해주 지역의 원주민들이 먼저
이 물고기를 잡아 먹으면서, 이를 '명태'와 비슷한 음으로 불렀고, 그
것이 조선에 전해졌을 가능성을 완전히 부정할 수는 없지만, 현재로서
는 확인되지 않은 상황이다. 또 러시아에서 많이 소비된 흔적도 없으
므로, 현재로서는 명태는 조선에서 만들어진 이름으로 보인다. 그렇다
면 러시아의 '민타이'라는 말도 우리 말이 전해진 것일 가능성이 크다.

시인의 말대로 쐬주 안주로 그 몸은 없어졌지만, 명태라는 이름만은
이웃 나라까지도 전파되어 그대로 전하고 있다.

지금까지 살펴본 것처럼, 명태라는 시는 '어진 어부'라는 이미지를
제외한다면, 명태의 생태나 어획 및 소비과정, 그리고 그 이름의 확산
까지도 사실적으로 다루었다고 하지 않을 수 없다. 그래서인지 지금도
술을 즐기는 주당들 중에는 이 명태를 애창곡으로 하는 사람들이 적지
않다고 한다. 이 노래를 부르면서 '노가리'를 찢으며 술을 마시면 주흥
이 도도해질지도 모를 일이다.

Ⅲ. 명태에서 북어로

명태에 대해서 마지막으로 집고 넘어갈 문제가 있다. 그건 바로 명
태라는 호칭의 연원이다. 물론 이 책의 다른 부분에서 자세히 다루고
있지만, 여기서는 논증이라기보다는 가설을 세워두고자 한다.

처음에는 명태라고 불리게 된 물고기가 우리나라에서 잡히지 않았
기 때문에 당연히 이름조차 없었을 것이다. 그런데 찬 해류를 타고 명
태가 조선시대 중기 이후에 한반도 연안에서 잡히기 시작하였다. 그래

서 처음에는 이 물고기를 '무태' 즉 이름이 없는 생선이라고 부른 것 같다. '무태'나 '무태어'는 처음 이 물고기를 두고 부른 이름으로 생각된다. 그런데 당시 풍습으로는 이름이 없는 생선은 먹지 않았다고 한다. 그래서 이름을 지을 필요가 생겼고, '명태'라고 부르게 되었다.

그렇지만 흔히 이야기하는 것처럼 명천의 태서방이 잡았기 때문이라는 설은 검증된 것이 아니다. 좀 더 납득이 가는 설명이 필요하다. 그래서 명태의 '태'는 태서방(太書房)의 '태'가 아니라, 동해안 지역에서 흔히 물고기 이름의 어미로 보고자 한다. 동해안의 물고기 이름은 50% 정도가 태로 끝났다고 한다. 그렇다고 한다면 성 중에서도 희성인 태씨(太氏)와 연관시키는 것보다는 명천(明川)에서 주로 잡히는 물고기(太)라는 뜻으로 명태(明太)라고 한 것으로 보는 편이 더 온당하지 않을까. 아마도 처음 명태라는 물고기와 그 이름을 접한 사람들은, 그 이름을 통해서 쉽게 동해안 그것도 함경도 명천에 잡히는 물고기라고 연상할 수 있었을 것 같다. 또한 이름이 있는 물고기이기 때문에 먹어도 아무런 지장이 없어진 셈이다.

그 다음 단계가 문제다. 명태의 다른 이름으로 북어(北魚)가 있다. 왜 명태라는 이름이 있는데 다시 북어라는 이름을 만들었을까? 이 문제에 대해서도 합리적인 설명이 필요하다. 명태라는 이름이 만들어진 것은 이 물고기가 많이 잡혔기 때문에 먹기 위해서 붙였다고 한다면, 북어라는 이름은 명태가 점점 일상생활에서 중요한 위치를 차지하게 된 단계에서 나타난 이름으로 생각해 볼 수 있다.

명태가 많이 잡혀서 안정적으로 공급되는 단계에 이르자, 일반 음식으로 먹는 데 그치지 않고 드디어 제사상에도 올리고자 하는 요구가 있었을 것이다. 실제로 제사상에 올리는 제수는 희귀한 것을 올리는 것이 아니라, 주변에서 쉽게 구할 수 있는 것을 올린다. 그런 의미에서 다른 생선보다 양적으로 풍부한 명태를 당연히 제사상에 올리려고 하였을 것이다. 특히 건조한 상태로 오래 보관할 수 있는 명태야말로, 생선이 귀한 내륙지역에서는 제사상에 올린 어물(魚物)로서 안성맞춤이었다. 그런데 제사상에 올리는 생선은 일단 제대로 된 이름을 가지고 있어야 한다.

먼저 '치'로 끝나는 생선은 제사상에 올리지 않는다. 우리나라 대부분의 지역에서 그런 원칙을 가지고 있는 것 같다. 흔히 '어'와 '치'는 각각 비늘이 있는 생선과 비늘이 없는 생선을 나타낸다고 한다. 그래서 비늘이 없는 생선 즉 '치'로 끝나는 생선을 제사상에 올리지 않았다고 한다. 반면 비늘이 없더라도 '치'가 아니라 '어'라는 이름을 가진 어물은 제사상에 올라갈 수 있다. 대표적인 것이 고등어와 문어·오징어 등이다. 고등어는 삼치란 비슷한 생선인데 '고등어'라는 이름을 가지고 있고, 문어는 '낙지'와 비슷한데 '문어'라는 이름을 가지고 있으며, 오징어는 '한치'랑 비슷한데 오징어라는 이름을 가지고 있다. 그리고 이들 물고기는 제사상에 올라갈 수 있다. 이들 어물을 제사상에 올리기 위해서 '어'로 끝나는 이름을 지어주었을 가능성이 있다. 원래는 '치'나 '지'로 끝나는 어물이라도 제사상에 올려야겠다고 생각하면 '어'라는 이름을 새로 붙이기만 하면, 아무런 문제가 없는 것이다.

명태와 이와 비슷한 과정을 거쳤을 가능성이 크다. '명태'라는 이름에다가 비늘도 없는 물고기는 제사상에 올라갈 수 없다. 그렇지만 오징어나 문어처럼 말린 상태로 오래 보관할 수 있다는 점에서 사시사철 어느 때나 제사상에 올릴 수 있으니 이보다 요긴한 것이 없다. 그래서 명태에게도 어로 끝나는 이름을 새로 붙여서 제사상에 올릴 자격을 부여한 것이라고 볼 수 있다. '북어(北魚)'라는 이름 자체에서 새롭게 만들어진 이름이라는 쉽게 느낄 수 있다. 이렇게 명태가 북어가 되면서 드디어 북어는 제사상에도 오르게 된 것이다. 주의를 기울여 보면, 제사상에서는 절대로 명태라는 말을 쓰지 않는다는 사실을 발견할 수 있을지 모른다. 제사상의 진설도에서도 북어라는 이름만 발견할 수 있을지 모른다.

아직은 가설에 불과하지만, 말려서 오래 보관할 수 있는 어물 즉 오징어와 문어같은 종류가 속속 '~어'라는 이름을 얻으면서 제사상에 오르게 된 과정이 있었고, 명태도 같은 경로를 걸었을 것이라는 생각은 크게 잘못되지는 않았을 것이다. 사실 신선한 생선을 접하기 어려운 내륙지역 특히 경상도 내륙지역에서는 다른 지역에서 올리지 않는 생선을 올리기도 한다. 대표적인 예로는 '돔배기'라고 부르는 상어고기를 들 수 있다.

'돔배기'는 신선한 상어고기가 아니라 염장한 채로 오랜 시간이 지나 제법 부패된 고기다. 그러나 홍어가 그런 것처럼 썩은 상어고기도 먹어도 큰 탈이 나지 않는다. 그래서 경상도 내륙지방에서는 지금도 상어고기를 쓰는 집이 많다. 산적처럼 만들기도 하고 심지어 탕도 끓인다. 어릴 때부터 싸한 맛이 나는 썩은 상어고기를 먹어온 사람들은 오히려 싱싱한 상어고기에 거부감을 느낀다. 그 싸한 맛을 경상도에서는 '웨하다'고 했다.

이렇듯 제사상에 올릴 물고기가 마땅치 않은 지역에서는 당연히 명태에 주목하고 거기에 '북어'라는 이름만 붙이면, 문어나 오징어가 그랬던 것처럼 제사상에 올릴 수 있다는 사실을 어떻게 외면할 수 있겠는가? 다만 문어나 오징어는 이미 오랜 시간이 지나서 원래의 이름이 없어졌고, 북어는 잡힌 지가 그리 오래되지 않았기 때문에 원래의 이름이 함께 전해지고 있을 뿐이라는 생각이 든다.

　노래로까지 불리는 물고기인 명태는 그야말로 우리와 친근한 생선이었음에 틀림없다. 그러나 지금 명태는 우리 나라 연안을 떠나버렸다. 언젠가는 우리가 엄청난 양의 명태를 잡아 올렸던 때를, 또 우리의 삶의 구석구석에 명태가 있었던 때를 잊어버리지는 않을까? 이 책은 바로 그런 명태를 위한 비망록이다.

명태요리의 어제와 오늘

신보배*

Ⅰ. 들어가면서

지금은 기후 온난화로 인하여 난류가 북쪽까지 올라가기 때문에, 명태의 어획량이 점점 줄어들고 있는 실정이지만, 원래 명태는 한국을

---

* 부경대 한국해양수산자료센터 연구원.

대표하는 물고기 중 하나라 할 수 있다. 특히 일제시대에 그 수요는 최고점에 달하였다.

우리 사회에서 명태가 차지하는 비중은 그 이름에서도 알 수 있다. 명태를 부르는 이름은 30여 가지가 넘는데, 우선 조선시대의 사료에서는 명태어(明太魚)·북어(北魚)·무태어(無泰魚) 등의 이름을 사용하고 있으며,『오주연문장전산고』에서도 달법합어(達法合魚)·아라어(阿羅魚)·북어·명태라는 명칭을 칭하고 있다. 또한 현재 불리는 이름으로는 크기에 따라 왜태·아기태·노가리 등, 어획 시기에 따라 춘태·추태 등, 건조 상태 및 방법에 따라 코다리·선태·동태·생태 등, 어획 도구 및 어획 장소에 따라 낚시태·원양태·지방태 등이 있다. 이렇게 다양한 이름을 가진 물고기는 없다. 이처럼 다양한 이름을 가진 이유는 명태가 우리들의 일상생활과 그 만큼 밀접하였기 때문일 것이다.

명태는 조선 중기부터 잡히기 시작하였다.『신증동국여지승람』(1530)에 함경도에서 무태어(無泰魚)가 산출되었다는 기사가 나오지만[1], 무태어가 명태라는 것을 증명하는 사료는『방약합편』뿐이어서[2] 『신증동국여지승람』을 제외하면 조선 중기부터 명태가 잡힌 것으로 보인다. 전 지역에서 일반적으로 명태를 음식으로 먹은 시기는 잡히기

---

1) 신증동국여지승람 제50권 함경도(咸鏡道) 경성도호부(鏡城都護府).
  <토산>…『신증』송이[松蕈]·무태어(無泰魚), 죽전(竹箭) 다탕포(多湯浦)에서 산출된다.
  신증동국여지승람 제50권 함경도(咸鏡道) 명천현(明川縣)
  <토산>…『신증』방어(魴魚)·무태어(無泰魚)·해달(海獺)·쌍어(雙魚), 죽전(竹箭) 양도(羊島)에서 산출된다.
2) 무태어(無泰魚)가 명태라는 기사는『방약합편』(1884)에 "명천(明川)에서 난다. 일명 무태어라고 한다."라고 실려 있다(황도연저/염태환역,『(증주국역) 방약합편』, 길림서원, 1975.).

시작한 시기보다 조금 늦을 것이다. 처음에는 요리로서는 탕과 찜류, 그리고 술안주로서 발달하였으며, 또한 제사용으로 많이 쓰였다가 차츰 다양한 요리가 등장하기 시작하였다.

음식이 만들어졌던 시기는 『증보산림경제』가 만들어졌던 18세기보다 조금 앞서는 시기일 것으로 생각된다. 이것은 중국의 본초학(本草學) 서적인 이시진의 『본초강목』(1596), 조선 중기의 음식서인 정부인(貞夫人) 안동 장씨(安東 張氏)의 『음식디미방』(1670)에는 명태에 대한 내용이 나오지 않지만, 조선 후기의 실용(實用) 서적인 유중림의 『증보산림경제』(1766), 음식서인 빙허각 이씨의 『규합총서』(1809), 서유구의 『난호어목지』(1820)·『임원십육지』, 이규경의 『오주연문장전산고』(19세기 중엽), 『시의전서』(19세기 후반)에 실려 있는 것으로 보아 알 수 있다.

명태를 일찍부터 술안주와 탕·찜으로서 먹었으며, 18세기에는 전 지역에서 먹기 시작했다면, 역사 속에는 어떠한 모습으로 남아 있을까? 앞에서 다양한 음식을 만들어 먹었다고 했는데 어떠한 종류가 있을까? 또 명태는 약용 효과도 매우 좋았다고 한다. 어떠한 효과가 있어서 많이 먹게 된 것일까? 본 글에서는 2장에서는 17·18·19세기로 나누어 등장·발전·분화에 대해서 알아보고, 3장에서는 오늘날 명태요리가 다양해진 것에 관해서 살펴보고자 한다. 사료로는 『증보산림경제』·『규합총서』·『임원십육지』·『오주연문장전산고』·『방약합편』·『시의전서』를 사용할 것이다.

Ⅱ. 역사 속의 명태요리

본 장에서는 시기 구분을 하여, 명태를 음식으로 만들어 먹은 초기

단계인 17세기 명태요리의 등장에 대해서는『음식디미방』의 대구를 통해 알아보고, 다음으로 18~19세기 명태요리의 발전과 분화에 대해서는『증보산림경제』·『규합총서』·『임원십육지』·『오주연문장전산고』를 통해서 정리하고자 한다.

1) 17세기 명태요리의 등장

명태의 경우 잡히기 시작하던 초기에는 그다지 많이 먹지 않았다. 함경도와 같은 위 지방에서는 명태에 대해 알았고 요리를 해 먹는 경우도 있었겠지만, 대부분의 지역에서는 명태의 존재조차 몰랐다. 그저 대구와 비슷하게 생긴 물고기가 있는데 북쪽에서 내려왔으니 북어라 부를 뿐이었다. 명태가 맛있는지 효능이 좋은지 등 전혀 몰랐기 때문에 처음에는 먹지 않았을 것이나, 대구의 수요가 급감하면서 명태의 수요가 늘어난 듯하다. 이에 대해서는 "선장(膳狀)대로 대구알젓을 봉진(封進)하지 않고 명란젓을 봉진(封進)한 일에 대해 강원도에서 조사하여 해당 봉관(封官)을 종중추고(從重推考)할 것을 청하는 사옹원(司饔院) 도제조(都提調)의 계"3)를 통해 알 수 있다. 대구알젓을 바쳐야하는데 차츰 구하기 힘들어지자 결국 명란으로 바꿔 바침으로서 그

---

3)『승정원일기』효종 3년 9월 무인. 사옹원(司饔院) 관원이 도제조(都提調)의 뜻으로서 계(啓)하기를, "강원도에서 각 전(殿)에 올리는 진상품 중에 연어알젓은 대구알젓으로 대신한다고 선장(膳狀) 중에 기록하였는데, 명태알을 가져 와서 바치니, 일이 심히 놀랄만합니다. 그러므로 가지고 온 사람을 추문(推問)하니, 곧 봉진관(封進官) 원주목사(原州牧使)가 첩보(牒報)하여 들인 문장 안에는 '감사(監司)가 출순(出巡)한 후에 본영(本營)의 선장(膳狀) 및 각 관에서 바치는 수송장(輸送狀)에는 모두 대구알젓으로서 한다고 기록하였는데, 각 소봉관이 일제히 모두 명태알을 가지고 와서 봉진했다'라고 하니, 일이 매우 소홀합니다. 본도로 하여금 분명하게 조사하여 엄히 추고(推考)하고, 이로써 이후의 폐단을 막는 것이 어떠합니까?"라고 하니, 왕이 윤허하였다.

에 대한 처벌 논의까지 가게 된 것이다. 아마도 이 시기가 되면 전국적으로 대구가 잡히는 양이 줄어들었을 것이고, 대구의 역할을 명태가 대신하게 된 듯한데, 대구는 값이 비싸고 명태는 값이 싸기 때문에 대체적으로 서민들을 통해서 명태가 확산되어 갔다.

명태는 대구과로 대구와 그 생김새가 비슷하며, 크기는 대구보다 조금 작다. 조선 후기에 대구의 수요가 줄면서 값싼 명태의 섭취량이 늘어났는데, 그 모양·맛 등이 명태와 대구가 비슷해서 요리법 역시 유사하였던 것으로 보인다.

17세기에 나온 음식서 중에서는 명태에 대한 언급이 없다. 사료에는 등장하지 않지만, 지방의 서민들은 명태를 먹었을 것인데, 명태의 요리법은 그와 비슷한 종류인 대구의 요리법과 유사할 것이라고 사료된다. 그렇기 때문에, 본고에서는 대구의 요리법 종류에 대해서 잠시 언급하고자 한다.

그렇다면, 대구의 요리법은 무엇이 있으며, 특히 이 시기에는 어떠한 요리법이 성행하였는지에 대해서 보자.

대구라는 생선이 사료에 처음 등장하는 것은 「세종실록」 세종 6년 6월 갑진조[4]이다. 이때 이후로『조선왕조실록』에 대구에 대한 다양한 음식 종류가 나타난다. 세종 6년 8월 계해조[5]에는 대구 알젓에 대해

---

[4] 「세종실록」 세종 6년 6월 갑진. 예조에서 계하기를, "지금 사신이 건어물을 무역하러 왔으니, 청컨대, 함길도·강원도에서 건연어(乾鰱魚)·대구어(大口魚)·문어(文魚)·고도어(古道魚)·여러 종류의 미역 등의 물품을 때를 맞추어 미리 준비하게 하고, 또 봄철에 준비한 건어(乾魚)도 딴 곳에는 사용하지 말도록 하소서"라고 하니, 그대로 따랐다.

[5] 「세종실록」 세종 6년 8월 계해. 전지(傳旨)하기를, "경상도·강원도·함길도 감사(監司)가 진상해 올리는 연어(年魚)·대구어(大口魚)의 알젓[卵醢]은 9~10월 사이에 진상해 올리고자 하니, 모름지기 간이 맞게 하여 정밀히 연구하여 담가서 진상(進上)하도록 하라"고 하였다.

서, 성종 12년 12월 임술조6)에는 대구탕에 대해서, 연산 7년 1월 기묘조7)에는 대구를 절인 것에 대해서 적혀 있다. 즉 15세기 때부터 이미 대구는 널리 알려져 있던 음식이다.

그렇다면 음식서에는 대구에 대해서 어떻게 적고 있으며, 어떤 음식을 소개하고 있을까? 여기서는 17세기의 음식서인 『음식디미방』에 나오는 대구 요리에 대해서 표로 정리하고, 이후 19세기까지 전반적인 요리 종류에 대해서는 2 - 1장 마지막 부분에서 표로 적고자 한다.

17세기 중반의 자료인 『음식디미방』(1670)에 대구 요리로 나오는 것은 대구껍질채, 대구껍질누르미, 별미(닭·대구편)가 있다. 그 조리법은 아래의 표와 같다.

<표 1> 『음식디미방』에 등장하는 대구의 조리법8)

음식명	조리법
대구껍질채	대구껍질을 비늘이 없이 많이 씻어서 물에 삶아 가늘게 썬다. 석이도 손질하여 가늘게 썰어 단간장에 골파를 넣고 채를 채워 초를 넣어 쓴다. 대구껍질을 그렇게 씻어서 삶아 파를 한 치씩 썰어 그 껍질로 둘러 말아서 초간장에 진밀가루를 즙하여 끓여 초를 넣어 쓴다.

---

6) 「성종실록」 성종 12년 12월 임술. 한치형이 말하기를, "도가(道家)와 불법(佛法)을 믿지 않는 것이 없습니다. 그래서 아침에는 반드시 소선(素膳)을 드리는데, 환관(宦官)이 이르기를, '본국(本國)에서 공진(供進)하는 녹포(鹿脯)는 보기에는 좋으나 냄새가 나쁘기 때문에 드리지 않습니다. 또 베[布子] 같은 것은 수를 전연 기록하지 않으며, 향점[香]·곤포(昆布)·전복(全鰒)·대구어(大口魚) 같은 것은 드리는 것을 좋아하십니다. 그래서 대구어와 전복을 돼지고기·양고기와 섞어서 탕(湯)을 만들어 드리고 반드시 남겨 두었다가 다시 드립니다.'라고 하였습니다"라고 하였다.

7) 「연산군일기」 연산 7년 1월 기묘. "…고기잡이로는 해변에 사는 왜인들이 고등어·오징어·방어·도미·대구·청어·상어 등을 날 것을 소금에 절이고, 해삼·홍어·조기·숭어 등은 철을 따라 잡아서 도주(島主)의 집에 바쳤습니다.…"

8) 경북대출판부, 『음식디미방』, 2003.

대구껍질 누르미	대구껍질을 물에 담가 씻어 비늘끼 없이 하여 약과만큼씩 썬다. 석이·표고·진이·송이·꿩고기를 채소보다 잘게 다져서 후추와 천초가루로 양념하여 썰은 껍질에 싼 후에 진가루를 물에 풀어 가장자리를 붙여 물에 삶는다. 생치즙(꿩고기 삶은 물)에 진가루를 타고, 골파를 넣어 맛있게 즙하여 누르미를 하면 맛이 있다.
별미 (닭·대구편)	암탉 두 마리와 잘 말린 대구 세 마리를 머리뼈까지 한데 넣어 맹물에 고다가 진간장 한 되, 참기름 한 되, 생강, 후추, 천초를 섞어서 싱겁게 타서 다시 고아라. 뼈가 녹도록 고아 함담[9]이 맞고 다 풀어지거든 눅고 되기를 묵 하듯이 놋그릇에 퍼서 식힌다. 엉기거든 삶은 고기 썰 듯 얇게 썰어서 초간장에 찍어 먹는다. 물을 많이 하여 고되 물이 없어지거든 더 부어 아주 많이 고아야 뼈가 빠지므로 버린다. 기름 한 되는 너무 많으니 짐작해서 넣어 쓴다.

2) 18세기 명태요리의 발전

18세기 중엽이 되면 서민들 사이에서는 명태를 일반적으로 먹었던 것으로 생각된다. 이는 『증보산림경제』에 명태 요리가 등장하는 것을 통해서 알 수 있다. 『증보산림경제』에는 명태탕, 명태구이, 명란젓이 실려 있다. 다만 『증보산림경제』에 위의 음식이 있다는 것만 기술되어 있어 그 요리법은 알 수가 없다. 또한 그 외의 음식서에도 여전히 명태요리의 소개가 되어 있지 않았다.

음식서에는 명태요리에 대해서 자세한 설명이 없지만, 18세기가 되면 일상적인 음식으로 자리 잡았다. 특히 명태는 대구와 비교했을 때 값이 저렴하였으므로, 일반 백성들이 먹었던 음식이다.

명태를 일상적으로 먹었지만 명태 요리와 관련한 자료가 부족하므

---

9) 鹹淡: 음식 맛이 짜고 싱거운 간.

로, 여기서는 호궤(犒饋)를 통해 알아보고자 한다. 호궤라는 것은 고생한 군사들에게 음식을 베풀어 위로하는 것이다. 그렇기 때문에, 음식의 형태는 먹기 쉬운 상태였을 것이며, 종류도 다양하지 않았다. 대체로 많이 지급되는 것은 술과 고기이며, 그 외에 떡과 과일이 지급되기도 하였다. 또한 특별히 대구나 명태가 지급된 경우도 있다.

우선 호궤가 시작된 시기가 언제인지에 대해서 살펴보자.

호궤와 관련된 기사가 가장 먼저 나오는 사료는 『삼국사절요』이다. 그 내용은 "한나라 군사의 생각에는 우리 성(城)이 암석(巖石) 지대에 세워져 있어서 반드시 샘물이 없을 것이라고 여겨 오래도록 에워싸서 우리가 피폐해지기를 기다리는 것입니다. 마땅히 연못의 물고기를 잡아 수초(水草)로 싸고 술과 함께 가지고 가서 한나라 군사에게 호궤하는 것이 좋겠습니다"10)이다. 위의 사료를 통해 호궤하기 시작한 시기가 언제부터인지는 알 수 없으나, 삼국시대부터 이미 호궤가 이루어진 것을 알 수 있다. 그런데 삼국시대와 고려시대의 사료에는 호궤하였다고만 나와 있어 그 물품이 무엇인지는 정확히 알 수 없다. 조선시대의 사료에도 대체적으로 '고기와 술을 호궤하였다'라고 되어 있어 그 외에 다른 음식도 지급되었는지, 술과 고기만 지급되었는지 정확히는 알 수 없다. 그렇지만, 떡이나 과일, 대구, 명태 등이 지급되었다는 사료가 몇 군데 보인다. 이를 통해서 추측해볼 수 있을 것이다.

명태를 호궤하였다는 기사는 『비변사등록』 영조 4년(1728) 4월 18일조를 들 수 있다. 그 내용은 "… 장교에게는 대구어(大口魚), 군졸에게는 명태(明太)를 주었는데, 이는 오랫동안 준수하여 오던 품수(品數)이므로 …"이다. 이와 관련된 사료로 『만기요람』도 있다. 『만기요

---

10) 『삼국사절요』 본기 무자년(戊子年, 28).

람』에서도 "장교이면 6인마다 대구[大口魚] 1마리, 군병이면 한 명당 명태(明太) 1마리씩을 더 지급함"[11]이라고 하여, 장교와 군졸에게 차등을 두고 대구와 명태를 지급한 것을 알 수 있다. 위의 사료를 통해 술, 고기 등과 함께 명태도 지급된 것을 알 수 있다. 이처럼 음식으로 호궤하던 방식은 영조 36년 이후로 없어진다. 음식 대신 대금 지급으로 바뀌게 되는 것이다. 이에 대해서는 『만기요람』에 나타나 있다. 『만기요람』 재용편 4(財用編四) 호조각장사례(戶曹各掌事例) 별례방(別例房)에서는 "영종 경진(영조 36년, 1760년)에 건호궤로서 나누어 줄 것으로 정식(定式)하였음"이라고 하였으며, 『만기요람』 군정편 2(軍政編二) 훈련도감(訓鍊都監) 배호(陪扈)에서는 "국왕이 교외에 거둥할 때에 수행하는 군병의 음식대[乾犒饌]는 호소에서 지출하는데, 장졸 매인당 2전 7푼. 옛적에는 주정소에서[於晝停所] 음식을 급여하였고, 숙종 3년 정사(1677년)에 국왕이 숭릉(崇陵)에 뵙고 귀환한 뒤에 신무문(神武門 : 경북궁의 북문) 밖에서 급여했고, 영종 35년 기묘(1759년)에 국왕이 직접 에 나와서 음식을 급여했는데, 36년 경진 이후부터는 줄곧 대금으로 지급하였다"라고 하였다.

　건호궤하기 전까지 음식을 지급하였던 것으로 볼 수 있는데, 그렇다면 호궤할 때 명태는 어떠한 형태로 주었을까? 명태를 마른 명태 그대로 줄 수도 있을 것이며, 탕으로 끓여서, 혹은 전으로 부치거나 쪄서, 혹은 구이 등 여러 가지 요리법이 있을 것이다. 그런데 군사들에게 호궤할 때 제공되는 음식은 기본적으로 먹기 간편해야 한다. 생선 외에 제공되는 음식을 보면, 술과 고기, 탕, 떡, 그리고 과일 등이다. 떡과 과일은 집어 먹을 수 있는 간편한 음식이며, 고기의 경우는 요리법에 따

---

11) 『만기요람』, 財用編四/戶曹各掌事例/別例房.

라서 간편도가 달라진다. 고기를 요리해 먹는 방법을 통해 생선을 요리해 먹는 방법을 추측해 볼 수 있다. 고기의 경우 산적이나 꼬치로 만들어 먹었다. 『일성록』에서는 "…호궤의 규식에는 <u>산적도 있고 명태도 있는데</u>, 이대로 해도 되겠습니까?…"[12]라고 하여, 산적으로 먹었음을 말해주고 있으며, 『해사일기』에서는 "3명의 사신과 일행 역원이 있었는데, 일제히 모여서 객사(客舍)에서 호궤하였다. 사람마다 <u>고기 한 꼬치, 탕 한 그릇, 떡 한 접시, 과일 한 가지로 하여</u>, 모든 사람에게 균등하게 주었다"[13]라고 하여 꼬치로 먹었음을 알 수 있다. 또한 『해사일기』의 내용으로 보아 탕도 있었음을 알 수 있다. 위의 사료들로 추측해보건대, 아마도 명태의 경우 산적과 비슷하다고 할 수 있는 전, 탕에 대비되는 명태탕 혹은 찌개로 주었을 듯하며, 혹 직접 요리가 가능하다면 마른 명태 그대로 주어 이를 쪄먹을 수 있도록 하였을 것이다. 또한 말린 명태를 두들겨서 보드랍게 만들면 술안주로 좋겠지만, 이는 두들기는 과정이 시간이 오래 걸리므로, 자주 사용할 수 있는 방법은 아니었을 것이다.

3) 19세기 명태요리의 분화

2－3장에서는 19세기 음식서를 바탕으로 당시의 음식이 분화된 것과 명태의 약용으로서의 효능에 대해서 서술하고자 한다.

19세기가 되면 다양한 음식서가 등장한다. 19세기 전반에는 『난호어목지』·『임원십육지』와 『규합총서』가 있고, 19세기 중반의 것으로는 『오주연문장전산고』가 있으며, 또한 19세기 말의 것으로는 『시

---

12) 『일성록』 정조 2년 8월 계미.
13) 『海槎日記』 9월 11일 을축.

의전서』가 있다. 이 시기의 음식서에는 그 전에 비해 다양한 재료와 요
리법이 등장한다. 명태 역시 18세기부터 전 지역에서 먹었지만, 좀 더
다양한 요리법이 등장하고 소개된 것은 19세기이다. 게다가 18세기의
음식서에서는 별도의 생선류 분류에서 명태가 빠져 있었으며, 다만 요
리 소개의 재료에 명태가 들어가 있었다. 그런데, 19세기의 음식서에
는 재료 중 어류 부분에 명태가 실려 있어 명태 자체에 대한 설명을 하
고 있다[14].

  19세기의 명태에 대한 시각은 『오주연문장전산고』에 잘 나타나 있다.

> 생것은 육질이 퍼석퍼석하며 맛이 담백하고, 말린 것은 건어
> 이다. 전국에 두루 유통되며, 한 마리에 수 푼[文]으로서 그 값은
> 사방에 같고 매일의 반찬으로 삼는다. 그러나 민간에 백성들은
> 이것을 포로 떠서 귀신에게 제사지낸다. 선비의 집에서도 가난
> 하더라도 역시 제기에 채워두니, 천하게 쓰면서도 귀하게 여긴
> 다. 다만 먹더라도 그 이름을 알지 못한다.[15]

  위의 지문으로 보았을 때, 19세기에 명태는 전 지역에서 반찬으로서
매일 먹었으며[16], 제사지내는 용도로 사용한 것을 알 수 있다. 특히 가

---

14) 『증보산림경제』에는 잉어, 치어, 숭어, 농어, 도미, 광어, 홍어, 누치, 궐어, 은어,
 대구, 준치, 웅어, 밴댕이, 청어, 회어(민어), 조기, 참조기, 붕어, 메기, 복어, 뱅어,
 문어, 전어, 고등어, 오징어, 전복, 소라, 홍합, 해삼, 대합, 모시조개, 굴, 토화(가리
 맛), 대하, 게가 실려 있고, 『규합총서』에는 잉어, 준치, 붕어, 조기, 복어, 숭어, 쏘
 가리, 은구어, 오징어, 청어, 뱅어, 농어, 문어, 송어, 민어, 메기, 가물치, 홍합, 해
 삼, 생복, 대구, 자라, 웅어, 게가 보인다. 『임원십육지』「정조지」에는 잉어, 붕어,
 숭어, 준치, 가물치, 조기, 복어, 상어, 오징어, 낙지, 뱀장어, 북어, 대구, 송어, 연
 어, 뱅어, 미꾸라지, 가자미, 가오리, 새우[大江鰕], 자라, 게, 굴, 참조개, 대합, 긴
 맛, 홍합, 고등, 해삼에 대해서 적혀 있다.
15) 이규경, 『五洲衍文長箋散稿』「北魚辨證說」
16) 전 지역에서 명태를 먹었다는 것에 대한 또 다른 사료로는 『임원십육지』와 『일동

난해도 꼭 제기에 채워두는 것으로 보아 명태의 가격은 쌌지만, 귀하게 여긴 것을 알 수 있다. 그런데 위에 "다만 먹더라도 그 이름을 알지 못한다"라고 하였는데, 명태가 전국적으로 퍼졌고 또 모두들 먹었지만 명태가 잡히지 않는 지역에서는 그 이름을 몰랐을 수도 있다. 명태의 이름과 특성에 대해 잘 알고 있는 함경도와 같은 북쪽 지역에서는 명태의 독특한 음식문화가 발달한 듯하고, 그렇지 못한 남쪽 지역에서는 대구와 비슷한 요리법으로 만들어 먹은 듯하다. 현재 명태를 탕과 찜으로 만들어 먹는다든지, 구이 혹은 젓갈과 같은 종류들은 대구와 비슷한 요리법이며, 어느 지역에서나 쉽게 만들어 먹을 수 있는 것이다. 하지만, 명태무섞박지, 명태순대와 같은 종류는 함경도의 독특한 식문화라 할 수 있다.

명태는 조선후기에 들어서면서 다양한 요리법으로 발달했기도 하지만, 약재를 구하여 치료하기 힘든 서민들에게 있어서 훌륭한 약재이기도 했다. 약용으로서의 효능은 현재도 인정받고 있는데, 최근 고혈압, 심혈관계 질환 등의 성인병 예방 및 치료에 어류 중의 생리 활성물질 즉 DHA, EPA 등을 이용한 기능성 식품의 제조와 수요가 많아지고 있어, 이들 어패류가 지니고 있는 향약성 효과는 오늘날에도 이어져 건강 기능성 식품으로 많이 활용되고 있다[17].

기유』를 들 수 있다.『임원십육지』에서 "모두 남쪽 원산으로 실어 보내는데, 원산에는 사방에서 장사꾼이 모여드는 곳이다. 배에 실은 것은 동해를 거쳐서, 말에 실은 것은 철령을 넘어 밤낮으로 이어져 팔도에 유통된다. 아마도 우리나라의 팔도에서 많이 유통되는 것은 오직 이 물고기가 청어와 더불어 으뜸이 되기 때문일 것이다."(서유구저/김명년역,『전어지』, 한국어촌어항협회, 2007.)라고 표현하였다. 일동기유(日東記游) 제 3권 물산(物産) 26칙에서는 "북해(北海)에 있는 고기는 명태(明太)라 하고, 또한 북어(北魚)라고도 하니, 북쪽의 고기이다. … 우리나라 사람은 심산궁곡(深山窮谷)의 노인과 여자, 어린아이들까지도 북어를 모르는 사람은 없다. 지금 박물원에 있는 어족(魚族)의 설치를 보건대 홀로 북어만 보이지 않으니, 저들도 말하기를, '없는 것은 이것[北魚]뿐이라.'였다."라고 하였다.

이러한 어패류 중 명태는 조선시대에 약용으로도 많이 쓰였는데, 관련 사료는 『임원십육지』·『오주연문장전산고』·『방약합편』 등을 들 수 있다. 이 중에『오주연문장전산고』에서 명태의 효과에 대해 상세하게 설명하고 있다. 『오주연문장전산고』를 토대로 다른 사료들도 함께 보고자 한다.

> 또 일본 양안상순(良安尙順) 『화한삼재도회(和漢三才圖會)』를 살펴보니, … 3월 북쪽 바다에서 이를 채취하며, ㉠ <u>말린 것은 가루로 만들어서 산후에 금창(金瘡)의 약으로 쓰는데, 능히 피를 멈출 수 있고, 피를 맑게 해준다. 이 어찌 북어가 아니겠는가.</u> … <북어는 공들인 보람이 있다. ⓐ <u>즉 바닷가 사람이 그 내장을 취해서 기름으로 하여 태울 수 있다.</u> ⓑ <u>그 껍질을 달이는데 부레풀이라 한다.</u> ㉡ <u>그 머리를 달여서 마시면 체한 것이 없어지고,</u> ㉢ <u>그 몸 전체를 달이면 고(膏)가 되는데, 가히 허한데 보충하거나 산후에 배가 아픈 경우에 쓴다.</u> ㉣ <u>말린 것은 공복에 많이 먹으면, 가히 혈리(血痢)를 멈출 수 있다.</u> ㉤ <u>찌거나 달인 기운을 머리에 쐬면 풍에 효과가 있다.</u> 왜(倭)에서 일찍이 순산 후 쓰는 금창약(金瘡藥)이라 하였는데, 과장된 것이 아니다.>[18]

㉠에서 말린 명태를 가루로 만들어서 산후에 금창(金瘡)의 약으로 쓴다고 하였다. 여기서 금창은 베인 상처나 찢어진 상처[19]를 뜻한다. 해산을 하는 과정에서 피부가 찢어지게 되는데, 그 후유증이 생길 수 있다. 『동의보감』에 해산 후유증 중에서 '혈붕(血崩)'이라는 것이 있

---

17) 송윤진, 「『임원십육지』「정조지」중 식감촬요와 『동의보감』탕액편의 비교연구」, 한양대학교대학원 석사학위논문, 2006, p.93.

18) 이규경, 『五洲衍文長箋散稿』「北魚辨證說」

19) 『廣辭苑』에 "刀·槍など金屬製の武器で受けた傷. 切り傷."와 "外科醫術. 外科醫."라고 설명되어 있다.

는데, 혈붕은 출산 후 피가 멎지 않는 것이다. 일본에서는 이 병에 대한 지혈 효과로서 말린 명태 가루를 쓴 것이다. ㉢에서 몸 전체를 달이면 고(膏)가 되는데, 이것으로서 허한데 보충할 수 있다고 하였다. 이를 뒷받침해줄 수 있는 사료로서 『임원십육지』와 『방약합편』을 들 수 있다. 『임원십육지』「정조지」의 식감촬요에서는 마른 명태를 북고어(北薨魚)라고 표기하고 있는데, 실린 내용을 보면 "속칭 북어라고 한다. 맛은 달고 순하다. 허약하고 피로한 데에 돕는 것을 더한다. 『동본초』"[20]라고 하였다. 또한 『방약합편』에서 역시 북어가 몸과 마음이 허하고 피곤[虛勞]한 것을 고칠 수 있다고 하였다. 또한 ㉣에서 찌거나 달인 기운을 머리에 쐬면 풍에 효과가 있다고 하였는데, 이 역시 『방약합편』에서 북어는 풍증을 고칠 수 있다[21]고 하였다. ㉤에서 혈리의 증상은 피똥을 누는 것이다. 피똥을 누는 원인은 여러 가지가 있는데, 장·위·간 등이 안 좋을 때 나타나게 된다. 여기에는 소화 잘되는 음식, 단백질이 풍부한 음식이 도움이 된다고 한다. 이에 적합한 것이 명태인 듯하다. 위 사료의 내용을 보면, 현재의 병명으로 보았을 때, 혈붕·체한 것·허한 경우·산후 복통·혈리·풍 등이다. 이러한 병명에 도움이 되는 음식이 단백질이 풍부한 음식이며, 단백질이 풍부한 음식 중에서 저렴하고 쉽게 구할 수 있었던 것이 명태가 아니었는가 생각된다.

다음으로 위 사료에서 알 수 있는 두 가지 사실이 있는데, 하나는 내장을 취하여 기름을 만들었다는 것과 다른 하나는 명태 껍질로 부레풀

---

20) 『임원십육지』「정조지」식감촬요. 北薨魚 (東本草) 俗稱北魚味甘平補益虛勞.

21) 『방약합편』에서는 "북어는 성질이 온화하고 맛이 짜다. 몸과 마음이 허하고 피곤[虛勞]한 것과 풍증(風症)을 고치나 많이 먹으면 회충이 동(動)한다. 명란은 비위(脾胃)를 돕는다."(황도연저/염태환역, 『(중주국역) 방약합편』, 길림서원, 1975, p.202.)고 하였다.

을 만들어 썼다는 사실이다.『오주연문장전산고』에서 언급한 내장 외에도 명태애로도 기름을 만들어 사용하였다. 그 방법에 대해서는『한국수산지』에 실려 있다[22]. 현재는 명태애는 간유라 하여 약용으로 사용되는데, 간유는 대구·명태 등 대구과 어류의 신선한 간에서 지방간을 냉각시켜 석출(析出)된 고형물을 제거한 것으로서, 비타민 A와 비타민 D의 성분을 가지고 있어 현재 한국인들에게 꼭 필요한 것이다.

이제까지 17~19세기를 세기별로 정리하여 명태음식의 변천에 대해서 알아보았다. 17세기에는 대구가 급감하면서 대구 알젓을 대신하여 명태 알젓을 바치는 경우가 발생하기도 하였으며, 서민들 사이에서는 그 이름을 모르지만, 대구와 비슷하게 생긴 명태를 먹는 양이 증가하였다. 18세기에는 장군에게는 대구가 지급되지만 병사들에게는 명태를 지급하여 술안주로 먹는다는 기사가 보이는가 하면,『증보산림경제』에 명태 음식에 대한 내용이 나오며, 19세기 자료에서는 다양한 명태요리를 찾아 볼 수 있다. 또한 명태가 훌륭한 약재로도 쓰였음을 알 수 있었다. 그래서 음식서 별로 대구와 명태 요리에 대해 표로 정리해보았다.

---

22)『한국수산지』제1권에 "간장(肝臟)은 이것을 달여서 기름을 만든다. 그 방법은 석유통 2배의 간을 가마 속에 넣고, 끓이고 달여서 뜨거운 정도가 높은 데에 따라서 뜬 물거품을 제거하고, 또 끓어올라서 기름이 가마 속에서 넘쳐 나오게 되었을 때는 원료를 더해서 이것은 냉각한다. 다시 끓어올라서 간장에서 기름 부분이 모두 밖으로 나오고 잔재가 가마 바닥에 침전하기에 이르러 가열을 멈춘다. 그리고 가마 속의 기름 부분을 떠서 호로 옮기고 잠시 방치한다. 그리하여 기름이 냉각해서 그 속에 함유된 고형물이 차츰 호 바닥에 침전하는 것을 기다려서 그 위에 맑은 것을 다른 큰 옹에 떠서 옮긴다. 수일간 정치해서 다시 작은 찌꺼기를 침전시켜서 그 위에 오른 부분을 떠서 석유통에 저장한다. 그릇 바닥에 침전한 고형물은 다시 새로운 원료와 함께 가마 속에 넣어서 끓이고 달여서 남은 기름을 배어나오게 한다. 기름 한 통의 가격 1관 450문으로서 오로지 점등용으로 내놓을 수 있다."라는 내용이 있다.

<표 2> 문헌에 나타나는 대구와 명태의 요리[23]

조리법 \ 생선명		『음식디미방』 (1670)	『증보산림경제』 (1766)	『규합총서』 (1809)	『오주연문장전산고』(19세기 중반)
탕	대구				
	명태		명태탕	북어국	
구이	대구				
	명태		명태구이		
포	대구		대구(건, 반건)		
	명태				
채	대구	대구껍질채			
	명태				
편	대구	건대구			
	명태				
누르미	대구	대구껍질누르미			
	명태				
젓갈	대구		대구알		

---

23) 경북대출판부,『음식디미방』, 2003.; 유중림 지음/윤숙자 엮음,『증보산림경제』, 지구문화사, 2005.; 빙허각이씨저/이민수역,『규합총서』, 기린원, 1988.; 이규경, 『오주연문장전산고』.
　『증보산림경제』의 경우, 명태에 대해 별도로 설명한 부분은 없지만, 뱅어를 설명하면서 "방어와 그 알, 연어, 송어, 명태와 그 알, 은어도루묵, 가자미와 그 알, 문어는 모두 동・북 바다에서 나는 것으로 모두 맛있다. 탕, 구이, 젓갈 모두 안 되는 것이 없다."(유중림 지음/윤숙자 엮음,『증보산림경제』, 지구문화사, 2005, p.374.)라고 하였으므로, 명태탕, 명태구이, 명란젓이 기록되어 있는 것으로 볼 수 있다. 또한『규합총서』의 북어국의 경우,『규합총서』에서 북어국이라는 단어는 발견하지 못했지만, '생선 끓이는 법'에 대한 설명이 있었다. 그 내용은 "먼저 장국을 끓인 후에 생선을 넣고, 술을 조금 치면 뼈가 아주 연해진다. 흰 복숭아씨나 탱자를 넣고 함께 끓여도 뼈가 무른다."(빙허각이씨저/이민수역,『규합총서』, 기린원, 1988, pp.67~68.)이다.『규합총서』에서 볼 수 있는 모든 생선들은 앞의 '생선 끓이는 법'으로 끓였을 것이고, 이것이 국이라고 생각된다.

장	**명태**		명란		명란
	대구		생선·고기넣어 장담그는법 (대구)		
	명태				초장, 전시장
김치	**대구**			어육김치 (대구)	
	명태			어육김치 (명태)	명태무섞박지
다식	**대구**				어다식(건대구)
	명태				어다식(건명태)

Ⅲ. 오늘날의 명태요리

2장에서 사료 속에 어떠한 명태요리가 나오는지에 대해서 알아보았다. 처음 명태를 먹기 시작하였을 때는 말린 명태를 술안주로 먹거나, 탕이나 찜으로 만들어 먹었다. 또한 18~19세기에 명태로 만든 여러 종류의 음식들이 발달하였다. 18~19세기에 발달한 음식들, 그리고 그 이후 현재 명태로서 대표될 수 있는 몇몇 종류의 음식들을 3장에서 소개하고자 한다.

전통시대에는 북어와 동태로 음식을 만들어 먹었으며, 현재는 북어와 동태 외에도 생태·코다리 등 여러 형태의 재료로 다양하게 만들어 먹는다. 본 장에서는 북어와 동태로 구분하여 다루며, 생태, 코다리 등에 대해서는 깊이 다루지 않을 것이다. 또한 발효식품은 독특한 형태이므로 따로 다루고자 한다.

1) 북어

생선 혹은 생선으로 만든 음식을 보관하는 데에는 여러 가지 방법이 있다. 냉동·건조·발효 등이 그것이다. 생선의 경우, 날생선을 요리해 먹는 것이 가장 맛있는 방법일 것이다. 그러나 생선의 특성상 날생선은 금방 상하기 때문에, 오래전부터 상하지 않도록 하여 오래 두고 먹는 방법이 발달해왔다. 그 중 대표적인 것이 말리는 것일 것이다. 말린 명태를 북어라 하며, 현재 강원도 지방에서 독특하게 말리는 것을 황태라 하는데, 여기서는 말린 명태인 북어로 만들 수 있는 요리에 대해서 알아보고자 한다. 북어로 만들 수 있는 요리법에는 북어국, 북어찜, 북어구이, 북어무침 등이 있다. 이 중에서 북어국은 우리에게 있어서 해장국으로 잘 알려져 있기 때문에 따로 적지 않고, 북어찜과 구이 그리고 북어무침에 대해서 서술하고자 한다.

첫째, 북어찜이다. 북어찜에 대해 음식서에서 직접적인 단어는 보지 못하였다. 필자가 찾은 사료 중 북어찜에 대한 기사를 하나 보았는데, 『연원직지』제2권 출강록 임진년(1832) 12월의 기사이다. 내용은 "예부터 전하기를, '이곳은 메추리와 토끼를 파는 자가 많다.'고 하고, 혹은 '북어찜과 메추리구이가 맛이 모두 좋다.'고 하고,…"이다. 본 사료는 19세기 사료인데, 이 시기는 음식서 측면에서도 다른 각종 사료적인 측면에서도 전국적으로 명태가 확산되었을 뿐 아니라 다양한 음식으로 만들어 먹었다고 생각한다. 위의 기사는 다양

<그림 1> 북어찜[24]

---

24) http://www.myeongtae.com/main/home.htm
　이 사진은 3일 정도 자연건조한 명태를 찜통에 통째로 찐 것으로, 갓 찐 명태를 양념간장과 먹으면 맛있다.

한 음식 중 북어찜 역시 만들어먹었다는 사실을 확인해주는 하나의 사료가 될 것이다.

조선시대 후기에 명태가 지급되는 시기만 해도 건명태 자체를 구워 먹거나 쪄 먹었을 것인데, 쪄서 먹을 경우에는 앞의 사진과 같이 쪄서

<그림 2> 황태무찜25)

먹었을 것으로 생각된다. 하지만 현대에 이르러서는 북어찜이 다양하게 발달하였다. 말린 명태를 쪄서 양념을 발라 먹기도 하고, 또는 북어를 두들겨 부풀려서 혹은 쇠고기나 무와 같은 재료들을 같이 넣어 쪄서 먹기도 한다. 왼쪽의 사진은 황태무찜으로, 쇠고기와 무, 그리고 손질한 황태포를 양념장에 버무려서 냄비에 넣고, 육수를 자작하게 부은 다음 익힌 것이다.

둘째, 북어구이를 들 수 있다. 북어구이에 대해 알아보기 전에 우선 전통시대에 생선을 굽는 방법에 대해서 어떻게 설명하고 있는지 살펴보고자 한다. 3장에서 조리법을 설명하는 음식서로는 18세기의 책인 『증보문헌비고』와 19세기의 책인 『규합총서』를 이용하였다.

---

25) 한영실, 『한영실교수의 아름다운 우리음식』, 숙명여자대학교 출판국, 2005, p.258.

<표 3> 생선 굽는 법[26]

	『증보산림경제』	『규합총서』
생선 굽는 법	긴 꼬챙이를 생선 주둥이에 꽂아 넣은 다음 꼬챙이를 비스듬히 화로 가장자리에 꽂아 멀리서 불을 쬐면서 자주 뒤집으면서 익히면 생선 즙이 주둥이에서 저절로 나와서 생선 맛이 아주 좋게 된다.	기다란 꼬치로 생선을 입에서부터 꿰어 화롯가에서 멀리 들고 자주 뒤집어 덥게 찌면 생선 즙이 저절로 입으로 나올 것이니, 그런 후에 토막을 쳐 구우면 맛이 특별히 좋다.

그런데 북어의 경우에는 굽는 방법이 특이하다. 물론 북어 역시 다른 생선들처럼 꼬챙이에 꿰어 구워 먹기도 하였겠지만, 요리 문화가 발달하면서 양념장을 발라 구워 먹었다. 또한 1940년대의 요리책들을 보면 간장·파·마늘·깨소금·참기름 정도를 사용했지만[27], 그 이후의 책들을 보면 위의 재료에 고추장이나 고춧가루가 첨가되어 있다[29].

---

26) 빙허각이씨저/이민수역,『규합총서』, 기린원, 1988.; 유중림지음/윤숙자엮음,『증보산림경제』, 지구문화사, 2005.

27) 북어구이를 만드는 데 있어서 각 요리책의 만드는 재료를 보면,『조선요리』(1940)는 부재료가 없으며,『조선요리제법』(1942)은 부재료로 간장·파·마늘·깨소금·참기름을 쓰고 있다. 또한『우리음식』(1)(1948)은 간장·파·마늘·깨소금·참기름을,『우리음식』(2)(1948)은 양념을,『조선요리대략』(1950)은 녹말·간장·생강을 사용하고 있다(민삼은·조신호·이효지,「해산물 구이의 문헌적 연구」『한국 생활 과학 연구』16, 1998, p.32.).

28) 한영실,『한영실교수의 아름다운 우리음식』, 숙명여자대학교 출판국, 2005, p.270.

29) 1940년대 이후의 책에서 북어구이를 만들 때 만드는 재료를 보면,『한국의 요리』(1975)는 부재료로 쇠고기·간장·파·마늘·깨소금·참기름·설탕·후추를,『한국민속종합조사보고서(강원도)』(1984)는 녹말·간장·파·마늘·깨소금·

<그림 3> 황태구이[28]

　여기서는『한국의 전통음식』에 실려 있는 북어구이를 소개하고자 한다. 마른 북어는 황태로 골라서 살이 부서지지 않게 방망이로 자근자근 두들기고, 북어포이면 그대로 물에 감가 부드럽게 불린다. 북어가 부드러워지면 갈라서 뼈와 가시를 발라내고 지느러미를 떼어내어 물기를 꼭 눌러서 짜고 폭 5㎝정도로 토막을 낸다. 파·마늘·생강은 곱게 다져서 간장·물·설탕·참기름·깨소금·고춧가루·실고추를 합하여 양념간장을 만든다. 손질한 북어 토막을 양념간장으로 켜켜로 재워서 20분 정도 두어 간이 배이도록 한다. 석쇠나 철판을 달구어서 양념한 북어를 얹어서 앞뒤로 고루 구워 더울 때에 그릇에 담아낸다.[30]

　마지막으로 북어무침이 있다.『시의전서』에 나오는 북어무침을 소개하고자 한다. 북어무침의 재료는 북어·간장·소금·고춧가루·깨소금·참기름·꿀이다. 만드는 방법은 우선 북어는 물에 잠깐 담갔다가 방망이를 이용하여 앞뒤를 두들긴 뒤에 머리 부분을 떼어 내고 껍질을 벗긴 후 뼈와 잔가시를 제거하고 가늘고 곱게 뜯어 손질한다. 다음으로 참기름에 고운 고춧가루를 넣어 잘 어우러지면 북어포를 넣어 고운 색이 날 때까지 주물러 무친다. 붉게 물든 북어포에 간장, 소

참기름·후추·고추장을,『한국의 전통음식』(1991)은 간장·파·마늘·깨소금·참기름·설탕·생강·고춧가루를 사용하고 있다(민삼은·조신호·이효지,「해산물 구이의 문헌적 연구」『한국 생활 과학 연구』16, 1998, p.32.).

30) 황혜성·한복려·한복진,『한국의 전통음식』, 교문서, 1991, p.369.

금, 깨소금, 참기름, 꿀을 넣어 무쳐서 접시에 담아낸다.[31]

2) 동태

동태는 명태를 냉동시켜 놓은 형태로 북어와 함께 우리들에게 매우 친근한 형태이다. 동태로 만들어 먹을 수 있는 요리로는 동태탕, 동태찜, 동태찌개[32], 동태전, 동태순대 등이 있다. 이 중에서 동태찜은 북어찜과 명태 형태의 차이 정도라고 생각되어 제외하며, 동태찌개의 경우는 탕과 형태가 조금 다르지만, 물을 넣고 끓이는 것이라는 점에 비슷하므로, 따로 다루지 않고, 동태탕·동태전·동태순대에 대해서만 다루고자 한다.

명태탕이 음식서에 나오기 시작한 것은 『증보산림경제』가 만들어진 18세기부터이며, 다양한 생선을 찜으로 만들어 먹은 것 역시 『증보산림경제』에서 많이 볼 수 있다. 그렇지만 탕이나 찜으로 만들어 먹은 요리법은 상당히 오래 된 듯하며, 이는 지금도 각광 받고 있는 음식이다. 오른쪽의 사진은 동태탕의 사진이다. 다음으로 찌개 역시 우리나라의 대표적인 요리법 중 하나인데 지금과 같은 찌개는 고추가 들어온 이후에 가능해졌다. 이 찌개는 처음에는 갱(羹)이라는 한자를 써서 국과 구분되지 않았지만, 차츰 국과 찌개가 나뉘어졌다.

---

31) 이효지 외 엮음, 『시의전서』, 신광출판사, 2004, p.87.

32) 명태를 손질하여 알·고질·애는 깨끗이 씻어 따로 놓고 명태는 큼지막하게 토막을 친다. 큰 솥에 쇠고기 약간을 볶다가 물을 3~4바가지 붓고 된장·고추장 약간을 풀어 넣어 간을 맞춘 후, 명태 10마리 정도를 넣고 한 쪽 옆에는 알·고질·애를 얹어서 충분히 끓인다. 익은 애를 건져서 도마 위에 놓고 마늘을 곱게 다져 고춧가루와 함께 잘 버무려 조창을 만든다. 양념을 종지에 담고 명태국은 대접에 듬뿍 담아서 어른들은 조창을 넣어서 얼큰하게 식사하면 된다. 물론 쇠고기는 넣지 않아도 좋다(한정혜, 「쇠츠네찌게와 北道一味 明太순대」 『북한』22, 1973, pp. 261~262.).

　탕에 대한 가장 이른 사료
는「세종 오례의」가례 의식/
중궁 양로의이다. 그 내용은
"상식(尙食)이 탕(湯)을 올리
면 음악이 시작되고, 여집사
(女執事)가 여러 노인의 탕을
설비하여 먹기를 마치면, 음악
이 그친다＜상식(尙食)이 탕
(湯)을 올릴 적마다 여집사(女

<그림 4> 동태탕

執事)가 여러 노인의 탕(湯)을 설비하는데, 무릇 탕(湯)을 올리면, 음악
이 시작되고, 먹기를 마치면, 음악이 그친다＞"이다. 또한 어탕(魚湯)
이라는 단어로서 가장 이른 사료는『매월당집』권13 향음(鄕飮)의 내
용33)이며,『조선왕조실록』에는「숙종실록」숙종 1년 4월 기축조34)가
있다.

　다음으로 동태전이다. 생선전은 어떠한 생선으로도 전을 만들 수 있
으므로, 그 시대에 흔히 먹었던 생선으로 전을 만들어 먹었을 것이다.

---

33) 김시습,『梅月堂集』권13, 鄕飮. 집집마다 새로 술을 빚었는데 어지러운 것이 아교
　　와 같고, 맑고 참된 것을 깨뜨려서 고요하고 쓸쓸하니 위로가 필요하구나. 닭고깃
　　국의 향기가 계수나무에 더하여 흐르고, 생선탕 맛의 시원함이 매화나무 아래에
　　서 어울리네. 성현(聖賢)은 이미 만나서 쉬면서 이야기에 취하고, 솥을 갖추고 두
　　루 돌아다니니 애써 사양하지 않는구나. 어린 여자 노비가 노래를 부르며 술을 권
　　하니, 유공(劉公)의 무덤 위에서 누가 경박할 수 있겠는가.

34)「숙종실록」숙종 1년 4월 기축. 효종이 세자로 있을 때, 일찍이 나아가 인조에게
　　수라를 올렸다. 그때 조적이 은으로 된 첨자를 빼서 생선탕에 넣으며 말하기를,
　　"은을 탕에 넣었더니, 색이 변하여 매우 이상하구나."라고 하였다. 이때, 재화가
　　일어날 수 있는 소지가 매우 심하였는데, 윤씨가 궁에 들어와서 나아가 말하기를,
　　"생선탕이 열에 올랐을 때 은을 담그면 색이 변하지 않을 수 없습니다. 다른 생선
　　탕으로 앞에서 이를 시험하시기를 청합니다."라고 하였다. 인조가 곧 이를 시험하
　　게 하였더니, 과연 그러하였다.

그렇기 때문에, 여러 종류의 전이 있겠지만, 여기서는 동태전에 대해서 알아보고자 하는데, 이 동태전의 경우 그 쓰임이 다양하다.

다른 생선처럼 단순히 전으로 먹고자 만들어 먹었을 뿐만 아니라, 우리나라의 명절 음식으로 유명하다. 명절이 되면, 각종 전을 부쳐 먹게 되는데, 그 중 생선전도 포함되어 있다. 이때의 생선으로 동태가 쓰인다. 명절이 되면, 동태전을 부쳐 차례를 지내고 먹기도 하며, 남은 것으로는 찌개를 끓일 때 넣어 먹기도 한다. 이는 동태전의 경우, 식은 후 데워 먹으면 퍼석퍼석해져서 그 맛이 떨어지므로, 고기 대신 찌개에 넣어 끓여먹었던 것으로 생각된다.

<그림 5> 동태전

음식서를 보면, 『음식디미방』에는 어전(魚煎)이라고 있으며, 『증보산림경제』에는 게지짐 외에 한 종류만 있을 뿐이다. 다음으로 『규합총서』에 전유어라고 실려 있다. 여기서는 『규합총서』의 전유어를 소개하고자 한다. 달걀의 흰자를 전부 쏟은 후 노른자위를 여러 그릇에 쏟고, 생선을 넓게 저며 밀가루를 묻힌다. 번철을 뜨겁게 달구어 흰자위와 노른자위를 각각 기름을 많이 쳐 수저로 떠서 고루고루 지지는데, 밑은 익고 위는 채 엉기지 않을 때 생선을 달걀에 담가 그 위에 놓으면 합하여 익는다. 게를 검은 장만 모아 기름과 달걀을 약간 섞어 오래 저어 번철에 떠 놓아 지진다. 게 누른 장은 계란에 섞어 생선이나 꿩 저민 것을 가루에 묻혀 번철의 것이 반만 익었을 때 놓아 합쳐 지지면 빛이 주황빛 같고 야들야들하다.[35)

마지막으로 동태로 만드는 음식 중에서 함경도 특유의 음식으로 동태순대가 있다. 이름 그대로 보면 동태로 순대를 만드는 것이다. 그럼 순대란 무엇인가. 국어사전에는 "돼지의 창자 속에 쌀·두부·표고버섯 따위를 양념하여 이겨서 넣고 끝을 동여 삶아 익힌 음식"이라고 하였다. 또한 순대와 관련한 사료로는 『음식디미방』36), 『증보산림경제』, 『규합총서』, 『시의전서』37)가 있다. 그 중 순대에 대하여 어떻게 설명하고 있는지에 대해서 『증보산림경제』와 『규합총서』의 내용을 아래에 표로 정리해보았다.

<표 4> 순대 만드는 법38)

	『증보산림경제』	『규합총서』
순대	소의 내장을 찌는 법(牛脹蒸方) 소의 창자는 안팎을 깨끗하게 씻어 각각 1자 가량 자른다. 별도로 소의 살코기를 가져다가 칼날로 곱게 다지고 양념, 기름, 장과 골고루 섞어 창자 안에 꼭꼭 채워 넣은 다음 실로 창자 양 끝을 묶는다. 솥에 먼저 물을 붓고 대나무를 가로로 걸치고 소 창자를 대나무에 올려놓고 물에 젖지 않게 한 후 솥뚜껑을 덮는다. 약하지도 세지도 않은 불	소 곱창찜 소 창자의 안팎을 깨끗이 씻어 한 자 길이씩 썰어 쇠고기와 꿩, 닭고기를 두드려 온갖 양념과 기름장을 간 맞추어 섞어 그 창자 속에 가득히 넣고 실로 두 끝을 맨다. 솥에 먼저 물을 붓고, 대나무를 가로 지르고, 그 위에 얹는데 물에 잠기게 하지 않도록 한다. 뚜껑을 덮어 뭉근한 불에 고아 익은 후 내어 식으면 말굽모양으로 저며 초장에 찍어

---

35) 빙허각이씨저/이민수역, 『규합총서』, 기린원, 1988, p.98.

36) 犬腸(개순대)에 대한 설명이 있음.

37) 민어부레로 만드는 어교순대에 대한 설명이 있음.

38) 빙허각이씨저/이민수역, 『규합총서』, 기린원, 1988.; 유중림지음/윤숙자엮음, 『증보산림경제』, 지구문화사, 2005.

로 천천히 삶아 아주 잘 익기를 기다려서 꺼내어 차게 식히고, 칼로 말발굽 모양으로 썰어 초장에 찍어 먹는다.	먹는다.

위의 내용을 보면 알 수 있듯이, 일반적으로 순대라 하면 돼지나 소의 창자에 각종 소를 만들어 넣어 익혀 먹는 것을 떠올린다. 이러한 순대를 아바이 순대라 한다. 그런데 이 외에도 오징어순대, 명태순대 등이 있다. 오징어순대는 강원도가 유명하며, 동태순대는 함경도가 유명하다. 여기서는 명태순대에 대해서 알아보고자 한다. 만드는 방법은 아래와 같다.

동태를 깨끗이 손질하여 배를 가로지르고 생선 머리는 따서 아가미 쪽으로 손을 깊숙이 넣고 창자를 깨끗이 들어낸다. 동태에는 소금 약간을 뿌려둔다. 그런 뒤 맛좋은 겨울 무를 채치고 호배추도 한 통 깨끗이 다듬어서 포기를 갈라 솥에 넣는다. 그리고 제육 한 덩어리와 명태배 속에서 빼낸 알, 곤지, 애 등을 넣어 물 약간을 붓고 푹 삶아서 고기와 야채를 건져 야채는 물기를 꼭 짜고 모든 재료를 잘게 다진다. 여기에 물기를 꼭 짠 두부를 넣고 고추장, 간장, 깨소금, 참기름, 다진 파, 마늘을 합하여 골고루 버무려서 명태 뱃속에 꼭꼭 누르면서 넣는다. 그런 뒤, 싸리 꼬챙이를 길게 하여 끝을 뾰족하게 잘 다듬어서 한 꼬챙이에 10마리 정도 꿰어서 처마 밑에 달아

<그림 6> 동태순대[39]

---

39) 『한겨레』 2008년 3월 19일자 신문.

놓는다. 추운 날씨에 얼면 낮에 그런대로 다르고 하여 물기가 꼭 빠진 다음에 식사 때마다 1~2마리 구어서 먹기 좋은 크기로 토막을 쳐 따끈한 것을 반찬으로 한다.[40)]

3) 발효식품

발효 식품으로서 오래전부터 내려온 방법으로는 해류(醢類)·장류(醬類)·저류(菹類)·초류(醋類)가 있다. 이 중에서 본고에서는 해(醢)·장(醬)·저(菹)류의 기원과 명태로 만든 음식의 종류에 대해서 알아보고자 한다.

① 해류(醢類)

우리나라는 예로부터 발효식품이 많이 발달하였다. 음식을 조미하는데 쓰이는 발효식품으로서는 장류와 초류가 있으며, 염장이라는 방법을 사용한 발효식품에는 침채(沈菜)를 이용한 저채류(菹菜類)와 어육(魚肉)을 이용한 해(醢)가 있다. 이 중에서 해(醢)는 시간의 흐름에 따라 젓갈류와 식해류로 나누어졌는데, 그렇다면 젓갈과 식해의 기원이 무엇인지 또 어떤 음식들이 있는지에 대해서 알아보자.

큰 의미의 해류(醢類)는 다시 젓갈류인 해(醢)와 식해(食醢)로 나뉜다. 그렇다면 해와 식해를 먹

<그림 7> 명란젓

---

40) 한정혜, 「쇠츠네찌게와 北道一味 明太순대」『북한』22, 1973, p.262.

기 시작한 것은 언제이며 또 큰 의미에서의 해류를 해와 식해로 구분
하여 쓰기 시작한 것은 언제일까?

우리나라의 사료에서 해(醢)라는 글자가 가장 먼저 등장하는 것은
『삼국사기』「신라본기」이다. 그 내용은 아래와 같다.

> 대아찬 지상(智常)을 보내 납채(納采)하게 하였는데, 예물로 보
> 내는 비단이 15수레이고, 쌀·술·기름·꿀·장(醬)·시(豉)·
> 포·해(醢)가 135수레였으며, 조(租)가 150수레였다.[41]

위의 지문을 보면, 폐백 물품 중에 장(醬)·시(豉)·해(醢)가 있어
발효식품이 유통되고 있었음을 알 수 있다. 여기서 말하는 해가 젓갈
인지, 식해인지, 아니면 두 가지를 통틀어 해라고 했는지는 알 수 없다.
다만 이 시기에는 대체로 젓갈과 식해를 통틀어서 해(醢)라고 칭했던
듯하다. 시간이 흐름에 따라 젓갈은 해(醢)라고 하고, 식해는 해(醢)와
자(鮓)라는 글자로 표기하였다. 이와 관련된 사료로는 『오주연문장전
산고』와 『후재집』이 있다. 『오주연문장전산고』에서는 자(鮓)가 결국
식해라고 설명하고 있으며[42], 『후재집』에서는 이 책을 당시 장(醬)과
해(醢)가 모두 식장(食醬)과 어해(魚醢)가 아닌 식해라고 적고 있으며,
『본초』를 들어 자(鮓) 역시 식해라고 하였다[43]. 여기서는 명란젓과 창

---

41) 『三國史記』「新羅本紀」第八 神文王 三年.

42) 이규경, 『五洲衍文長箋散稿』「鮓海玻璃辨證說」. 우리의 동쪽에 본래 음선(飮膳)
이 아닌 것 중에 자(鮓)라는 것이 있는데, 다시 자전을 살펴보니, 초(酢)와 염(醃)이
다. 산장(酸醬)은 초(醋)와 통하고, 염(醃)은 엄혜(醃醢)와 비슷하니, 물고기 종류를
절여서 담그는 것이다. 이와 비슷한 것이 지금의 침채(沈菜)이며, 또한 식해(食醢)
인 것이다.

43) 金榦, 『厚齋先生別集卷之二 雜著』, 1766. 무릇 하늘과 땅 사이에 만물이 있는데,
가히 이름이 있으며, 모두 글자가 있다. 하늘은 천(天)이라는 글자가 있고, 땅은 지
(地)라는 글자가 있으며, 밥은 식(食)이라는 글자가 있고, 절이는 것은 저(菹)라는

난젓, 명태 서거리젓, 그리고 명태식
해에 대해서 정리하고자 한다.

　우선 명란젓과 창난젓을 보자. 용량
8~9승 정도의 질그릇에 알집 270개
내지 300개 정도를 식염(食鹽) 5홉 정
도로 고춧가루를 더하여 담근다. 창자
의 수용은 알집과 같지 않고, 겨우 스
스로 집에서 만든다든지 혹은 다른데
서 주문을 받을 때만 이것을 만드는

<그림 8> 창난젓

데, 그 방법은 알집과 큰 차이는 없어서 소금과 고추를 더해 넣는 양이
많은 것을 다르게 할 뿐이다. 더하여 만들 때 창자의 오물을 제거하는
데 까다로워서 한 호의 용량을 얻은 데에는 자못 많은 힘을 필요로 하
므로 가격은 알집과 비교해서 비싸서 1항아리 5~6백문이다.[44] 다음

글자가 있다. 그런데 오직 식장(食醬: 쟝)과 어해(魚醢: 젓)는 본 바가 없다. 생각해
보니, 옛날에는 그 물품이 없었던 것이다. 그러므로 그 글자가 없다. 지금 사람들
은 식장(食醬)을 장(醬)이라고 일컫고, 어해(魚醢)를 해(醢)라고 일컫는다. 그런데
운서(韻書)를 살펴보니, 장(醬)이라는 글자를 풀었는데, 장(醬)을 이르러 해(醢)라
고 하였다. 술로 발효시킨 장이다. 지금 글에서 장해(醬醢)라고 했는데, 육장(肉醬)
이다. 논어에서는 그 장(醬)에 대한 주를 얻을 수 없으나, 육즙(肉汁)이다. 해(醢)라
는 글자를 풀었는데, 해(醢)를 이르러 육장(肉醬)이라고 한다. 주례(周禮)에서 해
(醢)에 대해서 사람들이 주하여 육즙(肉汁)이라 하였다. 육(肉)을 사용하여 해(醢)
를 만드니, 즙이 많다. 시소(詩疏)에서 이르기를, 무릇 해(醢)를 만드는 것은 반드
시 우선 저민 고기를 말려서 그 고기를 잘게 썰고, 기장·누룩·소금을 섞어서 맛
이 좋은 술로서 담근다. 진흙을 항아리 가운데에 두고 100일이 곧 되면, 이로서 이
를 살펴보니, 이른 바 장(醬)이며, 지금의 식장(食醬)이 아니다. 이른 바 해(醢)이
며, 지금의 어해(魚醢)가 아니다. 모두 지금의 식해(食醢)와 비슷하다. 본초(本草)
를 살펴보니 자(鮓)를 젓이라고 하였다. 그런데, 운서(韻書)는 자(鮓)는 물고기를
저장하는 것이라고 하였다[藏魚]. 소금과 쌀로 물고기를 발효시켜서 절인다. 그러
한 즉 이로서 역시 어해(魚醢)가 아니다. 또한 지금의 식해(食醢)와 비슷하다. 식장
(食醬)의 장(醬)과 어해(魚醢)의 해(醢)는 마지막까지 그 글자가 없다.

44) 농상공부수산국, 『한국수산지』1권, 일한인쇄주식회사, 1908, pp.223~224.

으로 명태 서거리젓은 강원도에서 유명한 음식으로, 만드는 방법은 북어 아가미를 떼어 소금에 버무려 담근다. 강원도에는 배추김치·무김치·나박김치·오이김치 등 여러 종류의 김치를 만들 때 서거리젓을 넣어서 만드는 경우가 많다.[45)]

마지막으로 명태식해가 있다. 명태식해를 만드는 방법에 대해서는 『오주연문장전산고』의 내용을 실었다.

<그림 9> 명태식해[46)]

여러 종류의 어식해(魚食醢)는 여러 생선 중에서 웅어, 밴댕이, 대하·소하, 오징어, 문어, 낙지, 꼴뚜기, 조개류, 홍합, 넙치, 북어, 멸치로 모두 식해를 만들 수 있다. 바닷가 사람들이 많이 만들어 먹는다. 우선 흰 멥쌀로 밥을 지어서, 엿기름을 많이 넣고, 누룩 가루를 약간 넣어서 밥과 섞는다. 물은 몇 종지 넣어 발효시킨다. 여러 생선의 가운데를 갈라서 지역에 따라서는 생선의 물기를 닦아 없앤다. 햇볕에 쬐이고 바람에 말려서 잘게 부순다. 모두 소금 속에 담가서 익기를 기다렸다가 먹는다.[47)]

『오주연문장전산고』에 실린 위 내용을 보면, 생선으로 식해를 담는 경우, 밥·누룩가루·엿기름·말려서 잘게 부순 생선을 섞어서 소금에 절여 삭혀 먹는다. 이는 생선의 한 종류인 명태도 마찬가지이다. 다

---

45) 윤덕인,「강원도지역 산출식품과 향토음식에 관한 연구」『관대논문집』26, 관동 대학교, 1998, p.383.

46) http://www.myeongtae.com/main/home.htm

47) 이규경,『五洲衍文長箋散稿』「山臕餕餘辨證說」

만 명태 등 생선을 삭힐 때 넣는 밥이 함경도 지방은 조밥이고, 강원도
등의 지역은 멥쌀로 만든 밥이라는 차이점[48]이 있다.

② 장류(醬類)

두 번째는 각종 장에 대해서이다. 우리나라는 콩을 이용한 장이 고
대 때부터 발달하였다. 장(醬)은 장(醬)과 시(豉)로 대표되며, 그 외에
고추가 들어온 이후에 초장(椒醬)이라 불렸던 고추장이 생겼다. 장에
대한 최초의 기사는 해류에서 인용하였던 『삼국사기』 「신라본기」의
신문왕 3년 기사를 들 수 있다. 장은 기본적으로, 콩 메주로 담근 장,
콩에 기울을 섞어 만든 메주로 이용한 장, 메주를 사용하지 않은 장으
로 나눌 수 있으며, 메주를 사용하지 않는 장에는 네 종류가 있는데, 첫
째 진장(陳醬)을 사용한 장, 둘째 누룩을 사용하여 담은 장, 셋째 콩잎
과 느릅나무 열매 혹은 콩과 소금으로만 담은 장, 마지막으로 동물성
식품을 재료로 담그는 어육장이 있다.[49] 이 중에서 어육장은 앞의 해
(醯)와 같으므로, 앞의 해류에 포함된다고 생각된다. 다음으로 초장의
경우에는 고추가 유입된 이후에 만들어 지기 시작하였다. 고추에 대한
설명은 이수광의 『지봉유설』(1614)에 처음 나오며, 음식서에 적극적

---

48) 한정혜, 「쇠츠네찌게와 北道一味 明太순대」를 보면, 가자미식해를 만들 때 "…그
다음 좁쌀 밥을 되직하게 한다. 마늘·생강을 넉넉히 다져서 준비해 두었다가 가
자미에 밥과 마늘·생강·고춧가루로 버무려…"라는 부분이 있다. 또한 윤덕인
의 「강원도지역 산출식품과 향토음식에 관한 연구」에는 명태포식해를 설명하는
데, "쌀밥으로 하지 않고 조밥으로 하는 경우도 있으나 함경도 지방의 식해처럼
조밥만을 섞어 만들지는 않는다. 좁쌀이 흔하지 않기 때문인 듯하다."라고 하여
함경도 지방에서는 좁쌀 밥을 쓰지만, 강원도에서는 대체로 멥쌀밥을 사용한다고
하였다.

49) 최영진·조신호·정낙원·김은미·원선임·차경희·김현숙·이효지, 「17세기
이전 장류에 대한 문헌적 고찰」『한국조리과학회지』23, 한국조리과학회, 2007.

으로 이용된 것은 『증보산림경제』에서이다. 그렇기 때문에 초장에 대한 설명이 『음식디미방』에는 보이지 않지만, 『증보산림경제』에 잘 나타나 있다.

　본고에서는 명태를 사용한 장 중에서 『오주연문장전산고』에 실려 있는 전시장(煎豉醬)과 초장(椒醬)을 소개하고자 한다. 우선 전시장 만드는 방법에 대해서 보자. 이것은 전국장이라고도 하는데, 지금의 청국장이다. 만드는 방법은 가을에 서리의 기운으로 처음 혹독해질 때 새로 수확한 콩 1말을 가지고 깨끗이 해서 으깨질 때까지 삶아서 짚자리로 이것을 싸고, 따뜻한 굴뚝에 두어 끈끈해질 때까지 기다리는 것이다. 별도로 콩 5되를 볶아서 껍질을 벗기고 가루로 만들어 짚자리 속에 두고 쪄서 익힌다. 이것을 절구 속에 넣어서 찧어서 가루로 만든다. 볶은 콩과 소금을 약간 더하여 절구 속에 넣고 찧는다. 맛을 보아서 약간 담백하게 해야 하며, 매우 짜게 해서는 안 된다. 으깨질 때까지 찧어서 꺼내어 가지[茄]·동아 조각[冬瓜片]·무[蘿葍]·북어(北魚)·다시마[海帶]·참버섯[眞耳]의 종류와 함께 모두 질그릇에 담아서 그 입구를 진흙으로 봉하고, 겻불에 묻었다가, 하루가 지나서 꺼낸다. 가지와 과(瓜)를 먼저 약간의 소금으로 비과(飛過)해서 피추(皮皺)를 기다렸다가 그러한 후 물에 씻어서 깨끗이 말린다. 항아리 속에 넣어 두면 장이 되는데, 고춧가루를 더하여 이를 먹는다.[50]

---

50) 이규경, 『五洲衍文長箋散稿』 「山膓餕餘辨證說」

<표 5> 전시장 담그는 법[51]

	『증보산림경제』	『규합총서』
전시장 담그는 법	서리가 처음 자욱이 앉을 때에 해콩 1말로 푹 삶아내고 짚자리로 싸서 온돌에 3일 동안 두어 실 모양의 곰팡이가 생기면 꺼낸다. 이와 달리, 콩 5되를 볶아 껍질을 없애고 가루로 만든다. 짚자리에 넣어 쪄 익혔던 콩으로 절구에 넣어 찧으면서 가루로 만든 콩에 소금을 조금 넣고 절구 안의 콩에 붓고 햇볕을 쬐면서 찧는다. … 곱게 찧고 나서 꺼내어 가지, 오이, 동아 조각, 무 따위로 서로 섞어 질항아리에 넣고 주둥이를 막고 진흙을 바르며 겉을 왕겨불로 태워서 묻는다. 하루 지나서 꺼내 먹는다.	『규합총서』에는 청육장(靑肉醬)이라고 표기되어 있다. 콩을 볶아 탄 것은 버리고 까불러 갈아서 껍질을 없애고 솥에 넣고 물을 많이 부어 달인다. 그 물을 항아리에 잘 담고, 삶은 콩은 오쟁이에 담아 수건 같은 것으로 두껍게 여러 번 싸서 더운 곳에 둔다. 3~4일 후에는 실이 날 것이니, 이것을 솥에 붓고 놓아두었던 물을 넣어 함께 달이는데, 쇠고기를 많이 넣고 무 썬 것과 다시마·고추를 한데 넣어 달여 먹는다.

다음으로 초장은 지금의 고추장으로, 만드는 방법은 좋은 청장(淸醬)을 사용하며, 메주가루[末醬末] 한 말, 찹쌀가루[糯米末] 한 되, 고춧가루[蠻椒末] 한 되로 만든다. 여기에 곤포(昆布), 다시마[多士麻], 두부(豆腐), 건청어(乾靑魚), 북어(北魚), 당귀(當歸), 달래[蒜], 유채[薹], 죽순[筍], 찹쌀가루[糯米], 반병(飯餠), 맥아(麥芽)와 대하(大蝦), 홍합(紅蛤) 등의 가루를 만들어 넣어서 만든다.[52] 『오주연문장전산고』의 초장 담그는 법은 그 이전의 음식서와 비교했을 때 기본적인 고추장 담그는 데 들어가는 재료 외에 다양한 재료들이 들어간다. 그 중에서 하나가 북어이다. 다른 음식서와의 비교를 위해서 아래에 고추

---

51) 빙허각이씨저/이민수역,『규합총서』, 기린원, 1988.; 유중림지음/윤숙자엮음,『증보산림경제』, 지구문화사, 2005.

52) 이규경,『五洲衍文長箋散稿』「山臞餕餘辨證說」

장 만드는 법의 표를 넣었다.

<표 6> 고추장 담그는 법[53]

	『증보산림경제』	『규합총서』
고추장 담그는 법	콩 1말마다 고춧가루 3홉, 찹쌀가루 1되의 비율로 섞고, 맛좋은 청장(淸醬)으로 휘저어 뒤섞으면서 반죽하여 아주 되게 만들어서 작은 항아리에 넣어 햇볕에 쬐인다.	메주가루 1말이면 소금 4되를 좋은 물에 타서 버무리고, 고춧가루를 곱게 빻아서 5홉이나 7홉을 섞는다. 찹쌀 2되로 밥을 질게 지어 한데에 고루 버무리고, 혹 대추 두드린 것과 포육(脯肉)가루와 섞고 꿀을 한 보시기만 쳐서하는 수도 있다. 소금과 고춧가루는 식성대로 넣는다.

③ 저류(菹類)

마지막으로 한국의 대표적인 음식 중 하나로 자리 잡은 김치에 대해서 보고자 한다. 김치 역시 해(醢)나 장(醬)과 함께 한국의 전통적인 발효식품 중 하나로, 염(鹽)이나 초(酢)로 발효시켜 먹었던 것이다. 이후에 고추가 들어오면서 현재와 같은 다양한 김치로 발전하게 되었다. 여기서는 명태를 이용한 김치에 대해서 알아보고자 한다. 명태를 이용한 김치의 종류로는 어육김치[54], 명태무섞박지, 명태서더리깍두기, 강

---

53) 빙허각이씨저/이민수역, 『규합총서』, 기린원, 1988.; 유중림지음/윤숙자엮음, 『증보산림경제』, 지구문화사, 2005.

54) 이효지 외 엮음, 『시의전서』, 신광출판사, 2004. 대구·북어·민어류를 쓸 때마다 두골과 껍질을 많이 모아 둔다. 김장할 때 좋은 무와 연한 배추, 굵은 갓을 깨끗이 씻어 절이고, 외와 가지는 법대로 절이고, 아이 주먹만 한 호박도 절인다. 고추는 어린 것을 잎이 달린 채로 따서 항아리에 넣고 돌로 단단히 누른 후 냉수를 부었다가 쓸 때 내어서 여러 번 깨끗이 씻으면 연하고 좋다. 전에 모아둔 건어와 쇠고기를 넣어 진하게 달인다. 처음 독을 묻은 후 절인 채소에 청각·마늘·생강·고추 등을 넣고, 미나리는 깨끗이 씻어 사이사이에 넣은 다음에 그 위를 두껍게 덮

릉깍두기[55] 등을 들 수 있다. 명태무섞박지와 명태서더리깍두기에 대해서 서술하고자 한다.

명태무섞박지는『오주연문장전산고』「산주자미변증설」에 실려 있는 내용을 적었다.『오주연문장전산고』에서 아래의 내용 앞부분에 일부 생략이 되어 있기 때문에, 정확한 명칭은 알 수 없지만, 그 내용을 보아 명태무섞박지라고 생각된다. 또한 아래의 내용을 보면, 북어라 하였는데, 전통시대에는 북쪽에서 내려온 물고기라는 뜻으로 북어라 불렀다. 그렇기 때문에, 북어라는 명칭을 사용하고 있지만, 이는 마른 명태가 아닌 생태나 혹은 동태로 보인다.

<그림 10> 명태무섞박지[56]

무와 배추를 절일 때 소금으로 절이거나 혜즙(醯汁)으로 절인다. 이미 일상적으로 행하는 방법이기 때문에 반드시 고쳐서 기록할 필요는 없다. 호박을 섞어서 절이기에 이르렀으나, 다른 사람이 혹 그 방법을 알지 못한다. 가을서리가 아직 내리기 전에 주먹만 한 호박을 취하고 밤만 한 달걀은 담는다. 오이[胡瓜]를 거두고 참외를 심을 때

는다. 어육 달인 물이 싱거우면 거기에 무절인 물을 가득 붓는다. 그 다음에 항아리를 두껍게 싸고, 항아리 위를 흙으로 덮었다가 세말춘초(歲末春初)에 어육침채를 먹으면 훈감하고 절미하다. 침채는 무와 배추를 썰지 않고 통째로 담근다.

55) 강릉깍두기는 북어대가리를 넣어 깍두기를 담그는 것이다.

56) 한복려,『우리가 정말 알아야 할 우리 김치 백가지』, 현암사, 1999, p.109.
본문의『오주연문장전산고』와 만드는 법을 비교하기 위하여 위의『우리가 정말 알아야 할 우리 김치 백가지』에 실려 있는 담그는 법을 소개하고자 한다. 절인 무와 무청, 배추를 합하여 고춧가루를 넣고 붉게 물들인 후 마늘과 생강 등 양념을 섞는다. 갓·미나리·대파를 넣고 가볍게 섞은 후 새우젓과 4㎝ 길이로 토막을 낸 생태를 넣고 소금 간을 더하여 버무린다. 생태 머리와 아가미는 항아리 밑에 깔고 버무린 김치를 눌러 담고 우거지를 덮는다.

역시 또한 남은 오이를 거두어들인다. 또한, 가지[茄子]·동아[冬瓜]·푸른 고추[青蠻椒] 그리고 초피나무 잎[椒葉]·무와 배추·갓[芥菜]·파[蔥]·마늘[蒜]·천초(川椒)·생강(生薑)·미나리[青芹]·달래[野蒜]·부추[韭薤]를 취하여 모두 소금으로 절여서 담근다. 담글 때 또한 북어를 네 등분해서 머리와 꼬리를 버리지 말고, 또한 미리 북어 머리를 가게와 술집에서 구하여 모두 깨끗이 씻고, 모두 섞어서 담는다. 곧 호박[南苽]이 먼저 익으니, 연하고 부드러워진다. 여러 고(苽) 또한 그러하다. 북어와 북어 머리도 부드러워져 뼈가 없으니, 가히 노인도 먹을 만하다. 만일 혜즙(醯汁)을 써서 가라앉히면 더욱 좋고, 만일 해즙(醢汁)이 없다면 경성 남쪽 문 밖 7패(牌)를 따라서와 성 내에 이현(梨峴) 네거리 등에 어시장에 가서 소금에 절여서 비늘이 부서져 떨어진 여러 물고기를 몇 말 산다. 물과 함께 상당히 졸이면, 그 즙은 채소를 절이는데 쓰기에 매우 좋다. 물고기는 냄새와 맛이 있으므로, 위가 허는 것을 진정시킬 수 있다.[57]

위의 내용을 보면, 무와 배추를 절일 때 각종 재료를 함께 넣어 절여 익히는데 이때 명태도 같이 넣어 익혀 먹는다. 또한 명태는 삭으면 부드러워져 뼈가 없을 정도라 하고, 혜즙(醯汁)이 없는 경우에는 생선을 사서 물에 달이고 그 달인 물로 김치를 담그

<그림 11> 명태서더리깍두기[58]

는데 이것은 위가 허는 것을 진정시킬 수 있다고 한다. 앞에 2－3장 19세기 명태요리의 분화에서 보았듯이, 명태의 맛과 효용이 매우 뛰어남

---

57) 이규경, 『五洲衍文長箋散稿』「山廚滋味辨證說」

58) 한복려, 『우리가 정말 알아야 할 우리 김치 백가지』, 현암사, 1999, p.92.

을 알 수 있다.

다음으로 명태서더리깍두기에 대해서 보자. 명태서더리깍두기는 현재 강원도에서 유명한 음식으로, 깍두기의 일종이다. 만드는 법은 깍둑하게 썬 무에 고춧가루를 넣어 고루 버무려서 빨갛게 색을 들인 후 소금을 넣어 간을 한 다음, 다진 마늘, 생강과 생태 아가미를 넣고 버무린 후 쪽파는 가볍게 섞는다. 부족한 간은 소금, 설탕으로 맞추고 항아리에 꼭꼭 눌러 담는다.[59)]

Ⅳ. 나오면서

다양한 이름을 가지고 있는 명태는 그만큼 서민들에게 친숙한 물고기이다. 그런데 이 명태를 요리해서 먹기 시작한 것은 그리 오래되지 않았다. 명태가 잡히기 시작한 것은 조선 중기이며, 요리를 해서 먹기 시작한 것은 그 이후라고 보여 진다. 또한 명태는 생선 중에는 하품으로 취급되어 양반계층이나 왕실에서는 그다지 먹지 않았다. 다만, 특이하게도 제수용품으로 쓰였다. 이러한 명태는 그 생김새나 요리법이 대구와 비슷하다. 그러한 까닭으로 대구가 귀해지자, 대구의 역할을 명태가 대신하게 되었으며, 이로 인한 문제가 발생하기도 하였다. 명태를 다양한 방법으로 요리해먹은 것은 18~19세기부터이다. 물론 그 전에도 탕이나 찜 등과 같은 요리법이 있었지만, 이 시기에 오면 요리법이 많이 발전하게 된다. 이에 대해서는 『오주연문장전산고』와 『시의전서』에 잘 나타나있다.

명태가 일반 민들에게 인기가 좋았던 것은 그 맛도 맛이거니와 효능 면에서도 뛰어났기 때문이라 생각된다. 지금은 머리가 안 좋거나 속이

---

59) 한복려, 『우리가 정말 알아야 할 우리 김치 백가지』, 현암사, 1999, p.92.

안 좋은 경우, 병원을 가거나 약국을 가서 처방을 받고 약을 먹으면 낫는다. 또한 다양한 방법으로 영양분을 섭취할 수 있다. 하지만, 과거에는 일반 민들이 약을 사 먹기에는 부담이 컸다. 또한 충분한 영양분을 섭취하는 것 역시 부담이었다. 그런데 명태의 경우에는 가격도 저렴하고 단백질 등 사람 몸에 꼭 필요한 좋은 영양분이 많이 들어 있어서 백성들에게 꼭 필요한 생선이었다고 생각된다. 그러한 연유로 어획량이 급격히 들어났다고 생각한다.

명태는 어획량이 늘면서 다양한 요리법이 발달하였는데, 북어국·동태탕·동태찌개·북어찜·북어구이·명란젓·창난젓·서거리젓·명태식해·명태서더리깍두기·명태무섞박지·어육김치·동태순대 등이 있다. 이렇게 여러 종류의 요리법으로 만들 수 있는 명태는 크게 동태·북어·생태로 나눌 수 있으며, 이번 글에서는 동태와 북어 그리고 발효식품에 대해서 집중적으로 다루어보았다.

명태는 이제까지 살펴본 바와 같이, 물고기 종류 중에서 조금은 독특한 존재이다. 우선 명태·북어·코다리·노가리·동태·생태 등 다양한 이름을 가지고 있다. 둘째, 저렴한 가격에 비해서 영양가가 뛰어나고 그 효능이 좋아서 약용으로도 쓰였다. 셋째, 탕·국·찌개·구이·무침 등 다양한 요리가 가능하며, 특히 독특한 음식문화가 발달했는데, 그 예로 들 수 있는 것이 명태서더리깍두기나 명태무섞박지, 동태순대이다.

이제까지 사료에 나타나는 명태의 약용으로서의 쓰임, 음식류들에 대해서 알아보았다. 그런데 명태는 본 글에서 다룬 것 외에도 더 많은 요리법들이 있을 것이며, 제수용품으로 쓰인 것으로 보아, 저렴한 서민의 음식이지만, 또 다른 모습을 지닌 명태가 있을 것이다. 이에 대해서는 추후에 알아보고자 한다.

명태와 관련된 민속과 속담

전지혜*

Ⅰ. 서론
Ⅱ. 민간신앙에서 나타나는 명태의 기능
  1) 제물적 측면
  2) 액막이 측면
Ⅲ. 명태의 특성에 관련된 속담
Ⅳ. 결론

Ⅰ. 서론

명태는 우리와 일상생활에서 어느 정도 친밀한 관계일까. 흔히 과음한 다음날 아침이면 해장국으로 북어국을 찾고, 즉석생선국으로는 유일한 '즉석북어국'이 슈퍼 진열대에 올려져있으며, 제사상에 북어가 없는 낯선 광경은 상상하기 힘들 것이다. 이러한 친숙함은 과거 어획량과 관련된다. 해방 무렵까지만 해도 함경남도, 강원도, 함경북도, 경상북도 순으로 상당한 어획이 있어, 멸치, 조기와 함께 우리나라의 대표적인 어류가 되었다. 그리고 과거 전국 명태 어획량의 절반 이상을

차지했던 거진항과 대진항을 끼고 있는 강원도 고성군에서는, 현재 명
태를 군어(郡魚)로 지정하여 해마다 축제[1] 를 벌리고 있다.

그러나 현재는 따뜻해진 수온으로 인하여 강원도를 비롯한 동해연
안에서 지방태라고 불리는 명태는 씨가 마른상태이고, 남한에서 소비
되는 명태는 북태평양 원양어업이나 수입으로 그 대부분을 충당하고
있다.[2] 하지만 원양어업으로 잡히는 원양태는 주로 얼린 상태로 항구
에 들어오기 때문에, 크기는 지방태보다 크더라도 맛과 영양면에서 옛
부터 민간요법에 효능을 발휘하던 지방태를 따라가지는 못한다고 한
다.

문헌상으로는 명태를 즐겨먹게 된 시기에 관한 정확한 기록이 없지
만,『승정원일기』효종3년 기사에 처음으로 명태라는 명칭이 등장하
는 것을 통해서 중기 무렵부터라고 추측할 수 있다. 이보다 앞서『신증
동국여지승람』제50권 함경도의 경성도호부, 명천현에도 일찍이 토산
물에 명태로 추정되는 '무태어(無泰魚)'라는 명칭이 보이는데, 실제
'무태어'가 당시 명태를 지칭한 것인지 아니면 다른 어류를 지칭하는
것인지는 아직 정확히 알 수 없다. 그러나 이후의 기록[3] 등을 살펴보

---

* 부경대학교 사학과.

1) '고성명태축제'는 1999년에 시작된 축제로, 강원도 고성군의 거진항을 중심으로
   해마다 2월 정월대보름을 전후하여 3일 동안 열린다.
2) 권삼문,『동해안 어촌의 민속학적 이해』, 민속원, 2001, 151－153쪽.
3) 이규경,『오주연문장전산고』, 萬物篇, 蟲魚類,「북어변증설」. "我東東北海中有一魚。
   狀狹而長尺餘。巨口細鱗。色淡紅黑。腦有橢圓骨如南瓜子。腹有卵。顆細而黏。又
   有如羊脂猪胰者。名曰膏脂美。其名曰北魚。俗其稱則明太。春漁曰春太。冬捉曰冬
   太。以至月登諸市曰凍明太。卵醢曰明卵。生者肉鬆味淡。乾爲養。遍于一域。一尾
   數文。直同四方。爲日用常饌。而閭巷細民。以此爲脯脩享神。儒家貧匱。亦充籩
   豆。物賤用貴者也."; 김기수,『日東記游』제3권, 물산(物産)26칙. "北海有魚，其名曰，
   明太，亦名北魚，北之魚也，其生也，水遊活潑，不足値惠子之賞，其死也，盤飧
   滋味，不足享侯門之貴，特其産繁，而其値賤耳，故我之人，窮山絶峽，黃白婦
   孺，無不識北魚者，今見博物院鱗族之設，獨不見北魚，彼亦言所無者此云"

면 조선중기 이후 서민들의 일상생활에서 명태는 널리 보급되었고 쉽게 접할 수 있었던 어류인 것을 알 수 있다. 따라서 그만큼 부르는 명칭도 다양하다.[4] 그 이름의 유래에 관해서는 이유원의『임하필기』[5]에서 살펴 볼수있다.

그리고 과거부터 현재까지 이어져 오는 관혼상제, 고사, 민속놀이와 신장개업한 가게 등에서 우리는 쉽게 명태를 접할 수 있다. 이것은 즐겨먹는 음식물로서만이 아니라 우리의 민간신앙과도 중요한 관계를 맺고 있음을 보여주는 것이다. 여기서는 민간신앙에 나타나는 명태의 기능을 신성한 제물과 인간 대용의 액막이로 구별[6]해보고, 명태의 특성과 관련지어 만들어진 속담을 살펴보겠다.

Ⅱ. 민간신앙에서 나타나는 명태의 기능

1) 제물적 측면

이 장에서는 명태의 기능 중 신성함을 상징하는 제물로서의 성격을

---

4) 망태(그물), 조태(낚시), 동태(원래는 동해안 지방에서 잡히는 것, 지금은 냉동명태), 지방태(동해에서 부르는 명칭), 선태(신선한 명태), 원양태(원양에서 잡히는 것), 왜태(함경남도에서 아주 큰 명태), 애태·애기태(함경남도에서 아주 작은 명태), 막물태(마지막 어기), 강태(동해안에서 동건한 질 나쁜 마른 명태), 간태(강원도 간성연해에서 잡아 동건), 은어바지(도루묵 쫓아 내유), 섣달바지(음력 12월초순 오는 떼), 동지바지(동지전후), 더덕북어(신포 덕장, 황태), 노가리(명태새끼), 북어(말린것), 코다리(반쯤 말린 것) 등 함경도에서 월별로 잡히는 명태는 일태, 이태, 삼태, 사태, 오태라고도 한다. (권삼문, 「명태잡이가 황태 아닌 게맛살을 만든다」, 『실천민속학』 3, 실천민속학회, 2001, 142쪽.).

5) 『임하필기』 제27권, 「春明逸史」, 명태.

6) 제수용과 축귀용으로 구별하여 전자를 신들이 좋아하는 기호식품, 후자를 귀신을 쫓아내는 기능으로 보는 견해도 이와 비슷하지만(김의숙, 「황태 덕장 연구」, 『강원문화연구』17, 강원대학교 강원문화연구소, 1998, 54쪽), 이 글에서는 좋지 못한 것을 사전에 막는 측면을 중심으로 하였기 때문에 '액막이'라는 용어를 썼다.

<그림 1> 통북어의 큰 눈과 입

살펴보겠다. 비린내가 나지 않고, 말린 것이 제 모습을 잃지 않는다고 해서 명태는 일반 제례나 고사에 흔히 등장한다. 이것과 관련된 정확한 유례는 알 수 없다. 단 천지신명에게 바치는 신성한 음식은 어느 한군데도 버려서는 안된다고 하는 불문율이 있는데, 명태야 말로 한 부분도 빠짐없이 다 먹을 수 있는 생선이라는 것이다.[7] 다른 견해로는 일반적으로 명태는 머리가 크고 많은 알을 낳는데, 사람으로 치자면 훌륭한 자손을 많이 두고, 많은 알처럼 부자가 되게 해 달라는 기원을 담을 수 있는 대상이기 때문이다.[8]

그리고 신을 모시는 제사에서는 제물이라는 측면이 크지만, 민간에서 행해지는 고사나 굿에서는 제물과 액막이라는 측면을 동시에 가지는 것으로 보인다. 이처럼 널리 사용된 배경으로는 명태의 가공법의 발달과도 연관이 있다. 왜냐하면 명태는 가공된 상태로 전국적으로 유통되었고, 장기간 보관이 가능하기 때문이다. 또한 건조 후에도 머리와 눈을 온건하게 가지고 있다. 이와 같은 모습은 마치 미라와 비슷하여 사람을 대신하여 액막이로 쓰이고, 신성한 제물로 제사나 고사에 올려졌을 것이다.

신에게 바치는 신성한 제물이라는 측면에서, 강원도 횡성군 갑천면

---

7) 국립수산과학원, 『수변정담』, 2005, 56쪽.

8) 윤덕인, 「강원도 민속제의의 제물에 관한 연구」, 『비교민속학』30, 비교민속학회, 2005, 455쪽.

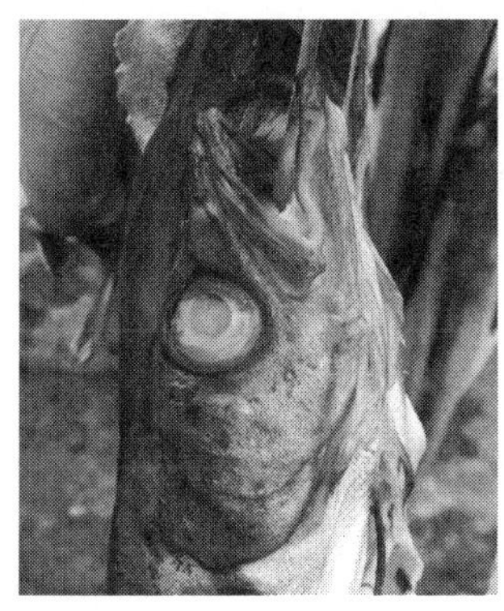

<그림 2> 건조 중인 명태의 눈

포동리에 내려오는 설화를 소개하고자 한다. 이 마을에는 산신제를 개인적으로 지내는데, 시루떡과 북어포를 올려놓고 정성을 들인다. 어느날 며느리가 산에 치성을 드리려고 북어를 준비해 두었는데, 시어머니가 모르고 눈을 빼먹었다. 그 사실을 모른 며느리가 산에 올라가다 뱀을 보게 되고, 결국 호랑이를 보고 집으로 뛰어왔다. 그 말을 전해 들은 시어머니가 사실을 말하고, 그런 일이 있은 후로는 치성드릴 음식에 일체 손을 대지 않게 되었다고 한다.9) 신에게 바치는 제물은 정성을 다해야 한다는 것을 설화적으로 표현한 것인데, 특히나 어류인 북어에게 있어 항상 뜨고 있는 눈은 중요한 상징성이 있는 것으로 이해된다.

어류에게 있어 눈의 신성함은 사찰에서도 찾아 볼 수 있는데, 대표적인 것이 작은 종 안에 추를 달아서 붕어 모양을 매달은 풍경(風磬)이다. 여기서 매달린 붕어는 항상 눈을 밝게 떠서 수행에 정진하라는 의미를 가진다. 불구(佛具) 중에서 목어(木魚)도 같은 의미를 가지고 있다. 또한 전통가구인 꽤, 반닫이, 뒤주 등의 자물통을 물고기 모양으로 만든 것은, 밤낮으로 눈을 감지 않기 때문에 귀중품을 잘 지키라는 의미가 있다.

그리고 눈에 티가 들어가면 종이에 몸 3개 눈이 하나인 물고기를 그려놓고 그 눈에 못이나 가시를 꽂은 후, "물고기야 물고기야, 내 눈의

---

9) 김의숙·전상국, 『강원전통문화총서』, 국학자료원, 1997, 67쪽, 678쪽.

티를 빼 주면 네 눈의 가시도 빼 주지."하고 주문을 외우는 풍습이 있었다고 한다. 이것 역시 물고기가 소원을 해결해 주는 수호신적 역할을 담당하고 있는 존재라는 인식에 바탕을 둔 것으로 볼 수 있다.[10]

2) 액막이 측면

명태와 관련되어 현재까지 행해지고 있는 다양한 민속들에 대한 정확한 유래는 알려져 있지 않다. 다만『日東記游』제 3권 물산 26칙에 "자양(慈養)이 적어 공후귀족(公侯貴族)에게는 접대할 수도 없다. 다만 그것이 많이 나고 그 값이 싼 까닭으로, 우리나라 사람은 심산궁곡(深山窮谷)의 노인과 여자, 어린아이들까지도 북어를 모르는 사람은 없다."라는 기록을 통해서 조선후기가 되면 이미 명태의 어획량이 늘어나서 전국적으로 보급된 것을 짐작할 수 있다. 아마 이 무렵부터 자연스럽게 명태에 관한 다양한 민속이 발생하였을 것이다. 또한 저렴한 가격으로 백성들은 선호했으나, 상류층은 오히려 명태를 즐겨먹지 않았던 것도 짐작할 수 있다.

이 장에서는 서민들의 일상생활 또는 민간신앙으로 전해오는 명태와 관련된 액막이 사례를 살펴보겠다. 일상생활에서 예상치도 못한 불행이 닥쳤을 때 사람들은 흔히 '액땜했다'라는 말로 위안을 삼곤 하는데, 이 말은 작은 불행이 대신 와서 오히려 큰 불행을 미연에 막았다는 안도의 표현인 셈이다. 즉, 나쁜 화를 입을 사람을 대신하여 액을 막는 민속으로, 명태는 조상을 모시는 제사상만이 아니라, 우리의 민간신앙에서 인간의 대용물이 되어 인간이 받을 액을 대신 받았던 것이다.

흔히 새로 구입한 집터에 기가 세다고 하면 몰래 마당에 북어를 묻

---

10) 김의숙(1998), 앞의 글, 55쪽.

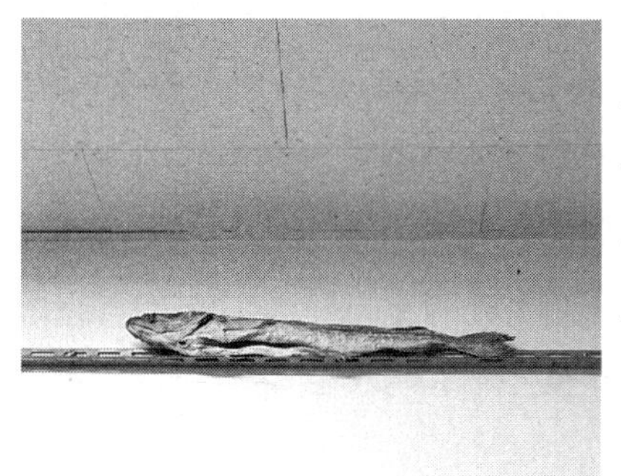

<그림 3> 신장개업한 가게 천장 밑

기도 하고, 묘 자리를 잡은 후 가묘(假墓)를 할 때에도 북어를 묻는 풍습이 있다. 그리고 전염병이 돌 때는 북어 3마리를 삼줄로 7번 묶어 상가(喪家)의 추녀 밑에 묻었다고 한다. 여기서는 명태가 사람을 대신하여 액을 당하는 매개물(인간대용)이 되는 것으로, 건조한 후에도 머리와 눈을 온전하게 가지고 있기 때문이다. 이를 무속에서는 대수대명(代數代命)이라고 한다. 그리고 전통가옥을 지을 때 중요한 통과의례인 상량식에도 북어가 사용되는데, 대들보를 올릴 때 실타래로 북어를 묶어 함께 올린다.

명태와 관련된 금기로는 임신 중에 북어 가시를 먹으면 태어날 아기의 팔다리에 혹이 나는데, 임신 사실을 알고 먹으면 부모가 살아있을 때 혹이 나고, 모르고 먹었으면 부모 사후에 혹이 난다고 한다. 또 임신 중에 북어대가리를 먹으면 태어날 아기의 손가락에 흠집이 난다고 한다.[11] 그리고 어촌에서는 임신부에게 생선을 잡거나 다루는 일을 시키지 않는다. 어업과 관련해서는, 대가 끊기는 것을 막기 위해 한 배에 부자(父子)가 함께 승선하지 않는데, 강원도에서는 특히 명태연승어선에 부자(父子)가 절대로 함께 승선하지 않는다고 한다. 그 이유는 낚시줄을 잡아당길 때 호흡이 잘 맞지 않으면 고기를 놓치게 되므로, 부자간의 정의가 손상되는 것을 막기 위한 것이다.[12]

---

11) http://kordic.encyber.com 두산백과사전 검색.
12) 김의숙 외(1997), 앞의 글, 54－55쪽, 678쪽.

다음으로는 강원도 지역에서 전해지는 명태와 관련된 액막이 행위 몇 가지를 소개하겠다. 화천의 세시 풍속 중에는 어부식(魚鳧食)이 있다. 이것은 정월대보름을 전후로 물가에서 행해지는 액막이 민속인데, 이 때 행해지는 액막이와 관련된 민속은 명칭이나 방법이 지역에 따라 다양하다. 그리고 그 분포는 전국적이지만 강원도와 경기도 지역을 중심으로 전승되고 있으며, 행위는 주로 집안의 할머니나 어머니가 중심이 된다.

어부식의 행사 가운데서도 '제웅치기'라는 것이 있는데, 흔히 '허수아비 버리기'라고 한다. 이것은 정초에 점을 봐서 그 해 죽을 운이 있는 사람을 위한 액막이로, 짚으로 허수아비를 만들고 사람이 죽었을 때 처럼 묶고 그것에 성명 생일 주소를 써서 밖에서 빌면서 태우는 것이다. 그러나 화천 지방에서는 특이하게도 허수아비 대신 북어에 오색천을 묶어 태운다고 한다.[13)]

'제웅치기'는 한국의 세시풍속을 다룬『동국세시기』[14)]에 나오는데, "나후직성이 되는 사람은 짚으로 추영(방언으로 *處容*)을 만들어 머리 속에다 동전을 집어 넣고 보름날 전날인 14일 밤 초저녁에 길에다 버려 액을 막는다. 이때에 아이들은 문 밖으로 나와 추영을 달라고 한다. 그래서 그것을 얻으면 머리 부분을 파헤쳐 다투어 돈만 꺼내고 나머지는 길에 버린다. 이것을 타추희라 한다."라고 하였다. '나후직성'은 9년 마다 돌아오는 나쁜 운을 가진 해로, 이때 짚으로 사람형상을 만든

---

13) 이학주,「화천의 세시풍속 어부식에 대한 고찰」,『강원민속학』21, 강원도민속학회, 2007, 279－280쪽, 286－287쪽.

14)『東國歲時記』, 정월 상원(上元) 풍속. "男女年直羅睺直星者 造芻靈 方言謂之處容 齋銅錢於顱中 上元前夜初昏 棄于塗 以消厄 群童遍向門外呼出處容 得便破顱 爭錢 徇路而打擊之 謂之打芻戲 處容之稱 出於新羅憲康王時 東海龍子之名 今掌樂院鄉樂部 有處容舞 是也………(중략) 俗最忌處容直星"

것을 '처용'이라 하였다. 따라서 고대부터 액막이 역할을 한 처용이 허수아비형상으로 변하고 화천 지방에서는 북어로 변화된 것을 알 수 있다. 북어를 사용한 것은 지방적인 특색과도 연관이 되지만 실용적인 면이나 경제적인 면을 보더라도 허수아비보다는 북어가 효율적이지 않을 까 한다.

인제군에서도 이와 비슷한 액막이 행위가 있다. 점을 쳐서 좋지 않으면 계란, 동태 등과 당사자의 손톱, 발톱을 깎아 속옷에 싸고 종이에 그 사람의 이름을 써서 함께 넣어 사람이 많이 다니는 사거리에 묻는 것으로, 이것은 나쁜 액을 밟아 없애는 의미를 가지고 있다.[15] 여기서는 건명태인 북어가 아니라 냉동된 동태를 사용한 것이 특이하다. 앞서 서술한 이와 같은 행위의 목적은 앞으로 닥쳐올지 모르는 재액을 북어가 대신 받음으로써 인간의 위기를 사전에 면하게 하는 것이다.

그 밖의 사례로는 '혼례 때 신부 집에서 함을 들일 때 부정을 가시기 위해 떡시루나 붉은 천위에 함을 올린 뒤 북어로 함을 두드린다.', '삼재인 사람은 자기가 입던 적삼에 마른 명태 한 마리와 달걀 한 개를 싸서 네거리 길에 버린다.', '그해 신수를 보아 좋지 않으면, 다음날 새벽에 마른명태에 자기 이름과 생년월일을 쓴 종이를 짚으로 묶어 네거리에 묻거나 버린다'는 등의 풍속도 있다.

명태는 인간의 대용물로서만이 아니라 다양한 대상의 대용물로 이용되는데, 그 중에서 나무를 벌채할 때의 위령제 과정 중 소지매기라는 민속에서 나타난다. 이 행위는 벌채하는 나무가 쓰러질 때 옆 나무에 해가 되는 것을 방지 하기 위한 것으로, 옆 나무에 흰실타래나 한지로 북어를 매다는 것이다.

---

15) 김의숙 외(1997), 앞의 글, 403쪽.

　그렇다면 왜 하필 액막이라는 주술적인 관념에 북어를 사용했을까. 전통사회에서 다산과 풍요는 하늘로부터 부여받은 신성함의 상징이다. 또한 그러한 신성함이 인간의 액을 막아 줄 수 있는 주술적인 의미로도 작용되었을 것이다. 또한 서민들이 쉽게 접할 수 있었던 어류였기 때문에 다양한 민속에 이용되었다. 큰 머리와 입, 밝은 눈, 많은 알, 그리고 떼지어 다니는 습성을 가진 명태는 희소하지는

<그림 4> 소지매기

않았지만, 당시 사람들에게 음식으로서만이 아닌 인간과 신의 연결고리 역할을 담당했다.

　다음으로 전통적으로 전해오던 명태와 관련된 민속 중에서 가장 현대화된 사례를 살펴보고자 한다. 한번쯤 보거나 행했을 자동차 고사는 전통사회의 액막이 민속을 가장 현대화된 자동차에 접목시킨 것이다. 미신과 거리가 있는 단순한 기계를 상대로 한 것이지만, 인간이 주체가 되기 때문에 안전운행을 바라는 주술적인 행위는 앞에 나온 사례들과 별반 다를 바가 없다. 물론 그 방식에 있어서는 간략화되었지만, 일상생활에서 명태와 관련된 친숙한 민속 중 하나이다. 또한 '현대'와 '비과학적 미신'이라는 측면에서 본다면 상당히 흥미로운 사례라고 생각된다.

　자동차 고사에서는 차 앞에 제물(돼지고기, 떡, 과일, 술, 북어 등)을 진설하거나 북어, 소금, 팥 등으로 차체를 두드리는 행위를 하기도 한다. 또한 바가지, 계란, 북어 등을 바퀴 앞에 놓고 차를 움직여 깨는 사람도 있다고 한다. 이러한 행위는 모두 종교의례와 주물을 이용한 주

<그림 5> 차체 두드리기

술 의례가 결합된 형태라고 할 수 있으나, 주술적 의미에 보다 초점이 맞추어져 있음을 알 수 있다. 차 앞에 제물로 북어를 바치는 것은 앞서 설명한 바와 같이 하늘과 인간의 매개물인 북어의 신성함을 반영한 것이며, 차체를 두드리거나 북어를 밟는 행위는 액막이 행위이다.[16)]

고사가 끝나고 나면 북어를 명주실이나 무명실타래로 감아 차안에 매달거나 넣어둔다. 그리고 신장개업한 가게에도 북어와 실타래를 매달아 둔 것을 볼 수 있다. 여기서는 물론 액막이의 목적도 있겠지만, 북어는 건조된 상태로 오랫동안 보존되기 때문에 영원히 변치 않는 안녕을 바라는 의식도 반영된 것이다. 그리고 수호자라는 측면에서 보면, 명태는 물고기이기 때문에 항상 두 눈을 뜨고 있어 빛을 무서워하는 귀신을 쫓아내는 신성한 존재인 것이다.[17)]

Ⅲ. 명태의 특성에 관련 된 속담

앞서 명태의 일상생활에서 신성함을 상징하는 제물이라는 측면과 인간의 대용물이라는 측면에서의 액막이 기능에 대해 살펴보았다. 이 장에서는 어류로서 명태가 가지고 있는 성질 혹은 특성이 반영되어 만

---

16) 황경숙, 「영업용차량운전자들의자동차고사와속신」, 『한국민속학』42, 한국민속학회, 2005, 342－347쪽.

17) 김의숙(1998), 앞의 글, 54－55쪽.

들어진 속담을 살펴보겠다. 다양한 명칭과 속담이 만들어 전해지고 있다는 것은 그만큼 서민들에게 보다 친숙했다는 증거이기도 하다.

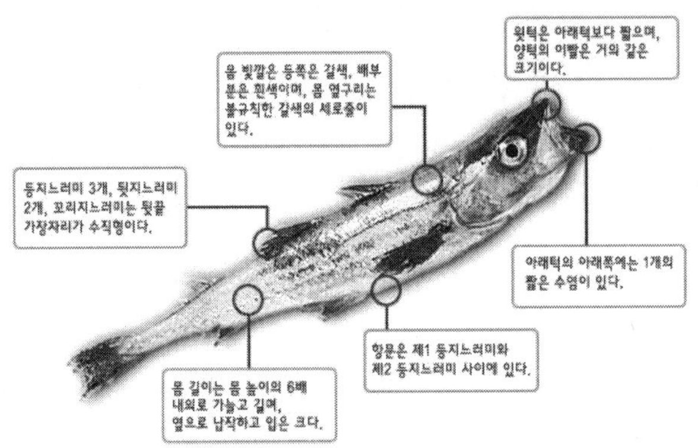

<그림 6>
명태의 생김새(고성명태축제http://www.myeongtae.com)

1) 명태의 포획 시기

─ 여름에 명태나 도루묵, 양다리가 개락이면 흉년

이 속담은 강원도 고성군 지역에서 쓰이는 농사와 관련된 속담이다. 한류성 어족인 명태, 도루묵, 양다리가 여름에 많이 잡히면 그 해 육지가 냉해를 입어 농사를 망치게 된다는 의미를 가지고 있다. 개락은 '많다'는 뜻의 동해 북부지방의 사투리이다.

명태는 수온이 1~10℃인 찬 바다에 사는 한류성 어족으로, 북태평양의 북부 베링해를 비롯하여 오호츠크해와 한반도 동해에 많이 서식하고 있다. 우리나라 동해에서는 봄부터 여름까지 중부 이북의 심해 중층에 서식하다가 가을 무렵 수심 200m 등심선 해저에 모여들고, 겨울에는 경상북도 강구(江口)와 포항 근해까지 남하한다.[18] 그리고 같은 한류성 어족인 도루묵[19]은 원래 '묵' 또는 '목어'라고 불리는 동해 생선이다.

도루묵에도 재미있는 속담이 있는데 '말짱 도루묵'이 그것이다. 이 속담은 열심히 했는데도 불구하고 결국에 모두 헛일이 되어 버린 것을 의미하는 것으로, 조선시대 선조가 함경도로 피난 갔을 때 한 어부가 '묵'이라는 물고기를 임금에게 바쳤다고 한다. 임금이 먹어 보니 너무 맛이 좋아 은어(銀魚)라는 이름을 하사했다. 전쟁이 끝난 뒤 서울로 돌아온 임금은 피난 때 먹은 은어의 맛을 잊지 못해 다시 청했으나, 그 맛이 예전과 달라서 도로 '묵'이라 부르게 했다고 한다. 그래서 '도루묵'이 되었다고 하지만, 실제로 선조가 함경도로 피난 간 일은 없다.[20] 『澤堂集』[21]에도 그 유래가 설명되어 있다.

그리고 도루묵과 명태에 관련된 속설로 "도루묵이 많이 잡히는 해에는 명태도 많이 잡힌다"는 말이 있다. 여기서 '은어받이'라고 하는 명태의 다른 이름이 생긴 것이고, '은어'는 도루묵의 함경도 지방의 방언이다. 산란시기가 도루묵이 11월~12월이고, 명태가 12월에서 4월인 것을 보면, 시기적으로 도루묵이 산란한 이후에 명태가 산란을 위해 연안으로 오는 것을 나타내는 말이다. 그리고 이때 명태의 먹이로는 잔새우와 멸치말고도 도루묵 새끼가 있다.[22]

---

18) 정기태, 『고기잡이 여행』, 바보새, 2004, 15쪽.

19) 수심 200－400m의 모래가 섞인 진흙 바닥에 서식하는데, 몸의 일부를 바닥에 묻은 채 지낸다. 서식하는 지역은 알래스카주, 사할린섬, 캄차카반도, 한국 동해 등의 북태평양 해역이 속한다.

20) 국립수산과학원, 『속담 속 바다이야기』, 2007, 44－45쪽.

21) 『澤堂集』, 택당선생집 제5권, 還目魚 詩.

22) 박승국·윤익병, 『조선의 바다』, 한국문화사, 1999, 181－182쪽.

2) 명태의 산란

─노가리를 푼다(노가리를 깐다.)

노가리[23]는 2~3년 된 명태 새끼를 말하는데, 한꺼번에 25~40만 개의 알을 낳는 명태처럼 말이 많다는 것을 빗대어 표현한 속담이다. 또한 말이 많기 때문에 그만큼 진실성이 결여되어 거짓말을 한다라는 의미도 있다. 노가리 중에서도 술집에서 안주로 사용되는 것은 10cm 도 안 되는 '앵노가리'이다.

명태의 수명은 10년~16년으로 3~5살에 짝짓기를 하는데 암컷이 알을 낳은 후에 수컷이 정자를 뿌려 체외수정한다. 그러나 성숙어로 되는 시기와 크기는 지역에 따라 차이가 있어 오호츠크해에서는 45cm 이상이 7세에 해당하는 것으로, 그 이하의 것이 산란하는 것은 얼마 되지 않는다고 한다. 동해에서는 체장(體長) 34cm정도로 약 3년이 되면 성숙어로 보고 있다. 12월에서 4월 사이에 산란하는데 그 중에서도 12월부터 1월 사이에 잡히는 명태가 가장 맛있다고 한다.[24]

우리나라에서는 명태의 어획량이 상당히 늘어난 것이 최근에는 조선후기의 소빙기와 관련되었다는 설도 있어, 해류의 변화와 더불어 우리나라 근해에서 많이 잡히는 어류가 되었을 가능성도 있다. 현대에 들어서는 1974년부터 수산당국의 노가리 포획 금지령이 폐기[25]되면

---

23) 보통 노가리는 "산란을 할 수 없는 20cm 내외의 2~3년생 미성어 명태"를 이르는 말이다. 국립수산진흥원에서는 "몸길이가 34cm에 이르지 못한 새끼 명태"를 '노가리'라 정의하고 있다

24) 정문기, 『어류박물지』, 일지사, 1974, 110-111쪽.; 한찬진, 「동해안의명태어업에관하여」, 『최고경영관리자과정논문집』, 부산수산대학교, 1992, 321-322쪽.

25) 수산국이 이때 폐기의 배경으로 들었던 것은, 첫째, 우리나라 동해안의 명태는 동해북부 및 일본 북해도서안에 분포하는 명태와 同一系群이며 산란량과 생존률이 높다. 둘째, 主산란장은 원산만 근해와 일본의 동북지방과 북해도 주변해역이며

서 당시 획기적으로 어획량이 늘어났다고 하는데, 일부 어민들은 이때 "노가리는 명태 새끼가 아니다"고 주장했다고 한다.

그러나 여기에는 정부의 정치적인 의도가 있었던 것으로 알려져 있다. 당시는 어선의 월북 조업이 잦았던 시기로, 정부는 이를 막기 위해 어로저지선을 남쪽으로 내려 잡았고 결국 명태 어장이 축소되어 어획량은 절반 가량으로 줄게되었다. 따라서 어민들의 원성을 가라앉히기 위해 정부가 내놓은 카드가 바로 노가리잡이었다. 이로 인해 70년대 중반부터 80년대 중반까지 노가리를 포함함 명태 어획량은 매년 10만 톤을 유지했다. 그러나 84년을 기점으로 어획량은 급격히 줄었으며 95년부터는 1만톤 이하로 떨어졌다.

분단되기 이전에는 북한의 원산이 소문난 명태 어장이었고, 현재 남한에서는 동해 명태어장의 최남단으로 강원도 고성군의 거진항을 들 수 있다. 우리나라 사람들이 연간 소비하는 명태는 약 30만톤 가량으로 추정되는데, 직접 잡아들이는 명태는 약 2만여 톤에 불과하다. 다시 말해 우리나라 명태 어획량은 수요량의 5분의 1에 불과한 것이 현실이다. 전문가들은 명태 어획량의 감소를 무분별한 남획과 기온이상화 현상의 복합적인 요인으로 인한 결과로 보고 있다.[26]

속담과 빗대어 정리해 보자면, 결국 70년대 당시 정부당국의 대처는 '노가리를 깐 것'이었고, 그로 인하여 "노가리는 명태 새끼가 아니다"는 허울을 뒤집어 쓴 채로, 바다가 아닌 80년대 술집에서 안주로 자리

한국해역에서의 산란은 문제시 되지 않는다. 셋째, 어업관계국 간에 명태자원 보존에 관한 보호조치나 규정이 없다. 넷째, 노가리에 대한 어획금지규정을 고수하므로서 어업경영면에서 막대한 혼란을 초래한 다는 등의 이유를 들었다고 한다. (김완주·허성회, 「노가리와 명태에 대한 형태학적 고찰」, 『해양학』13-2, 한국해양학회, 1978, 29쪽.).

26) 한겨레 21, 1999년 1월 28일 제243호. ; 김완주 외 1(1978), 앞의 글, 26-29쪽.

잡게 되었다. 그 결과 명태의 씨를 말린 것은 아닐까 한다. 물론 환경적인 요인도 크겠지만 명태는 평균수명이 긴 어류에 속하기 때문에, 어획량을 회복하기 위해서는 치어인 노가리에 대한 보호가 우선되어야 할 것이다.

3) 명태의 요리법

─여자와 명태는 3일에 한번씩 때려야 부드러워진다.
(명태와 계집은 때릴 수록 좋다, 명태와 여자는 두드려야 부드러워진다.)

이 때의 명태는 건명태 즉, 북어를 말한다. 이 속담에서 북어는 때릴 수록 부드러워 진다는 것은 이해가 되지만 계집까지 때릴수록 좋다는 것은 선뜻 이해가 되지 않는 부분이다. 우선 북어가 맞아야 하는 이유를 살펴보자면, 북어는 내장을 제거하고 적당한 바람과 햇볕에 말린 명태이다. 그러나 건조 방법에 따라 황태가 되기도 하는데 여기서는 아주 까다로운 조건이 따른다.

먼저 명태가 항구에 내려지면 밤새 배따기 작업이 벌어진다. 속이 빈 명태는 덕장에 도착해서 핏물을 빼기 위해 물에 잠시 담갔다가 덕장에 건다. 그 다음부터는 날씨가 황태의 질을 결정적으로 좌우하는데 영하 15℃가 되면 걸자마자 고드름이 꽁꽁 언다고 한다. 그 다음에 얼리고 녹이기에는 삼한사온의 날씨가 규칙적으로 반복되어야 한다. 이렇게 건조된 황태의 살은 스펀지처럼 부슬부슬 해지며 결이 부드럽고 누르스름한 빛이 나게 되는데, 마치 말린 더덕과 비슷해서 '더덕북어'라고도 부른다. 이처럼 까다로운 자연조건 때문에 덕장 사람들은 황태를 "하늘이 내린 선물", "하늘과 사람이 함께 하는 동업"이라고 한다.

그리고 황태를 말리는 덕장은 분단 이전에는 명태가 가장 많이 생산되던 함경도 원산이었지만, 이후에는 원산과 비슷한 겨울 날씨를 가진 강원도 용대리와 횡계리가 유명하다.[27]

이처럼 황태는 까다로운 자연조건 속에 탄생된 명태의 업그레이드로, 적당하게 말린 북어와는 과정과 노력의 정도가 확연히 다름을 짐작할 수 있다. 북어는 포가 아니면 바로 구입하여 요리를 하기에는 너무 딱딱하다. 그렇기 때문에 3일 간격으로 북어를 때려서 살을 부드럽게 만들어야 했을 것이고, 그 과정을 몇 번 반복하면 비로소 적당히 살이 부드러워져서 음식을 만들어 먹을 수 있었을 것이다. 신이 내린 자연조건 속에서 살이 부드러워 지는 황태와는 달리 북어는 인위적인 도구를 이용해서 부드럽게 만든 것이다.

이와 반대로 북어가 도구로 이용되는 사례도 있는데, 혼인 풍습 가운데서 동상례(東床禮)가 그것이다. 흔히 '신랑다루기'라고 하는데, 신부집에서 동네 청년들이 신랑의 두발을 묶어 몽둥이로 발바닥을 때리는 것을 말한다. 이때 주로 북어를 사용한 것을 볼 수가 있다. 신랑은 혈액순환에 좋고 북어는 부드러워지니 일거양득이 된다.

그렇다면 계집도 때릴수록 좋다는 것은 어떤 연유로 북어와 결합되었는지 살펴본다면, 정확한 유래는 보이지 않는다. 흔히 두 가지 속설이 있는데, 첫째로 사회가 지금보다 가부장적일 때는 여성에 대한 남성의 폭력이 더 잦았기 때문에, 매일 때리는 것을 경계하기 위해서 북어처럼 3일에 한 번씩만 때려야 한다는 것이다. 두 번째로는, 이때 몽둥이는 단순한 도구가 아니라 성과 관련된 남성의 생식기를 나타내는

---

27) 황교익, 「토속음식으로 탈바꿈한 황태덕장의 맛」, 『지방행정』50, 대한지방행정 공제회, 2001, 92－94쪽.; 김의숙, 「명태덕장연구」, 『강원민속학』13·14, 강원 도민속학회, 1998, 참조.

것으로 보는 것이다. 때문에 부부간의 성관계는 3일에 한번 씩 하는 것
이 가장 적당하다는 것을 비유적으로 표현했다는 속설도 있다.

4) 명태의 유통

─북어 값 받으러 왔나

이 속담은 남에 집에서 할 일 없이 낮잠이나 자고 있음을 비꼬는 속
담이다.[28] 북어는 날생선과는 달리 보관이나 내구성이 뛰어나서 전국
적으로 보급되기에 유리했기 때문에, 이러한 속담이 나올 수 있었던
것으로 보인다. 조선 중기 이후 명태와 관련된 유통구조를 살펴보자
면, 간단하게는 4단계로 구분지어 진다. 당시만 해도 어업자는 영세했
기 때문에 대부분 객주를 통해서 고리대나 전대제를 통해 자금을 공급
받고, 객주는 이를 공급받아서 덕장에 넘기고 다시 소매상에게 넘기
면, 소매상은 소비자와 접촉하게 되는 단계이다.

당시 객주는 어획물의 집산지 즉 출매선의 근거지에 존재하면서, 어
류의 위탁판매, 운반업자에 대한 자금대부, 숙박, 중개거래, 보관 등을
담당했다. 생산자 다음의 도매상으로 볼 수 있는데, 도매상인 객주로
부터 물품을 공급받은 소매상은 좌상(坐商)과 행상(行商)이 있다. 소
매상은 소비자와 가장 가까운 단계로, 좌상은 점포를 가진 상인을 말
하는데 주로 한양을 중심으로 하고 일부 도시에서만 발생했다. 그러나
행상은 육상과 수상으로 나누어지는데, 육상에 속하는 보부상은 상품
유통과정에서 전국의 정기시장을 순회하거나 혹은 촌락을 다니면서
상품을 판매하였다. 이 속담에서의 대상은 육상에 속하는 보부상으로
추측된다. 더욱이 당시 상업과 교통이 분화되지 못하였기 때문에 보부

---

28) 국립수산과학원, 『속담 속 바다이야기』, 2007, 60쪽.

상의 역할은 매우 컸을 것이다.[29]

이러한 과정을 속담과 관련지어 생각해 본다면, 중기 이후 명태의 생산량은 급증했고 이에 따라 전국적으로 명태의 소비량도 늘어 났을 것이다. 특히 원산은 명태의 최대 생산지였기 때문에 육지로 운반 후 바로 덕장으로 옮겨, 건조 후에 각 지방으로 운반하기 위해서는 특히 보부상의 역할을 컸을 것이다. 날생선이 아니기 때문에 부패되지 않았을 것이고, 물기가 없기 때문에 묶어서 지고 다니면서 팔기에 편리했을 것이다. 또한 많은 공급량으로 인해서 가격 역시 저렴하여 방방곡곡으로 팔려나갔다.

따라서 북어의 특성상 신선도를 위해 보부상이 시간에 구애 받지 않았을 것이다. 또한 장기간 보관이 가능하여 보부상은 꾀를 내어 객주에게 위탁판매하고, 그 북어가 다 팔릴 때까지 한 곳에서 머무르면서 할 일 없이 먹고 자면서 돈 받을 날만을 기다리는 경우도 있었을 것이다. 이는 명태가 북어가 되지 못했다면 만들어 질 수 없었던 속담이다. 생선은 신선도가 생명이기 때문에, 마냥 기다릴 수 없기 때문이다.

5) 기타 속담과 서민적인 명태의 특성을 반영하는 속담

그 밖에 속담을 소개하자면, "북어 껍질 오그라들 듯"은 구우면 형편없이 오그라드는 북어 껍질의 성질에 빗대어 재산이 점점 줄어드는 것을 표현한 속담이다. 껍질과 관련된 말로는 "이 사람 눈에 명태껍질 발랐나"라는 것이 있는데, 이것은 가까이 있는 물건을 빨리 찾지 못할 때 쓰는 말이다. 명태가 흔한 지방에서는 눈병이 났을 때 안대 대신에

---

29) 수협중앙회어촌지도과, 『한국수산발달사』, 1966, 179 − 197쪽.; 박구병, 「한국명태어업사」, 『논문집』20, 부산수산대학교, 1978, 참조.

마른 명태 껍질을 물에 적셨다가 눈에 발랐기 때문에 생겨난 말이라고
한다. 그리고 입술이 터졌을 때도 붙이면 효과가 있다고 한다.[30] 이 외
에도 "명태 만진 손 씻은 물로 사흘을 국 끓인다."는 몹시 인색한 사람
의 행동을 조롱하는 의미로, "명태 한 마리 놓고 딴전 본다"는 겉으로
보이는 것과는 다른 양면성을 의미하는 속담이다. "동태나 북어나"는
이것이나 저것이나 다 마찬가지 라는 의미, "북어 한 마리 부조한 놈이
제사상 엎는다"는 보잘 것 없는 것을 주고 큰 손해를 끼친다는 의미,
"북어 뜯고 손가락 빤다"는 크게 이득도 없는 일을 하고 나서 아쉬워
하는 모양을 비웃는 속담이다. "명태 대가리 하나는 놀랍지 않아도 꽹
이 소위가 괘씸하다."는 입은 손해보다도 그 저지른 짓이 밉다는 말,
"식은 밥이 밥일런가 명태 반찬이 반찬일런가"는 음식대접이 좋지 않
은 것을 타박하는 의미의 속담인데, 그 만큼 명태가 흔한 음식이었던
것을 알 수 있다. 이 밖에도 "북어 한 마리 놓고 어물전 본다"는 속담도
있다.[31]

Ⅳ. 결론

　이상으로 민간신앙에 나타나는 명태의 기능을 신성한 제물과 인간
대용의 액막이로 구별하고, 친숙함의 흔적으로 전해오는 속담에 대해
서 소개해 보았다. 이들에 대해 정확한 유래를 밝힐 수는 없지만, 조선
중기 이후 전국 방방곡곡에서 일상음식과 제수음식, 고사나 액막이를
위한 목적으로 사용된 것은 확실한 것 같다. 또한 상류층 보다는 서민

---

30) 김무상,『어류의 생태』, 아카데미서적, 2003, 113쪽.
31) 국립수산과학원,『속담 속 바다이야기』, 2007.; 국립수산과학원,『수변정담』,
　　2005.; 한국속담사전편찬위원회,『한국속담사전』, (주)누리미디어, 2006.

들에게 더 가까웠기 때문에 속담과 관련해서는 '보잘 것 없는', 또는 '별거 아닌 것' 등의 다소 부정적인 의미로 사용된 것도 알 수 있다.

그리고 신성한 제물이라는 측면에서, '풍요와 다산'을 상징했던 명태의 신성함은 서민들이 스스로를 위해 부여했던 또 다른 의미가 아닐까 한다. 하루하루 급히 변해가는 현대를 사는 우리지만 알 수 없는 미래에 대한 불안감, 액을 피하고 안녕을 바라는 마음은 과거와 별반 다를 바가 없다. 그렇기 때문에 음식용으로서 만이 아닌 민간신앙에서 오늘날까지 명태를 사용해 오고 있다. 미래를 예견할 수 있는 밝은 눈과 위엄으로 가득 찬 쫙 벌이진 큰 입은 당시 충분히 그들의 믿음을 반영했을 것이다. 따라서 조선 중기 이후 어획량의 증가, 어업 기술의 발달, 음식의 다양화 등을 통해서 밝혀진 우리에게 가장 친숙했던 어류인 명태는, 민속학적인 입장에서도 그 친밀함을 간직하고 있었다.

근대 초기 조선의 명태 어업과 일본의 진출

이근우*

Ⅰ. 머리말
Ⅱ. 일본의 명태 시장 간섭
Ⅲ. 조선 해역 출어 추진의 배경
Ⅳ. 명태 어장에 대한 조사
Ⅴ. 일본 어민의 명태 조업
Ⅵ. 일본 국내의 북어 제조
Ⅶ. 맺음말

Ⅰ. 머리말

명태는 서해의 조기, 남해의 멸치 · 대구 · 정어리 등과 더불어 조선 후기 및 일제강점기를 대표하는 어류였다. 일제 말기에는 어획량이 30만 톤에 이르기도 하였다[1]. 특히 명태는 일반적인 물고기와 달리 말린 상태로 오래 보관할 수 있어서, 조선인들이 두루 애호하는 식품이 되었다. 그 쓰임새도 다양하여 관혼상제에 빠트릴 수없는 품목이 되었는

---

* 부경대 사학과.

1) 박구병, 「한국명태어업사」, 『부산수대논문집』20. 1978. 25쪽.

가 하면, 서민들의 중요한 단백질원으로, 또한 보양식품으로 쓰이기도 하였다.

일본인들도 일찍부터 조선의 명태에 대한 엄청난 수요에 대해서 주목하였다. "위로는 왕과 사대부, 아래로는 서민에 이르기까지 관혼상제에 빼놓을 수 없는 물목으로 그 수요가 연간 10만태(駄)에서 14만태에 이르렀다고 한다. 이러한 명태 수요의 거의 절반을 산출하는 어장은 利原郡과 北淸郡이며, 포구로는 이원의 遮湖, 북청의 新浦·六坮이다. 이들 포구는 모두 馬養島 북동쪽 십여 리(조선의 백여 리)에 위치한다."[2]

한편, 1883년의 조일통상장정의 체결로, 전라도·경상도·강원도·함경도에 대한 일본 어민들의 어업이 가능해졌다. 이에 일본정부는 일본 어민들의 조선 해역 출어를 적극적으로 장려하고 나섰다. 그 배경에는 일본 주변 해역에서 고갈되고 있던 수산자원을 조선의 해역에서 획득하려는 의도뿐만 아니라, 어민의 출어를 통해서 조선 해역의 해로를 익히고 나아가서는 그들의 해군의 전력으로 이용하려는 제국주의적인 의도가 작용하고 있었다[3]. 이러한 일본 정부의 적극적인 지원과 보호 아래 조선 해역에 대한 어업침탈이 전방위적으로 이루어지게 된다. 이 글에서는 특히 명태를 중심으로 시장 간섭과 일본 어민들에 의한 명태 조업의 문제를 다루어 보고자 한다.

---

2) 中西南吉, 「北韓における明太魚及び鰤鰆」, 『朝鮮』3－2, 1909.

3) 한임선, 「개항 이후 일본의 조선해 통어 논리와 실상」, 부경대학교 사학과 석사학위논문, 2009.

Ⅱ. 일본의 명태 시장 간섭

1883년에 통상장정이 체결되면서 일본어민에게 허가된 것은 조선 4도 연안 조업이었으나, 1880년대에 이미 조선 국내의 명태 유통에 대하여 간섭한 경우도 있었다. 이때는 아직 일본 어민들에 의한 명태 조업이 시작되지 않은 시기임에도 불구하고, 명태 매매 등에 관여하는 일본 상인들의 이익을 지키려는 의도에서 간섭에 나서게 된다. 그 대표적인 사례가 南兵使에 의한 북어 都賈 움직임에 대한 간섭을 들 수 있다. 문제의 발단은 남병사 이용익이 함경도의 還上米 代錢으로 北魚를 매입하여 경성 등에 유통시키려고 한 것이다.

1888년(明治 21) 5월 21일에 대리공사 곤도마스키(近藤眞鋤)가 외무대신 오오쿠마시게노부(大隈重信)에게 보낸 기밀 서한(기밀 제 47호 남병사 북어 도고 열람 건)에 의하면, "원산의 와타나베(渡邊) 부영사로부터 아오키(靑木) (외무성) 차관 앞으로 5월 9일에 보낸 기밀 제 9호 즉 남병사 북어 도고의 건을 살펴본 다음 전정(轉呈)하도록 이쪽에 알려왔으므로, 열람하고 전송(轉送)합니다."라고 하였다. 문제가 된 기밀 제9호(還上米 代錢 징수금으로 北魚 구매 건)는 다음과 같은 내용이다.[4]

  기밀 제9호

  4·5년 전 魚允中이 經略使로서 순회할 때 함경도의 인민이 피폐함에 빠져 있으므로, 還上米(관부에서 봄에 창고를 열어 인민에게 대여하고 가을에 現米로 상납하는 법이 있으므로 환상미라고 함) 반납을 일시 유예한 일이 있었습니다. 이래 흉년이 계속

---

4) 국사편찬위원회,『한일어업관계』, 2002. 58~61쪽.

이어지므로 그대로 유지되었습니다. 그런데 지난번 南兵使 李容翊은 앞의 환상미를 代錢으로 징수하도록 명령을 받고, 그 징수한 금전으로써 그 곳에서 나는 명태어를 사서 이를 경성 및 기타 전라도·경상도 등에 회송하려는 계획으로 이미, 북청에서 1만 태를 매입하였고, 최근에는 그 屬員을 원산에 파견하여 북어를 매입하고자 주선하고 있습니다. 이는 명태어 도고와 유사한 것이므로, 우선 별지 제41와 같이 폐지하도록 조회한 바, 34호와 같이 아직 사실을 자세히 알지 못하므로, 사정을 확인하겠다는 회답이 있었습니다. 이는 양국 인민의 무역에 제한을 가하거나 혹은 이를 금지하고 방해하는 것은 아닙니다. 단지 조선의 한 관리가 함경도에서 생산되는 물품을 매입할 뿐이므로, 이에 대해서 다른 나라의 영사가 이의를 제기할 권리는 없는 것으로 생각됩니다만, 이와 같이 남병사 한 사람의 손으로 명태어를 다수 매점하고 직접 수요지에 회송할 때는 실제로 우리 상민은 물론 조선 상민들을 위해서도 불리한 일이므로, 곧 당항의 무역을 쇠퇴시키는 것입니다. 또한 현재 당국의 상황에 있어서 이와 같은 일을 묵과할 때는 결국에는 어떠한 방해를 무역상에 미칠지 상당히 예측하기 어렵습니다. 그렇지만 남병사가 명태어를 매입하는 일은 비록 조약을 정면으로 위배하는 것은 아니고, 또한 작년 3월 기밀 제248호 서신으로써 송부한 조선 경찰관들이 천초(天草) 포해태(布海苔)를 전매하려고 했던 일과 관련하여, 부산영사에게 훈령한 취지에도 다소 어그러지는 것 같기는 합니다만, 우리 이익을 위해서 폐지하도록 조회한 일이 있습니다. 별지 왕복서한을 첨부하여 만일을 위하여 일단 앞의 사정을 보고드립니다.

明治 21년 5년 9일

在元山 副領事 渡邊修 印

外務次官 子爵 靑木周藏 殿

덧붙여 별지 왕복서한에는 監理事務로서는 그 사실을 자세히 알지 못한다는 취지로 알려왔습니다만, 그 후 監理를 면담한 바 同官도 남병사가 북어를 매입하고 있다는 사실은 내부적으로 알고 있었으므로, 심히 잘못된 일임을 보고 드립니다.

한편, 원산 주재 부영사 와타나베 오사무(渡邊修)가 조선의 監理事務 李重夏에게 조회한 내용 및 이중하가 회신한 내용은 다음과 같다.

제41호

서한으로 아룁니다. 말하고자 하는 것은 최근 들은 바에 의하면 이 남병사는 원산에서 나는 북어를 도고하려 하며, 현재는 동관의 속원을 원산에 보내어 북어를 매입하고자 주선하고 있다고 합니다. 이는 무역상에 방해를 주며 피아의 상민을 곤란하게 하는 것입니다. 특히 官府에서 상품을 도매하거나 혹은 이와 비슷한 일을 하는 것은 심히 잘못된 일이므로, 이러한 폐단을 속히 없애주셨으면 좋겠습니다. 이상의 점에 대하여 貴意를 얻고자 합니다. 敬具

明治 21년 4월 30일

副領事　渡邊修

監理事務 李重夏 貴下

제34호

조회하신 내용에 답합니다. 귀공이 말씀하신 남병사가 함경도산 북어를 도고로서 매입하는 것이 무역을 방해하는 것이니

속히 폐단을 없애달라고 한 것에 따라서 조사하였으나, 이는 본래 공문이 없으므로 감리로서 진실로 자세히 알지 못하는 바입니다. 이제 귀하가 조회한 뜻에 의거하여 兵營에 移文하여 사실을 확인하고 있습니다. 청컨대 번거로이 귀영사의 양해를 구합니다. 敬復

開國 497년 3월 23일
明治 21년 5월 4일

監理事務 李重夏

副領事　　渡邊修 貴下

送 제68호(上納錢 조성을 위한 北魚 도고건의 불법 지적)

明治 21년 6월 4일 起草
明治 21년 6월 9일 發遣
外務次官 子爵 靑木周藏

副領事 渡邊修 殿

　기밀 제9호 귀하의 서신으로 그 나라 南兵使 李 모는 상납전으로써 명태어를 매입하여 이를 경성 전라 및 경상 각지에 回送하려는 계획을 가지고 있음에 따라, 그 잘못됨을 따지고 감리사무에게 조회한 뜻을 담은 왕복공문 사문을 첨부하여 보고한 뜻을 잘 알았습니다. 양국 조약을 살펴보니 관리는 인민의 무역에 관계하여 이를 제한·禁沮 혹은 전매[権酤]와 같은 束縛法을 정할 수 없다는 禁條는 있지만, 조선관리는 상고를 행할 수 없다는 명문은 없습니다(특히 명태어는 내국 무역품으로서 와국무역과 관계되지 않습니다). 그런데 보고한 바에 의하면 남병사는 명태어를 매집하여 이를 각지에 轉送할 뿐이고, 양국 인민의 무역에 제한을 가하거나 혹은 이를 禁沮하는 것은 아닙니다. 이는 어디까지나 조선의 한 호상이 거액의 자본을 풀어서 물산을 매입하는 것과 마찬가지입니다. 그러므로 이 때문에 우리 상민은 다소 상업의 범위를 좁아진다고 하더라도, 조약에 의거해서 불만을 제기할 수 있는 이유는 없다고 생각합니다. 나아가서 향후 이와 같은 경우에는 잘 사실을 탐문하여 그 소위가 조약에 저촉되지 않는 경우에는 함부로 조회하지 않도록 주의해 주십시오. 이와 같이 회답하여 아룁니다.

公 제56호(南兵使의 北魚 도고 처리 건)

지난번 기밀 제9호로써 보고한 남병사 북어 도고 건은 그후 감리로부터 아무런 회답도 없었으므로, 별지 제63호와 같이 재촉한 바 제 58호와 같이 남병사가 처음에는 많이 북어를 사들이고자 하였으나 그 후 이를 중지하고 원산에서 사들인[所錄] 북어를 모두 상민에게 환부하였다고 하는 회답이 있었습니다. 이 건에 대하여 그 후 들은 바에 의하면, 경성으로부터 稅錢을 급히 回送하도록 남병사에게 재촉함에 따라서, 일단 사들인 북어를 또한 원래의 소유주에게 반려하고 現錢을 거두어들임에 따라 인민은 더욱 곤란함에 이르게 되었습니다. 또한 원산으로 반입한 북어도 일시적으로는 매매를 금지하였으나 지금은 완전히 자유롭게 되었으므로, 북어도고 계획은 폐지된 것으로 보입니다. 지난번 북청지방에 출장을 명한 吉副 書記生에게도 본건의 실정을 조사하도록 지시하였으므로, 그가 돌아오면 자세한 사정을 알 수 있을 것으로 생각합니다. 그런 다음 다시 보고드리겠습니다. 왕복서한을 첨부하여 이러한 점을 보고드립니다.

明治 21년 6월 18일

在元山 副領事 渡邊修 印

外務次官 子爵 靑木周藏 殿

제 63호

서한으로써 아룁니다. 말하고자 하는 것은, 귀 南兵使가 해당
도에서 생산한 북어 도고에 관한 사항에 대하여 지난 4월 30일
부 제 41호로 조회하였던 바, 귀 3월 24일 부 제 34호 귀 서한으로
써 이 일이 본래 공문이 없어 본 감리도 아직 상세히 알지 못하
며, 지금 귀하가 조회한 뜻을 병영兵營으로 移文하여 사실을 알아
본다고 운운하는 회답을 하셨는데, 그 이후 이미 한달이 지났습
니다. 그런데도 지금까지 아무런 연락도 없습니다. 이는 어떠한
사정인지를 알고자 하여, 이러한 점을 다시 조회합니다. 敬具
　　　　明治 21년 6월 3일
　　　　　　　　副領事 渡邊修
　　監理事務 李重夏 貴下

제 58호

조회하신 내용에 답변드립니다. 귀 공한을 접수하여 南兵使 북
어 도고의 일은 살펴보고 잘 알았습니다. 지금 들으니, 남병사가
처음에는 북어를 많이 매매하려고 했는데, 곧 즉시 파하고 뜻을
스스로 중지하였습니다. 원산에서 취한 북어 역시 모두 상민에
게 돌려보냈으므로, 貴館도 역시 들었을 것으로 생각하였습니다.
그래서 굳이 다시 알리지 않았습니다. 그간 들은 바가 이와 같습
니다. 양해를 바랍니다. 敬具.
　　　　開國 487년 4월 26일
　　　　明治 21년 6월 5일

　　　　　　　監理事務　李重夏
　　　　　　副領事 渡邊修 貴下

　　南兵使 李容翊의 명태 도고 계획은 현금으로 還上米의 代錢을 거

두어들이라는 조정(민비?)의 명령으로 중단된 것으로 보인다. 이 사건은 한편으로는 조선에서 명태가 갖는 중요성을 보여주는 동시에, 일본이 이 문제에 민감하게 반응한 것은 역시 조선에서 거래되는 어패류 중에서 명태가 차지하는 비중에 일찍부터 주목하고 있었음을 보여준다. 이러한 인식에 기초하여 일본정부는 자국의 어민들에게 명태 조업에 적극적으로 종사할 것을 촉구하는 한편, 일본 연해에서 잡히는 명태를 가공하여 조선에 수출하려는 계획을 실천하게 된다. 이러한 점에서 명태 도고에 간섭한 사건은 명태와 관련된 여러 사안들의 단초를 이루는 일이라고 할 수 있을 것이다.

Ⅲ. 조선 해역 출어 추진의 배경

1889년에 간행된 『朝鮮通漁事情』에는 왜 일본 어민들이 조선 해역에 출어해야 하는지를 구체적으로 지적하고 있다.

첫째, 조선 해역의 수산자원이 일본에 비하여 대단히 풍부하다는 사실이다. 단적으로 일본 어민이 조선 해역에 올리는 수익은 해마다 160~179만원에 이르는 막대한 금액으로 추산하고 있다. 또한 현재 이익을 거두고 있는 해역은 조약에서 조업이 허가된 전체 해역의 극히 일부분에 불과하므로, 만약 일본 어민들이 전구역으로 뻗어나가서 이익을 올린다면 어찌 그 이익이 몇 배가 되는데 그치겠느냐고 반문할 정도다.

이처럼 조선 해역이 수산자원이 풍부한 것은 조선인들의 어업이 졸렬하여 많이 잡지 못하는 것도 원인이지만, 원래 지형상 조류 등의 이유로 어류가 많이 몰려오는 곳이기 때문이라고 하였다. 그래서 대부분의 어류는 다 잡을 수 없을 정도로 많으므로 참으로 일본인들의 보고라고 평가하고 있다. 그런데도 일본인 출어자들의 수가 별로 많지 않고 이익도 일정한 수준에 머물러 있는 것은 유감이라고 하였다.

둘째, 조선 해역에서 얻을 수 있는 상어의 지느러미, 전복, 해삼은 청국 무역에 충당할 수 있는 것이고 가격도 높은 품목이라는 점이다. 동시에 조선이 이러한 품목들을 유통하는 데 지리적인 이점을 갖고 있다는 사실을 들고 있다. 天津 등 중국의 개항장과는 아주 가깝고 上海와도 멀지 않으며, 정기 郵船도 운행하고 있기 때문에 직접 운송하여 판매할 수 있다는 것이다. 北海道 쪽에서 같은 어종이 잡히더라도 이곳에서 청국으로 수출하기 위해서는 하코다테나 요코하마로 운반한 다음 도매상에게 팔아야 하고, 다시 일본에 거류하는 청국 상인에 매각하면, 淸商들이 다시 상해나 홍콩 등으로 수송해야 하므로, 항로가 멀고 운임도 필요해져서 낭비되는 부분이 많다. 한편 부산은 일본의 중요 항구인 시모노세키, 하카타로부터도 가깝고 오사카 고베에도 선박의 운행이 자유롭기 때문에, 일본 내부에서 필요로 하는 품목도 판매하기에 용이하다. 그러므로 외국으로 보내는 물품과 일본 국내소비용 물품을 나누어 그 이익을 보전할 수 있다고 하였다.

셋째, 당시 일본으로서는 북해도 어장이 수산자원이 풍부하여 각광을 받고 있기는 하였지만, 각 어류의 漁期가 연속되지 않은 관계로 조선 해역과 비교해서는 그 이익이 적은 사실을 들고 있다. 예를 들어 한 어류의 어기가 끝나고 바로 다음 어류가 이어지는 것이 이상적인데, 북해도의 경우는 봄에는 연어가 잡히고 어획량이 많지만 그 어기가 끝나면 다음에 잡을 어류의 어기가 바로 이어지지 않는 단점이 있고, 겨울철에는 항상 추워서 대구를 제외하면 대체로 휴업하지 않을 수 없다. 조선의 경우는 북부를 제외하면 추위도 북해도처럼 심하지 않고, 잡을 수 있는 어패류의 종류가 많으며 일년 내내 끊임없이 어업을 영위할 수 있으므로 수익이 그만큼 많을 수밖에 없다고 하였다.

네 번째로 국방·군사적인 목적에서도 조선 해역에서 조업하는 일이 중요하다고 하였다. 1903년에 간행된 葛生修亮의 『韓海通漁指針』에서도 비슷한 논리가 전개되고 있는데, 국가적인 관점에 보는 필요성과 어업의 차원에 보는 이익으로 나누어 설명하고 있다. 국가적인 관점에서는 지리적으로 일본과 근접해 있고 특히 당시의 정세로 보아 한국(조선)에 일본의 세력을 扶植할 필요가 있고, 또한 일본의 內政을 보면 인구가 해마다 늘어나 좋은 배설장(排泄場)이 필요한데 다행히 한해(韓海)5) 어업을 일찍부터 일본인의 通漁圈 내에 들게 되었고, 그 어업구역은 아직 수천 척의 어선을 수용하기 충분한 여지를 가지고 있으며, 어업의 이익으로 국가 국민을 이롭게 하는 바가 적지 않다고 하였다. 그러므로 규슈 시코쿠 산요 여러 지역에 넘쳐나는 어민들로 하여금 앞으로 더많이 그곳으로 가게 하는 것이, 한편으로는 일본의 세력을 부식하고 또한 이웃을 가까이 하는 우의를 돈독히 하는 동시에 일본 인구를 배설하는 데 있어서도 중요하다고 하였다.

어업상의 이익으로는 1) 원래 한해(韓海)는 어족이 대단히 풍부하다는 점 2) 기후가 일본의 서남지방과 비교하여 다소 한랭하기는 하지만, 북해도 주변처럼 極寒에 이르지는 않기 때문에 사계절 쉬지 않고 조업할 수 있다는 점, 3) 항만의 굴곡이 아주 많고, 특히 남서 해안은 무수한 섬들이 있어서 파도가 잔잔하고 배를 운항하는 데 편리한 것이 일본의 세토나이카이와 흡사하다는 것, 4) 해역의 넓이가 대륙 연안과 도서를 포함하여 둘레 약 1천리에 이르러, 어선을 잘 배치하면, 앞으로도 수천 척의 어선을 수용할 수 있는 여지가 있다는 점, 5) 위치상으로

---

5) 韓海는 대한제국이 성립된 이후 일본에서 朝鮮海라는 용어 대신 사용하기 시작하였다.

가장 이익이 된다는 점, 예를 들어 서일본 지역과 밀접하여 왕래가 편리하고, 해산물의 좋은 판매지인 淸國에 면해 있어서, 天津을 비롯한 上海 등의 주요 개항장으로 멀리지 않아서 장래 직접 판로를 개척하기에 유망하다는 것 등을 들고 있다.[6]

　일본의 이상과 같은 판단 아래 적극적으로 조선해 조업을 지원 장려하였다. 1897년(明治 30년) 원양어업장려보조법을 반포하고, 조선, 러시아령 연해주, 포염(浦鹽)[7], 대만 등에 출어하는 어선에 대하여 보조금을 주어 장려하였다. 또한 통어의 발전과 조선 문제의 중요성을 인식하고, 1899년에 당시 농상무성 수산국장이었던 마키 보쿠신(牧朴眞)[8] 등을 조선 연해 어업 시찰을 위하여 파견하였다. 이해 6월 법제국 참사관, 후쿠오카현 수산시험장장, 농상무성 직원 등을 거느리고 시모노세키를 출발하여 부산 목포 인천을 거쳐 경성에 들어간 다음 다시 역으로 부산으로 돌아왔다가 원산 방면도 시찰하였다. 7월 21일에 후쿠오카에 돌아간 마키는 조선해 출어와 관계된 13부현의 수산주임관 및 대표자를 소집하였다. 이 회의에는 야마쿠찌, 효고, 에히메, 도쿠시마, 후쿠오카현의 관련자들이 참석하였다. 그 결과 각부현마다 韓海通漁組合을 조직하였다. 다음해에는 조선해 통어조합연합회를 설립하고, 그 본부를 부산에 두고, 조선해 수산업개발을 조장하였다. 통어조합연합회는 다시 1902년(明治 35)에 朝鮮水産組合이 되었다. 이처럼 通漁에서 移住漁村의 건설, 근대적인 어업으로 발전하는 과정에는 일본의 국가적인 시책이 강하게 반영되어 있다[9].

---

6) 葛生修亮, 『韓海通漁指針』, 黑龍會出版社, 1903. 1~3쪽.

7) 浦鹽斯德 즉 블라디보스톡을 말한다. 일본어로는 '우라지오스스톡크(ウラジオストック)'라고 하였는데, 浦鹽이라고 쓰고 뜻으로 '우라지오'로 읽었다.

8) 그는 7代 농상무성 水産局長을 지냈는데, 1898년(明治 31) 10월부터 1906년11월까지 재직하였다.

그 결과, 1903년에는 이미 3천 척 이상의 어선과 14000~15000명의 어민이 조선해에서 조업을 하고 있었다. 그래서 1890년 경에는 일본 어선이 7~8척에 불과하였으나, 1903년에 이르러서는 경상, 전라, 강원, 함경 4도의 연해 도처에 배의 그림자가 보이지 않는 곳이 없었으며, 한해의 漁權은 거의 일본의 손 안에 들어왔다고 할 정도였다[10].

Ⅳ. 명태 어장에 대한 조사

일본 어민들은 처음에는 상어지느러미, 전복, 해삼, 도미, 학꽁치, 숭어, 고래 등을 주로 잡았기 때문에, 조선에서 선호하는 명태, 조기, 대구, 청어, 민어 등은 포함되지 않았다. 그래서 처음에는 전복, 해삼을 제외하면, 어류의 어획 자체를 둘러싼 어민 사이의 충돌은 없었던 것 같다. 그러나 이미 전복은 고갈되는 상태를 맞이하였고, 조선해 통어 어민이 증가하면서 새로운 어종을 찾기 시작하였다. 그 과정에서 주목한 것이 조선의 국내시장에서 주로 유통되는 명태였다. 『조선통어사정』에서는 조선의 어류들을 상세히 조사하여 그 상업성이나 구체적인 어획방법, 가공방법까지 밝혀놓고 있다.

1) 명태

"명태의 주된 어장은 기록마다 조금씩 차이가 있는데, 함경도 명천, 북청, 길주의 특산으로 1년 생산량은 3~4만태이며 한해 걸러 풍어가 든다고 한다. 1태의 평균가격은 韓錢으로 6관 800문 정도였다. 당시

---

9) 吉田敬市, 『朝鮮水産開發史』, 潮水會, 1954. 166~167쪽.

10) 葛生修亮, 앞의 책, 9쪽.

일본 원화와의 환율은 0.15배로 약 10圓 정도의 가치. 전체 어획량은 34만 圓이었다. 일본의 경우도 에찌고(越後), 사도(佐渡) 등에서 조선의 명태보다 좀 큰 명태가 있기는 하지만, 일본인들이 이를 어획하려고 한 적이 없다고 한다.

연도	수량(斤)	가격(圓)
1889년(明治 22)	3,062,173	148,145
1890년(明治 23)	7,316,615	359,422
1891년(明治 24)	1,282,743	127,750
1892년(明治 25)	5,403,172	343,696

<표 1> 원산항의 우선에 의한 명태 물동량(통어사정)

이에 대하여 조선에서는 관혼상제뿐만 아니라 평소에 명태를 많이 먹어서 그 소비가 대단히 많았으며, 경성을 필두로 하여 서부 여러 도에는 산지로부터 육로로 실어 나르고, 경상 전라도 등에는 조선배를 이용하여 운송하였다. 그런데 일본 정기 郵船 항로가 열리자 지금은 일단 원산으로 모은 다음, 원산에서 부산으로 혹은 인천으로 보내어 경성 등지로 들어가거나, 경상 전라도 각지로 나누어 수송하게 되었다. 그래서 육로로 운송하는 양은 극히 일부뿐이었다.

부산에 거류하는 일본인 중에도 명태를 취급하는 자가 있으나, 최근에는 판로가 축소되는 경향이 있는데, 그 원인에 대해서는 분명하게 설명할 수 없으나, 일설에는 경상 전라 2도에는 일본에서 오는 어업자의 수가 날로 증가하여 신선하고 맛있는 생선을 염가로 판매하게 되어, 명태는 의식에는 사용하지만 평소에는 소비가 점차 감소하기 때문이라고 한다. 다만 조선인이 명태를 통으로 말려서 소금도 사용하고 않고 이를 쌓아둔 것을 보면 땔감이 아닐까 생각이 들 정도로 바짝 말

라있고, 담백할 뿐 아무 맛도 없으므로, 조선인 이외에는 일본인이나 중국인의 기호에 맞지 않는 것이다. 그러므로 앞으로 일본인들이 명태를 잡는 경우가 상당히 많아진다고 하더라도, 조선의 가공법을 그대로 따라한다면 그 판로를 넓힐 가능성이 없다. 따로 새로운 기술을 고안해서 일본 내지 혹은 청국 등으로 판로를 넓힐 수 있도록 해야 할 것이다.

명태알은 조선인들이 소금에 저려서 시장에 내어놓는 것이 있는데, 에찌고에서 만드는 홍엽지(紅葉漬)라고 하는 것과 거의 같은 것이다. 다만 고춧가루를 첨가하는 것이 다를 뿐이다. 맛은 아주 좋으며 일본인의 입에도 적합하고 특히 술안주로는 가장 절묘한데, 조선인들이 파는 가격이 비싼 것이 아쉬울 따름이다.”11)

2) 대구어

“경상도 중 부산만내 및 그 서쪽의 거제도의 북쪽 등에 있으며, 부산 이북에서는 적고 강원도에는 전혀 없고, 다시 함경도의 이성 홍원 등에 이르면 다시 나타난다. 조선인은 미리 어장을 설치하여 그 안에 들어간 것을 잡거나 혹은 연승으로 조획한다. 그러나 일본인은 아직 이를 잡는 사람이 없다. 다만 부산 거류 혹은 출가어업자는 대개 시코쿠 쥬코쿠 규슈 등 따뜻한 곳에서 온 사람들이어서, 산 대구는 본 적이 없을 뿐만 아니라, 어법도 원래 제대로 알지 못하여 잡으려고 하지 않는다. 어기는 12월 1월 사이로, 조선인은 이 고기를 좋아하여 주로 염장해서 인천으로 보낸 다음 경성으로 운반하여 내지의 소비에 충당한다. 생어는 부산에서 대체로 한전 30~40문 정도 한다. 일본인은 근해에

___

11) 關澤明清・竹中邦香,『朝鮮通漁事情』, 東京 團團社書店, 1893. 73~75쪽.

나가서 연승이나 자망으로 잡아야 한다. 다만 북해도처럼 풍어를 기대
하기는 어렵다. 또 그 간을 정제하여 약용 간유로 만들면 이익이 된
다.”

3) 청어

“부산에서는 사투리로 ‘세가이’라고 한다. 혹은 소가이, 쇼게이, 세
게이라고 하는 사람도 있다. 경상도 특히 부산 근방에 많다. 원래 청어
는 추운 지역의 바다에서 나는 것인데도 함경도의 경우는 도리어 청어
가 없다고 한다. 아직 그 이유는 분명하지 않다. 조선인은 어장을 설치
해서 청어를 잡는데, 일본인은 다른 그물 종류를 이용해서 어획하려는
자가 아직 없다. 그 이유는 대구를 잡지 않는 것과 같다. 어기는 대구에
이어서 1월부터 3월에 이른다. 조선의 청어는 아주 작아서 일본 네무
로에 나는 청어에 비해서도 작다. 어획량도 홋카이도처럼 많은 양이
아니다. 그러나 이 고기는 조선인이 좋아하는 것이다. 그런데 염건한
것은 좋아하지 않고 오히려 조금 부패하려는 것을 생식한다. 이러한
형편이므로 가격도 제법 비싸다. 부산에서 한 마리 가격이 대체로 한
전 15~16문 이상이다. 그러므로 청어를 잡으면 이익이 있을 것이다.
어구는 자망을 이용하는 것이 좋다.”

4) 멸치(메르치)

“경상도에서는 부산 이남에도 있지만 그 땅이 모래해변이 없고 지
예망과 같은 쓰기 어렵기 때문에 조선인이 잡는 자가 없다. 일본인의
경우도 없는 것과 마찬가지다. 만약 경상도 북부 및 강원도는 모래 해
변이 많으므로 조선인은 지예망을 써서 포획하는 양이 아주 많다. 일

본인은 일찌기 한 차례 이를 잡으려고 한 적이 있으나, 공교롭게 실패한 이후 다시 이를 다시 잡으려는 자가 없다. 조선인은 잡은 멸치는 모두 마른멸치로 가공하여 부산 혹은 원산에 나가서 일본 상인에게 매각한다. 마른 멸치를 보면 일본의 脊黑鰮(세구로이와시)라고 하는 종류이다. 어기는 춘추 2차례로 봄철은 5~6월, 가을철은 10~11월 경이라고 한다. 봄철 멸치는 기름기가 많고, 가을 멸치는 지방이 적다고 한다. 근년 조선에서 일본으로 수출한 마른 멸치의 수량과 가격은 다음과 같다.

연도	부산		원산		합계	
	수량 (斤)	가격 (圓)	수량	가격	수량	가격
1889년 (明治 22)	2,433,665	45,638	4,734,600	36,268	7,168,265	79,906
1890년 (明治 23)	3,413,045	71,612	—	—	3,413,045	71,612
1891년 (明治 24)	1,352,781	26,409	5,669,717	51,471	7,022,498	77,880

<표 2> 부산 원산항에서 수출한 마른멸치의 수량과 가격(『통어사정』에 의함)

조선인이 마른멸치를 만드는 것을 보면 모두 산이나 들의 풀 위에 펼쳐서 건조하는 것이 일반적이다. 그런데 봄철에는 조선에서 비가 많은 때이므로 만약 비가 오면 멸치가 많이 잡혀도 건조할 수가 없어서 부패하게 되는 경우가 종종 있다고 한다. 또한 조선인은 풀 위에서 건조하기 때문에 모래먼지가 섞이지 않아서 제품의 질이 좋다. 이를 판매지에 수송하는 배 안에서 조선의 뱃사공들 중에는 모래를 섞고 바닷물을 부어 중량을 늘이고자 하여 그 품질을 조악하게 만드는 자들이

흔히 있다. 일찍이 거류 일본인 중에서 한두 명의 간교한 상인이 이런 짓을 한 이후로, 마침내 조선인에게도 전파된 것이라고 한다. 이와 같은 일은 빨리 시정책을 강구해야 할 것이다. 또한 원산에 있어서는 거류 일본인 상인들이 산지에 가서 사들이기 시작하면서 각자 경쟁하여 구입하는 통에 가격이 뛰어올라 지금은 거의 이익을 볼 수 없는 지경에 이르렀다. 들은 바에 의하면 명치 26년 2월 경 원산 거류 상인중에서 유지 5~6명이 서로 의론하여 이러한 폐단을 고치고자 회사를 창립하려고 분주하다고 한다. 회사가 만들었는지는 아직 소식을 듣지 못했다.

생각건대 어비(魚肥)는 분석에 따르면, 搾粕한 것의 효능이 그냥 말린 것보다 낫다고 하는 사실은 이미 잘 알려져 있다. 그런데 봄철에 비가 오게 되면 종종 부패하게 된다는 것은 착박으로 가공하는 방법을 모르기 때문이다. 이제 일본인이 착박제조기계를 가지고 어기에 이르러 현지에 나아가서 비가 오거나 풍어일 때 조선 어민들로부터 어찌할 바를 모를 때를 틈타 저가로 생멸치를 매입해서 화건법(火乾法)을 병용해서 착박을 제조하면 우리에게는 큰 이익이 되고 조선인에게도 또한 부패하도록 두는 것보다는 이익을 나을 것이다.

일본인으로서 착박을 제조하려고 한다면 종래에 사용하던 기계보다 나선압착기를 사용한 것이 편리할 것이다. 왜냐하면 종래의 기계는 압착이 불충분하여 기름기 혹은 물기가 남아서 품위가 떨어질 뿐만 아니라, 비나 습기에 반응하여 부패가 촉진될 수 있기 때문이다. 나선압착기를 사용함으로써 이러한 걱정을 없앨 수 있다.

착박을 만들 때는 반드시 어유(魚油)를 부산물로 얻을 수 있다. 어유는 서양에 수출하여 명치 25년의 경우는 전년보다도 더욱 수출액이 늘었다. 이를 수출하기 위해서는 정제를 할 필요가 있다. 그러나 일본인이 조선에서 약용으로 만들기는 불편이 많고 어렵다. 그렇지만 미완성 제품 상태로 오래 비축하게 되면 산화하여 마침내 어유의 효력을 잃어 버리게 되므로 종이여과를 한 조제품 상태로 만들고 또한 이 과정에 나오는 어랍(魚蠟)은 판착(板搾)을 해서 일본 내지로 수송하는 것이 좋다. 이 방법은 조선과 같이 한서 모두 심한 곳에서는 행하기가 편한다.

　만약 일본인이 강원도에서 멸치어업을 하려고 한다면, 지예망같은 것은 사용하지 않는 것이 좋다. 무릇 지예망은 종래 조선인들이 써왔던 것이므로, 이제 새롭게 일본인이 이를 쓰려고 할 때는 그들은 반드시 불만을 드러낼 것이다. 특히 지예망은 많은 인부를 필요하는 것이므로, 토착 백성이 아니고서는 이를 행하는 것도 아마도 수지도 맞지 않을 것이고, 원래 조선 선박은 취약하여 멀리 바다로 나갈 수 없는 것이므로 이제 일본인이 이를 잡으려고 할 때는 조선인이 아직 할 수 없는 근해어업을 하는 것이 가장 좋다. 멸치의 근해업에 사용하는 그물은 여러 가지 종류가 있다. 어떤 사람은 세토나이 지방에서 쓰는 소로리망을 써야 한다고 한다. 아마도 괜찮을 것이다. 또한 조류의 상황에 따라서는 히고(肥後)의 아마구사(天草) 또는 카즈우사(上總) 시모우사(下總)의 팔수망(八手網)같은 것이 좋을 것이라고 하지만, 근래 동해에서 사용하는 개량 양조망(揚繰網)과 같은 것이 가장 좋을 것이다. 이 그물은 미국에서 사용하는 건착망의 원형을 변화시킨 것으로 대단히 정교하고 편하다. 만약 쓸 수 없는 경우에는 원래 건착망을 쓰면 가장 이익이 클 것이다.”12)

　『조선통어사정』 다음으로는 조선의 어업 현황에 대해서 자세한 보

---

12) 關澤明淸, 앞의 책. 77~80쪽.

고서로는 부산 영사관의 中村巖이 外務大臣 靑木周藏에게 보낸 기밀문서를 들 수 있다[13]. "巡邏報告書 進達件"(公第 236號)이라는 제목의 이 문서는 한국 부산 조선어업협회로부터 제10회 순라보고 별책 1부를 제출하는 형식으로 작성되어 있다. 첨부된 제10회 순라보고(한국 부산 조선어업협회)는, "강원도와 함경도의 어리가 많다고 들었으나 아직 어업에 종사하는 자가 없고 떼를 이룬 물고기만 헤엄쳐 다니고 있을 뿐이다. 그래서 상세히 조사하여 경상도 전라도 연해에서만 踟躇하는 우리 어업자들을 향해 지도의 길을 열고자 하였다."고 하면서, 1) 항해일지, 2) 각항 조사 어선 3) 각항 어업자의 사건과 처리 4) 각항 출가어업자의 상황 5) 각항의 狀勢 6) 양도 서식 어족 및 양도 수산업의 전도 7) 외인 및 한인의 수산업 8) 희망 등으로 나누어 정리하였다.

1899년의 상황에서 강원도와 함경도에서 일본 출가어선의 수익은 오로지 잠수업자가 잡는 해삼과 전복뿐이라고 하였다. 그러나 이 순라보고에서도 명태가 제철이 아니어서 그 무리를 만나지 못했다고 하는 등 명태, 멸치, 방어, 도미 등에 주목하고 있다. 또한 각 포구들에 대해서도 그 위치와 지형, 인구, 어류 등과 관련하여 기록하고 있다[14].

북청군 신포의 경우는 "前津의 북동쪽 六坮岬角과 馬養島 사이로 들어가서 서북쪽으로 만입한 안쪽에 있는 포구를 신포라고 하는데, 만내가 비교적 넓어서 작은 기선을 정박할 수 있다. 만의 북방은 구릉이 높게 둘러싸고 있어서 서북남방의 바람을 피하는데 적합하다. 그러나 바람과 파도가 아주 심할 때는 마양도로 피하는 것이 가장 안전하다. 인가는 70여 호로 만의 서북쪽 안에 있다. 인정이 근년에 조금씩 변하

---

13) 『한일어업관계』, 280쪽.
14) 『한일어업관계』, 295~306쪽.

였다고는 하나 아직은 온화하다고 할 수는 없다. 창고는 인가로부터 3 정쯤 떨어져 있는데 만 남쪽의 작은 구릉 아래 해안에 있다. 일본 잠수 기선이 출어하는 경우가 해마다 적지 않다. 땔감이나 물이 부족하지 않다. 또한 기선편이 있다. 이곳은 명태의 좋은 어장으로 그 성한 것이 명태 어장 중에서 첫 번째이다. 어기에 이르면 사방에서 출가어선이 폭주하는데 대단히 많다. 이 지역의 마을사람들은 오로지 제조에 종사 하여 해마다 막대한 이득을 얻는다고 한다.”[15] 그밖에도 마양도, 차호, 이호, 성진 등 두만강까지 분포하는 대부분의 포구들에 대한 정보를 기록하였다.

이어서 양 도의 바다 속에 서식하는 水族이라고 하여 고래로부터 紫菜에 이르는 39개에 이르는 항목에 대하여 기록하였는데, 그 중에 서 가장 많은 분량을 기술한 것이 역시 명태와 멸치이다[16].『한해통어 지침』에서도 어업 현황에서 조기보다 먼저 첫 번째로 명태를 들고 있 다[17].

이와 같은 사전조사를 통해 조선의 중요한 어류에 대한 정보를 축적 하고 이를 기반으로 조선인들이 선호하는 어류에 대한 조업에 착수하 고 된다. 특히 명태 어업이 본격화된 이후 지속적으로 명태 어장의 현 황을 파악하는 모습을 확인할 수 있다.

“어획량은 연승(주낙)으로 하루 1태 내지 3태, 자망으로 5~6태에서 12~13태를 잡을 수 있다. 잡힌 명태는 나무틀(椵)에 걸어 햇볕에 말린 다. 가격은 생태는 1태당 12圓 내외, 건조가 덜된 것은 9圓, 가장 좋은

---

15)『한일어업관계』, 301쪽.
16)『한일어업관계』, 309~310쪽.
17) 葛生修亮, 앞의 책, 426~430쪽.

것은 13圓이다. 1909년 1월 28일까지 이원 북청군에서 어획한 수량은 2만여태. 이 시기에 조업한 명태잡이 어선은 총 217척, 그 중에서도 遮湖가 69척으로 가장 많고, 厚湖가 52척으로 다음이, 晩春 31척, 六臺 24척, 가장 적은 곳은 松島 5척, 楡湖·新浦 8척이었다. 그런데 신포의 경우는 적은 어선 수에도 불구하고, 어획량은 6,900태로 전체의 30% 정도를 차지할 정도였다.”

Ⅴ. 일본 어민의 명태 조업

이미 청일전쟁 때 야마구찌현의 야마시타(山下)라는 사람이 打瀨網으로 명태어업을 시도한 바가 있고, 1899년에는 함남 신포에서 출어를 시도한 적이 있었으나, 어기가 아주 추운 때이므로, 그물을 제대로 사용할 수 없어서 실패로 돌아갔다. 이어서 1901년에 예비역 해군 대위인 군지시게타다(郡司成忠)[18]가 조직한 報效義會의 어선 2척이 신포 연해에서 조업에 들어갔다. 자망, 연승, 타뢰망을 이용하였는데, 결과는 만족스럽지 못했다. 자망은 그물눈이 조선인의 그물에 비해서 작고 구조도 부적합하여 실패하였다. 궁여지책의 조선인의 자망을 구입하여 조업함으로써 어느 정도의 성과를 올리기는 하였다. 연승도 조선의 연승에 비해서 비효율적이어서 소기의 성과를 거두지 못하였고, 타뢰망도 상당히 큰 어망을 사용하여 시험 조업하였으나 실패로 끝났다.

이러한 사례로 비추어 볼 때, 조선의 어업이 모두 일본의 어업에 비

---

18) 郡司成忠(1860~1924)은 군지나리타다라고도 하며 예비역 해군대위로서 千島 열도를 개척한 인물로 유명하다. 1893년과 1896년 두 차례에 걸쳐 千島 열도 탐험 및 개척에 나섰다.

하여 낙후되어 있었다는 일본측의 주장은 옳지 않음을 알 수 있다. 조선의 어업도 어종에 따라서 특별한 어획기술을 갖추고 고도로 발전시키고 있다고 보아야 할 것이다. 일본이 동력선을 이용한 기선저인망을 도입하기 이전까지는 명태어업에서는 조선인의 어획량이 압도적인 우위에 있었다.

역시 1901년에 원산에서 거류하던 森永剛輔와 가카와현의 諸岡精造가 수조망에 의한 명태어업을 개시하여 상당한 성과를 올렸다고 한다. 1901년 3월 6일자 황성신문에서는 "日漁明太"라는 제목으로, "올해 원산포 지방에 명태어업이 성황인데, 일본인 森永剛輔가 어망을 4번 사용하여 2~3시간에 20,740마리를 잡았다."고 하였다.

1901년도 야마구찌현 조선해통어조합의 『通漁成績報告』에 따르면, 1901년부터 다음해 2월까지 수조망 어선 17척(선원 72명)으로 신포 근해에서 조업하였고, 겸업어선 6척(선원 24명)도 조업하였는데, 어획고는 2,485,114마리라고 하였다. 1902년에는 다수의 일본인이 명태를 어획하기 위하여 출어하였으나 흉어로 실패하였고, 1903년에는 출어자가 없어서 조선인이 명태의 이익을 독점하였다고 한다. 1910년 3월 23일자 대한매일신보의 기사에서는 "日人失敗 한국의 명태어 산책은 해마다 백여 만 원 이상의 가치에 달하는데, 日人이 이 이익을 다투기 위하여 그

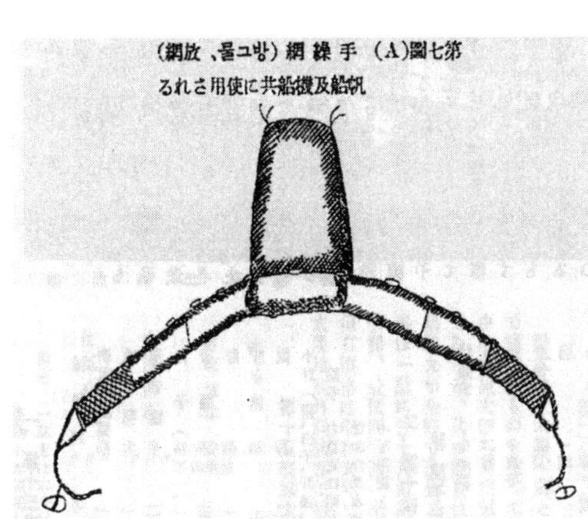

<그림 1> 手繰網

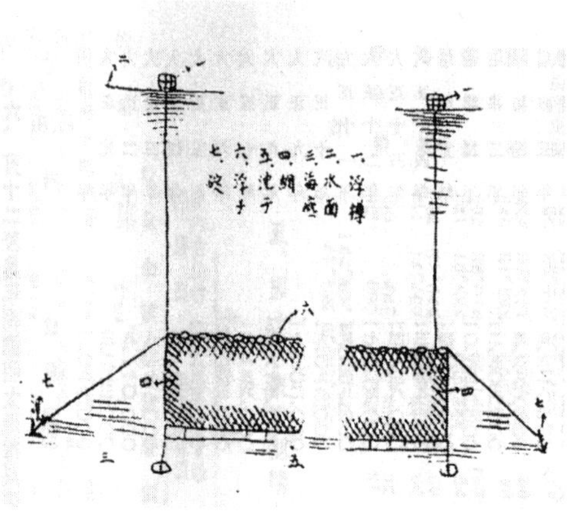

<그림 2> 刺網

어기에 출어하는 자가 있으나, 그 추위와 힘든 것을 견디지 못하여 목적을 이루지 못하였다. 한국의 각 산업 중에서 명태어 산업은 요행히 한인의 손에 있다."고 하였다[19].

VI. 일본 국내의 북어 제조

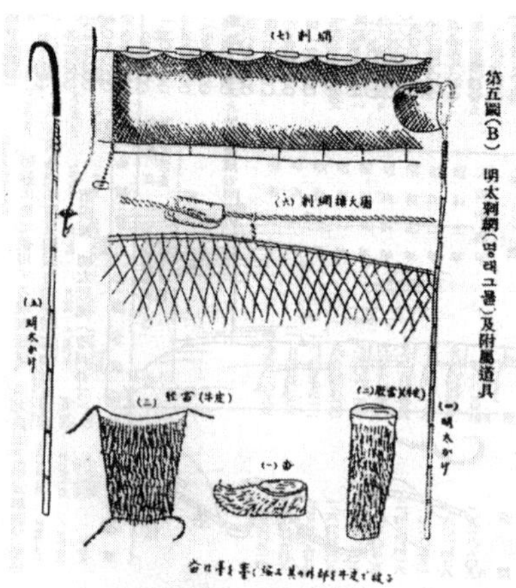

<그림 3> 명태 刺網과 부속 도구

한편 1888년에는 함경도 북어의 생산현황과 함경도산 북어의 견본을 조사하라는 농상무성 수산국장의 지시에 따라 부산과 원산의 영사관에서 그에 대한 보고를 하였고, 다시 니이가타현 지사가 그 견본 등을 당시 일본산 북어를 시험적으로 가공하고 있던 佐渡 등의 현지에 알렸다[20]. 이는 조선에서 명태의 수요가 많

---

19) 박구병, 앞의 논문. 37~38쪽.

20) 『한일어업관계』, 51~52쪽.

음을 알고, 일본 근해에서 어획한 명태를 북어로 가공하여 역으로 조
선에 수출하려고 한 사실을 보여준다.

제7호 <함경도산 북어의 생산 현황 조사 건>

연도	총어획량(T)	명태어획량	명태 비(%)	일본인 명태 비
1911년	66,356	11,587	17.5	5.4
1912년	92,216	12,086	13.1	3.9
1913년	168,331	11,663	6.9	1.0
1914년	218,250	30,646	14.1	7.7
1915년	328,598	19,467	5.9	14.8
1916년	349,076	59,353	17.0	3.1
1917년	322,018	90,163	28.8	7.8
1918년	357,154	45,588	12.8	4.7
1919년	407,355	77,530	19.0	3.0
1920년	379,526	68,635	18.1	4.2
1921년	442,234	71,613	16.2	2.0
1922년	490,369	58,531	11.9	6.9
1923년	551,985	65,353	11.9	6.3
1924년	538,910	55,269	10.3	4.3
1925년	537,383	51,721	9.6	3.2
1926년	586,594	53,519	9.1	5.6
1927년	830,514	40,298	4.9	7.4
1928년	848,486	46,888	4.5	9.5
1929년	904,834	22,116	2.5	18.6
1930년	866,644	21,107	2.4	18.1
1931년	1,039,470	43,588	4.2	27.4
1932년	1,168,178	111,471	9.6	28.2
합계	11,494,481	1,068,192	11.38	8.78

지난 해 11월 중 柳谷 農商務 水産局長이 지시한 바에 따라서 조선국 부산영사 및 원산부영사의 보고와 관련된 해당국 함경도 연해에 생산되는 북어의 景況書와 아울러 그 견본 등을 회부받았으므로, 현 관할 하에 있는 佐渡를 비롯해 越後의 三島郡·西頸城郡 등에 그것을 모두 보였습니다. 현재 (북어를) 試製 중에 있는데 만약 試製가 좋은 결과를 얻어 점차 그 땅으로 판로를 개척할 경우가 있을 때에는 어떻게 수속해서 보내야 좋겠습니까. 이러한 통상에 관한 수속을 미리 알고자 하므로 수고로우시겠지만 아래 [左記]의 조목을 상세하게 조사하셔서 회보 받고자 이렇게 조회합니다.

明治 21년 3월 17일
新潟縣知事 篠崎五郎 印
외무성 통상국장 淺田德則 殿

아래[左記]

1. 직수출하려면 그 지역의 어떤 상점으로 바로 보내야 합니까? 그 지명과 번지 및 취급 상점 등을 조사해 주시기 바랍니다.
1. 우리나라의 중매인을 거칠 경우가 있다면 어느 지역 어느 商社로 보내야 하겠습니까?
1. 우리나라의 어느 항구에서 저 나라의 어느 항구로 보내야 하며, 수송할 운임은 명태 1짐[駄]에 대략 얼마 정도입니까?
1. 海關稅는 1짐[駄]당 대략 얼마만큼 들겠습니까?
위의 사항 외에 해당 품목의 통상에 관한 사항 등이 있으시면 조사해 주시기 바랍니다.

※ 제1항은 영사에게 문의해야 할 것이다.
제2항은 본국 중매상인인 자가 없어 제1항의 商社에 맡긴다면 회송의 편의를 얻을 수 있다.

제3항은 영사가 회사를 조사하면 알 수 있다.

제4항은 조선의 稅는 곧 원가의 8/100이다.

이에 대해서 당시 부산 영사였던 室田義文은 "만약 지금 이후로 우리나라에서 동 현(니이가타현)이 수출하는 경우에 이를 때는, 물론 당항(부산)의 우리 무역상의 손을 거친 것을 편리하다. 그러나 현재 우리나라에 있어서 시제(試製) 중인 같은 물품이 과연 좋은 결과를 얻어서 수출하기에 충분한데 이르렀다고 하더라도 그 기질과 육미의 여하에 따라서 해당 국인(조선)의 기호에 맞을지 맞지 않을지 또는 가령 해당 국인의 기호에 맞아서 드디어 수출에 이른다고 해도 그 제조 방법과 아울러 포장·관세·운임 등에 충분한 비용을 요하기 때문에 가격이 높아지게 될 때에는 도저히 해당 국인의 수요에 맞출 수 없다면, 모처럼 수출했는데도 원활하게 판매하기가 곤란한 경우에 이르면 단지 헛수고가 될 뿐만 아니라, 그 제조자의 손실을 입기에 이르므로, 이들 사항에 대해서 미리 충분히 조사를 해 두지 않으면 안 될 것"이라고 하여, 니이가타현에서 만드는 북어가 조선에서 제대로 팔릴 수 있을지를 걱정하고 있다[21]. 물론 이때 시제한 북어가 실제로 조선에 팔렸는지는 확인할 수 없지만, 그의 우려는 좀더 나중에 현실로 나타났다.

일본의 경우 명태는 일본 북해도 쪽에서 많이 잡혔는데, 1899년에 江差에서, 1901년부터 峃內町이라는 곳에서, 1904년에 久遠村에서 명태 조업을 시작하였고, 1903~4년 경에 명태를 전업으로 하는 어업이 시작된 것으로 보고 있다[22]. 그리고 1920년 무렵에는 발동기선을 이용하여 더욱 많은 명태를 잡았다. 그런데 종래 북해도에서 잡은 명태

---

21) 『한일어업관계』, 53쪽.

22) 정문기, 『조선명태어』, 1936. 39쪽.

는 일부 말리거나 염장, 혹은 기름을 짜는데 썼고, 그밖에 일부를 어묵, 미림, 통조림 등 가공식품을 만들어 독일 및 유럽으로 수출하였고 동건명태는 조선에 수출하고 나머지는 전부 일본에서 소비하였다.

1912년에 이지군 상소내촌에서 처음으로 동건명태 제조시험을 행하여 제품 약 2,500마리를 미쯔이 물산주식회사에 위탁하여 조선에 시판하였다. 이것이 북해도산 건명태를 조선에 수출(이입)한 최초의 사례였다. 그런데 북해도의 동건명태는 머리가 크고, 색이 검은 등 여러 가지 결점으로 인하여 조선산 건명태에 비하여 약 30% 낮은 가격 즉 1태에 10원 내지 16원의 가격으로 거래되었다. 그후 2~3년 간 이입이 계속되었으나 결국 중단되었다. 그러다가 1923년 경부터 명태가 흉년이 들자, 다시 북해도 어민들이 1924년에 동건명태를 조선으로 판매하기 시작하였고, 이래 북해도의 동건명태가 조선으로 들어오는 양이 많아졌다. 1936년 경에는 100만원 내외가 이입되었다고 한다.

그러나 북해도 동건명태의 품질은, 생산지의 기후차이와 제조기술의 부족으로 조선 건명태에 비해서 육질이 딱딱하고 맛이 없었다. 즉 북해도는 삼한사온과 같은 기후 변화가 없기 때문에 명태가 얼면 언 채로 있으면서 건조되어 버리고, 좋은 색깔을 내기 위해서는 물에 4일 정도 담가두었다가 말리기 때문에 맛이 없어지고 쫄깃하지 않았다. 그래서 가격도 조선 건명태보다 싸서 1태당 최고 20원 최저 7원 평균 10원이 낮았다.

Ⅶ. 맺음말

조선인이 가장 널리 먹던 생선이었던 명태 어장에 대해서도 일본은 깊은 관심을 가지고 명태 어장에 참여하여 어획량을 확보하고자 하였

다. 그러나 명태 어장은 두 가지 이유에서 일본 어민들의 진출이 용이
하지 않았다. 무엇보다도 명태 어장이 함경도 해안에 집중되어 있었
고, 어기도 11월에서 1월이라는 겨울철이기 때문에, 통어 초기에 주로
서일본지역에서 온 일본 어민들은 혹독한 추위와 파도 속에서 조업해
야 하는 명태어업에 쉽게 적응할 수 없었다. 명태어업에서 일본 어민
이 본격적으로 활동하게 되는 것은 기선(발동선) 저인망 기술이 도입
된 이후라고 할 수 있다. 또 하나의 이유는 비록 추위와 파도를 무릅쓰
고 조업에 나서더라도, 일본이 가지고 있는 어로방식으로는 효율적으
로 명태를 잡을 수 없는 기술적인 측면을 생각할 수 있다. 이미 조선 어
민들은 오랜 기간동안 명태를 잡아왔기 때문에 명태를 잡는 기술이 고
도화되어 있었던 것이다. 일본인들의 눈에는 조잡한 어업으로 비쳤을
지 모르지만, 자신들이 직접 명태어업에 참여하고 나서는 조선 어민의
그물을 빌어 조업할 수 없는 한계를 보였다.

　한편 북해도에서 잡은 명태를 가공하여 조선에서 명태가 흉어가 되
었을 때 판매하려는 의욕을 보였으나, 이 또한 용이하지 않았다. 다른
일본 상품들이 조선에서 고가에 팔리던 것을 생각하면, 북해도 명태는
극히 예외적인 존재라고 할 수 있다. 그 이유는 북해도의 기후는 춥기
만 할 뿐, 三寒四溫과 같은 조건을 갖추지 못했기 때문에 품질이 좋은
건명태를 생산할 수 없었던 것이다. 이처럼 조선에서만 제대로 된 북
어로 가공할 수 있었던 명태야말로 조선을 대표하는 물고기라고 해도
손색이 없다.

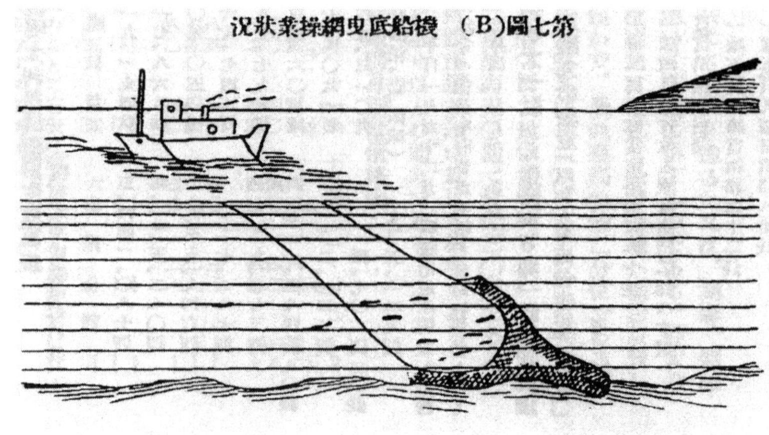

<그림 4> 기선 저예망

일제시기 함경남도 명태어장의 분쟁
– 소위 '발동선문제'를 중심으로

강재순*

Ⅰ. 머리말
 1. 전통적 자망어업(刺網漁業)과 발동선수조망
  (發動船手繰網) 어업의 출현
 2. 자망어업과 발동선수조망 어업의 분쟁
 3. 발동선수조망 어업으로 인한 자망어업의 피해
  양상
 4. 1930년대 전반기 발동선수조망 어업의 본격화
  와 어촌사회 변화
Ⅱ. 맺음말

Ⅰ. 머리말

1930년대 전반기 조선의 삼대 어업은 대구·도미·해삼·연어(鰊)·청어(鯖) 등을 제3위 어업, 멸치(鰮魚), 정어리를 제2위의 어업, 명태어

어업을 제1위의 어업이라 했다. 삼대 어업 중에서도 명태어업이 기본적 어업이며 또한 대표적 어업이었다. 총 어업 연산액(年産額) 3천만원 중에서 명태어 생산액이 2천만원에 달하고 있었다. 그러므로 조선의 어업문제라고 하면 곧 명태어업문제라고 할 수 있다.

함경남도는 일제강점기 명태어의 산출지이며 북선(北鮮) 수산업의 중심지였다. 함경남도 명태 어획량은 일제시기 전국 명태 총 어획량의 90% 이상을 차지할 때가 많았다. 그래서 "함남의 명태어냐 명태어의 함남이냐"라는 말이 당시에 유행할 정도로 함경남도는 명태어업의 중심지로서 유명했다.

이 글은 조선 어업의 상징인 함경도 연안 명태어업에서 조선인 어민들이 거망, 수조망 등의 재래식 방식을 계승하면서 내재적으로 발전시킨 자망어업이 1925년 전후 일본인 어업자본가들이 중심이 된 발동선 수조망 어업의 출현으로 쇠퇴하게 되는 과정을 살펴보고자 한 것이다. 발동선의 출현은 근대적 어업의 출발을 의미한다. 그러나 그 변화의 주체는 조선의 어민이 아닌 일본인 어업자본가들이었다. 1930년대 이후 수공업적 어업방식을 탈피하고자 노력하던 조선인 어민들은 자본의 부족과 식민지 당국의 비협조로 더 이상의 성장은 좌절되게 된다. 반면 식민지 당국의 적극적인 정책적 지원 하에 일본인 어업자본가들은 함경도 연안의 명태어장을 주도하게 된다. 결국 발동선의 등장으로 상징되는 근대적 어업의 출발은 일본인 어업자본가의 성장과 조선인 어민들의 몰락을 의미하는 것이었다.

1. 전통적 자망어업(刺網漁業)과 발동선수조망(發動船手繰網) 어업의 출현

명태어는 다른 어류와는 달리 일정한 해역을 차지할 뿐만 아니라 한류, 난류에 따라 단독으로 서식하기 때문에 전문적 어민이 아니고는 어획이 불가능했다.[1] 명태는 식료로서 가장 적당할 뿐 아니라 첫째 진부성(陳腐性)이 없어서 염침(鹽沈)하지 않아도 얼마든지 적치할 수 있는 점, 둘째 건조성에다 운반의 편리를 갖고 있는 점, 세째 판로(販路)가 자국 내인 조선인 점, 넷째 보관상 수속이 경편(輕便)한 점 등의 장점을 갖고 있다. 이러한 명태어의 특수한 가치가 발견된 후부터 다른 잡어 어획은 일시적 부업으로 돌리고 전문적으로 명태어의 어획에 전력을 경주하였고, 다른 지역 상가들도 이때부터 운집하기 시작하여 삼남 각지와 전 조선에 명태어의 보급을 촉진시켰다. 이것이 명태어업의 기원이다.

그러나 이때에는 해변에서 약 20~10리(哩) 되는 근해에서 어획하였기 때문에 거망(擧網) 또는 소규모의 수조망(手繰網)으로도 얼마든지 어획할 수 있었다. 차차 세상이 명태어의 가치를 인식하게 되자 사방에서 새 어민들까지 모여들고, 원산 등지에 있는 어민들까지 북으로 진출하여 겨울 3~4삭(朔)간 북도 각 진(津)에는 명태 어선이 천지를 이루었다. 명태어의 서식도 점점 원해(遠海)로 옮겨 가게 되어 1932년 무렵에는 해변에서 150~200리 해역에 출어하지 않고는 명태어의 어획이 용이하지 않게 되었다. 그러자 1916년 이후 사용된 소형 수조망이나 거망(擧網)으로는 도저히 명태를 어획할 수 없는 까닭에 자망선

---

1) 『東亞日報』1932.2.5 (6) 朴炯壽 <명태어업과 관계어민문제 - 發動船문제를 附言함->(1)

(刺網船)이란 대규모의 어획선이 생겨났다. 이것은 재래식의 목조선이라고는 하지만 어망이 조금 발달한 편이며, 수공업 어선으로서 이를 능가할 수는 없었다. 1척의 투망구역만 하더라도 20~30리에 가까웠다. 그러므로 자망어업은 확장되며 장려되었다.[2]

자망어업은 면사(綿絲)로 제조된 어망(漁網)을 해저(海底)에 만막장(慢幕狀)으로 쳐서 명태를 어획하는 방식이다. 명태 자망은 함경남도에서 많이 사용되었다. 1920년대 초에는 약 600척의 어선이 명태 자망어업에 종사하고 있었다. 1척당 어획고는 평균 4,000원 정도였다.[3] 1925년 자망 등 명태관련 어업 시설이 함경남도로부터 허가받은 사례가 8천 건에 달했을 정도로 자망 등을 중심으로 한 조선인 명태어업은 활기를 띠고 있었다.

1925년 경부터는 일본인들도 발동기선(發動機船)을 이용한 수조망(手繰網)으로 명태를 잡기 시작했다. 일본인 어업자본가들이 발동선 수조망으로 명태를 대량 어획하기 시작하자 조선인 어업자들도 자망 등의 전통적인 어업방식을 버리고 발동기선을 사용하려고 했지만, 조선총독부 수산당국의 수조망 어업권 허가 제한과 발동선 구입에 소요되는 대규모 자본을 투자할 능력이 모자라 역부족이었다.[4]

문제는 1925년 日本人 어업자본가들에게 발동기예망(發動機曳網)을 조선총독부 수산당국이 허가하자 조선인 명태 어업자들이 그물을 설치한 장소(場所)와 충돌케 된 점이다. 이로 인해 1925년 겨울에만도 조선인 명태 어업자가 입은 손실 금액이 퇴호(退湖), 전진(前津), 육대

---

2) 『東亞日報』1932.2.6 (6) 朴炯壽 <명태어업과 관계어민문제 ― 發動船문제를 附言함― >(2)

3) 朝鮮總督府『朝鮮の 重要漁業』1923年 10쪽.

4) 『東亞日報』1925.12.5 (2)

(六臺), 신창(新昌) 등 수십 여 지역에서 3만 여원에 달했다.5) 수조발동선(手繰發動船) 또는 발동선수조망(發動船手繰網)이라고 하는 것은 기선저인망(機船底引網)을 말한다. 이처럼 일본인들이 발동기선을 이용하여 1925년 경부터 명태를 어획하기 시작하게 되자 조선인들이 재래식으로 해왔던 자망어업 등에 큰 피해를 주게 되어 함경도 연안 어민들의 생계가 위협받게 되었다.

그러자 함경남도 당국에서는 우선 도령(道令)으로 1925년 12월 16일부터 1926년 2월 말까지 발동기선을 이용한 명태어업을 금지시켰다.6) 이어 조선총독부는 1926년 4월 각 도에 기선저인망 어업 금지구역을 설정하는 조치를 취했다. 1929년에는 조선총독부 고시(告示) 第479號에 의하여 기선저인망어업의 조업구역을 제1구(區)에서 제6구(區)까지를 정하는 동시에 기선저인망 선박의 숫자를 제한하는 허가정한수(許可定限數)정책을 도입했다. 1930년에는 연안 어장자원 보호를 위해 어선의 규모도 제한하게 된다. 제2구 기선저인망어업수산조합(汽船底引網漁業水産組合, 함경남도·강원도) 소속 어선들은 길이 20m 이하, 90마력을 한도로 제한했다.7)

발동선수조망(機船底引網) 어업은 일본에서 동력화(動力化)된 어선이 수조망을 사용함으로써 개발된 근대적 어업이다. 1920년 함경남도 신포에서 일본 어업자본가들이 가자미를 어획 대상으로 한 기선저인망어업의 허가를 얻어 조업에 착수하였고, 총독부 당국은 신조(新造) 어선에 2,000원 이상의 보조금을 지급하여 이를 장려했다. 1924년

---

5)『東亞日報』1925.12.14 (3) <자유종 − 명태어업에 대하여 도 당국에 一言>

6)『東亞日報』1925.12.18 (5)

7) 朝鮮第二區汽船底引網漁業水産組合,『朝鮮第二區汽船底引網漁業水産組合十年史』, 1940, 7쪽

조선총독부 수산시험장의 시험선이 중층 트롤로 명태 시험 조업에 성공하자 총독부 당국은 명태 기선저인망어업을 장려하기 시작했다. 1925년 일본 신사현(新潟縣) 수산시험장의 시험선이 동해에서 명태 시험 조업에 다시 성공하였다. 이것이 계기가 되어 가자미 기선저인망 어업자들은 명태어업으로 전환하기 시작했다. 1920년대 후반에 이르러서는 명태 기선저인망이 명태어업의 주 어구(漁具)로서 각광받게 되었다. 이후 명태 기선저인망어업은 명태어업의 왕자로 군림하게 되어 동해안의 명태 어업계를 장악하기에 이르렀다.[8]

2. 자망어업과 발동선수조망 어업의 분쟁

발동선수조망 어업의 출현은 필연적으로 자망 등 전통적 어업 방식에 의존하던 조선인 어민들과의 갈등과 분쟁을 야기될 수 밖에 없었다. 1925년 발동선수조망 어업을 허가한 이후 심화되던 양측간의 갈등과 분쟁은 1930년에 접어들면서 본격화되었다.

1929년 12월 23일 함경남도 홍원군 삼호항(三湖港) 소속 명태 자망어선 34척이 해중(海中)에 그물을 쳐놓았다. 12월 25일 투망(投網)한 장소에 다시 가보니 그물을 설치한 장소를 표시하는 표준대가 없어지고, 어망(漁網) 수천 대가 엉망이 되어 있었다. 명태 자망어선들은 발동선들이 의도적으로 어망을 끊어 놓은 것을 발견하고는 어선 30척이 삼호항에 들어와 홍원군 군수에게 발동선의 전횡에 대한 진정서를 제출하였다. 당시 명태를 잡는 시기에는 발동선과 망선(網船) 사이에 발동선의 횡포를 감시하려고 총독부 당국이 파견한 취체선 조풍환(朝風丸)이 감시하고 있어서 발동선들은 금지구역 내에서 명태를 잡지 못하

---

8) 박구병, <한국명태어업사>, 41~42쪽

고, 망선들만 수십 태(駄)씩 잡았음으로 발동선수조망 어업자들은 이전부터 불만을 가지고 있었다. 조풍환의 일시적 철수를 기회로 발동선들은 일제히 망선들이 투망한 그물을 끊어버려 피해액이 약 2만원에 달하였다. 피해자인 자망업자측(총 34명)은 대책을 강구하는 한편 함경남도 도청에 대표 2인을 파견하여 피해방지 대책을 진정하였다. 당시 함께 투망했던 한척의 자망 어선은 다행히 피해를 입지 않고 명태 5태를 잡았는데, 가격은 약 400원 정도였다. 이를 피해어선 34척이 평균 5태씩 잡은 것으로 계산하면 추정 가능한 피해 금액은 13,600원이나 된다.9) 여기에다 어로작업 지연 등 이외의 각종 손해를 합산하면 발동기선 수십 척이 명태 자망업자의 어망을 절단하여 입힌 총 피해액은 3만여 원에 이르렀다.

대부분 조선인들인 망선 어업자들이 홍원군 군수에게 피해상황을 진정하자, 함경남도에서는 총독부에 진정하여 발동선 어업자를 철저히 단속하기 위하여 총독부 취체선 조풍환을 재차 파견하여 삼호항의 피해자 수명을 승선시켜 고의적으로 피해를 입힌 발동선들을 단속하기로 했다. 그런데 사건 발생 며칠 후인 12월 27일 삼호항 자망 어업자들이 투망하려고 다시 해중으로 나가 보니 발동기선 60여 척이 여전히 횡행함으로 이전과 같은 사태의 발생을 우려하여 투망도 못하고 도로 들어오게 됐다. 삼호항 어민들은 또 다시 이런 경우를 당하게 되자 명태 어획 시기는 점점 지나가고, 피해 규모는 가일층 늘어나게 됐다.10)

원래 기선저인망 어업자들에게는 명태 어업 금지구역인 특정 금지구역이 설정되어 있었음에도 불구하고 자망들이 투망하는 명태어업 구역 즉 특정 금지구역을 침범하여 기선저인망 어선으로 인한 횡포는

---

9) 『東亞日報』1929.12.30 (3)

10) 『東亞日報』1930.1.1 (3)

쉽사리 근절되지 않아 분쟁이 계속되었다. 여기에다 함경남도 연해에는 국내 심지어는 일본 본토에서 출어한 밀어선(密漁船)까지 침입하여 자망 어업자들에게 또 다른 피해를 주고 있었다.[11]

이러한 기선저인망어선의 횡포를 막기 위하여 명태 자망업자들은 1930년 1월 5일 삼호어업조합(三湖漁業組合)에서 어민대회를 열었다. 이전부터 발동선이 삼호 근해의 명태 어망을 끊어 거액의 손해를 입힌데 대하여 적극적으로 대책을 강구하는 중이었는데, 1930년에 접어들면서부터는 그 피해가 더욱 심해졌다. 그 결과 1929년 말~1930년 초 겨울 동안 자망어업에 의한 명태 어획고는 예년에 비해 태반이나 줄게 되었다. 이처럼 발동선어업이 조선인들이 대부분인 명태 자망어민들의 생활을 점점 위협하여 삼호항 지역경제에 막대한 피해를 주게 되자 삼호항 어민들은 어민대회를 개최하고, 위원을 선거한 후 함경남도 당국을 비롯하여 총독부 수산당국에게까지 진정위원을 파견하여 이 문제의 해결을 요구하였다.[12]

함경남도 홍원(洪原)은 이전부터 명태잡이로 유명한 곳으로 주민 대부분이 명태어업으로 생활을 유지하여 왔다. 홍원지역 어민들이 명태를 잡는 방법은 자망을 해저 깊이 깔아놓고 명태를 어획하는 것으로 명태 자망어선은 1930년 1월 현재 250여척에 달하며, 관련 종사자만도 4,000여명이나 되었다. 1920년대 후반기 이래 규정상 육지로부터 25리(哩) 밖인 먼 바다(遠海)에 한하여 명태를 어획할 수 있는 수조망 발동선 24척이 정해진 구역이 아닌 근해 즉 명태 자망선이 그물을 치고 있는 구역에 불법 침입하여 명태는 물론 자망선이 쳐놓은 그물까지 모조리 휩쓸어가지고 달아남으로 자망선 업자의 피해는 실로 막대하

---

11) 朝鮮總督府, 『朝鮮總攬』 424쪽.

12) 『中外日報』 1930.1.5.

였다. 수조망발동선의 증가와 불법 어로로 인해 조선인들이 대부분 조업하던 400여척의 자망선이 1930년 초에는 250여척으로 감소하게 됐다. 사활의 기로에 선 자망업 어민들은 3,000여명이 연서한 진정서를 만들어, 김재욱, 김형관, 장홍재, 정병준, 증전여평(曾田如平), 한기섭, 박병환 등을 대표를 선출하였다. 명태 자망선 대표들은 상경하여 1930년 2월 27일 총독부 식산국장, 28일 총독부 수산과장을 방문하고 명태 자망어업의 피해상황을 진정하고, 이에 대한 총독부 당국의 대책을 요구하였다.[13]

홍원지역 어민들의 진정 내용은 명태 자망업자는 근대식 수조망발동선 업자의 불법적 침해의 위협으로 생존의 기로에 처했으니 이에 대한 대책의 강구를 바란다는 것이었다. 진정서의 내용은 제1안과 제2안 즉 두 가지 방안을 제시했는데, 제1안은 현재의 자망선(약 250척) 6척당 수조망 1척 비율로 자망업자들에게도 수조망발동선을 허가하라는 것이다. 이것은 수조망발동선 어업자에 대한 적극적인 대항책이었다.

제2안은 어족(魚族) 보호 등의 문제로 총독부 당국이 제1안을 허가하지 못하는 경우 1. 강원도와 함경남도의 어구(漁區)를 분리할 것 2. 수조발동선의 야간작업은 매년 11월 15일부터 다음해 1월 말까지 절대로 금지하도록 할 것 3. 자망 어업자에게 부과한 투망 시 양단점등제(兩端點燈制)를 철폐할 것 4. 현재 1척의 취체선을 4척으로 증가시킬 것 5. 발동선의 신규 허가를 금지할 것 6. 만약 허가할 경우 종래처럼 어업과는 무관한 고리대금업자, 요리점 주인, 퇴직 관리 등에게 허가하지 말고 반드시 현재 어업자인 자망업자에게 허가할 것 등을 요구하였다.[14]

---

13) 『東亞日報』1930.3.2 (2)

14) 『中外日報』1930.3.2.

함경도 연안은 조선의 유수한 어산지(漁産地)였다. 어획고로 보아도 함북은 경남, 전남 다음으로 제3위요 함남은 제4위를 차지했다. 출어선 수도 함경남북도를 합하면 만여 척에 달하며, 승조 인원도 약 6만여 명에 달했다. 그들의 가족까지 합하면 어업에 생명을 달아놓은 사람이 수십만 명에 이르게 된다. 특히 함경남도의 어업 가운데 수위를 점하는 것이 명태어업이다. 명태 어업을 전업으로 삼는 어민들의 수만도 4천여 명에 이르렀다. 여기에다가 그들의 가족과 종업자를 합하면 약 5만여 명에 달하는 바 함남지역 전부가 재래식 자망어업자들이라고 해도 과언이 아니었다. 수조망어업자는 업주, 가족, 종업원을 망라하여 200인 미만에 불과했다. 단 24척에 불과한 수조망발동선의 불법적 발호에 의해 250척의 명태 자망어선들이 엄청난 피해를 입고 있다는 것은 200명 미만인 수조망 어업자의 발호로 인해 5만 여명이 생활의 원천에 대한 심각한 위협을 받고 있었음을 의미하는 것이다.

그런데 조선총독부는 이전부터 명태의 어족 보호를 목적으로 함경남도 일대 해안선 중 일정한 구역에 한하여 11월 15일부터 다음해 2월 말까지 기간에는 해안선으로부터 24리(哩) 이내에는 발동선의 출입을 법규로 금지해놓고, 다만 자망선에 한해서만 출입을 허용하고 있었다. 이것은 자망어업자들에 대한 보호규정이기도 했다. 그런데 1925년 발동선에 대한 명태어업 허가 이후 발동선의 특정 금지구역 침입이 횡행하여 자망어업자는 매년 약 2만 5천 파(把)의 자망을 유실하여 약 10만 원의 비용적 손실을 보았다. 뿐만 아니라 명태 어획고가 격감하였으며, 발동선을 자위적으로 감시하다보니 명태 자망어선의 출어 횟수가 배감(倍減)하는 등 삼중의 위협을 받게 되었다.

거기에다가 종래 분리되어 있었던 함남, 강원 어업구역을 1930년 5월 1일 신어업령(新漁業令)으로 합치게 되면서 강원도의 발동선 16척

까지 함경남도 연안 어업구역에서 조업이 가능하게 되자 기존 함경남
도 관할 발동선 24척의 발호도 감내하기 어려웠던 함경남도의 5만여
어민들은 생존의 기로에 처하게 된 것이다.[15]

3. 발동선수조망 어업으로 인한 자망어업의 피해 양상

1930년대를 전후로 조선에서 백만원 이상의 어획고를 올리는 어종
(魚種) 가운데 명태는 제4위였다. 그리고 1928년도 통계에 의하면 함
경남도의 어획고는 705만원인데, 그 중 명태 어획고는 247만여 원으
로서 함경남도 어획고 총액의 35%를 차지했다. 주요 어장은 함흥(咸
興), 홍원, 북청(北靑) 연해였다. 1928년도 함경남도 도청 통계에 의거
해 민족별 명태 어획고를 보면 조선인 어획고는 함경남도 관내 거주자
의 어획고와 타지로부터 출어한 통어자의 어획고를 합하여 약 200만
여 원이었다. 반면 일본인의 명태 어획고는 44만 7천여 원 대략 45만
원이었다.

앞에서 살펴본 바와 같이 조선인과 일본인은 명태를 잡는 어구(漁
具)가 달랐다. 명태를 잡는 어구에도 여러 가지가 있지만 그 중 주요한
어구는 두 가지가 있었다. 하나는 기선수조망이고 또 하나는 자망이
다. 발동선수조망은 24통(統)이었다. 통은 대개 그물 한 벌이라는 말인
데 발동선 1척에 수조망 1통씩 있으니 수조망을 거치(据置)한 발동선
도 통 수만큼 24척이 있었다. 함경남도에 소속된 어업용 발동선 24척
중에 21척은 일본인 소유였고, 조선인 소유는 겨우 3척이었다. 일본인
의 명태 어획고는 대부분 발동선 수조망에 의한 것이고, 자망에 의한
것은 거의 없었다. 그러므로 앞에서 말한 일본인의 명태 어획고 45만

---

15)『東亞日報』1930.3.3 (1)

원은 전부가 21척의 발동선으로 잡은 것으로 보아도 틀림이 없다. 액수를 감하여 42만원으로 본다고 할지라도 발동선 1척의 평균 어획고는 2만여 원인데, 이것도 전 해 11월부터 다음해 2월까지 약 4개월간에 벌어들이는 액수였다. 당시 발동선의 시가는 약 6천원이었다. 그리고 발동선에 거치하는 수조망 1통의 시가는 약 8백 원이었다. 결국 시가(時價) 합 6,800원을 투자하여 수조망을 거치한 발동선을 사서 식민지 당국의 허가를 받으면 단 두 달도 안 되어 본전을 뽑게 되고, 1년 중 4개월 동안은 매월 5,000여원이라는 막대한 이익을 볼 수 있게 된다. 그런데 총독부 당국은 어족 보호문제를 내세워 이미 허가한 24척 외에는 더 이상 허가를 내주지 않았다. 1930년 3월 현재 기허가 된 수조망 거치 발동선의 시가는 약 16,000여원으로서 약 9,000원 이상의 프리미엄이 붙어 있었다. 앞에서 살펴본 바와 같이 발동선의 1년 어획고는 약 95만원이다. 그 중 45만원은 명태의 어획고이니까 이를 공제(控除)하고 난 50만원은 잡어의 어획고이다. 이것도 24척의 발동선으로만 잡은 잡어의 어획고이다. 발동선은 명태를 잡지 않는다고 할지라도 잡어만으로도 막대한 이익을 보고 있었던 것을 알 수 있다.[16]

그런데 재래식 자망어업의 상황은 지속적으로 악화되는 경향을 보이고 있다. 구체적으로 살펴 보면 함남지역 명태 자망어업자는 발동선 수조망이 허가되는 1924~1925년 이래로 발동선의 명태 자망어장(즉 특정 금지구역) 침입으로 인해 막대한 피해를 입어 쇠퇴의 과정을 밟고 있었다. 이러한 현상은 1930년에 접어들면서 더욱 심화되었다. 명태 어업용 자망선은 원래 약 500척 정도 되었는데, 발동선의 특정 금지구역 불법 침입 이래 약 6년 만에 선수(船數)가 반감되어 1930년 현

---

16) 『東亞日報』1930.3.2 (8) <經濟時言 — 함남의 명태어> (1)

재 허가를 받지 못한 소선(小船)까지 합해도 약 250척에 불과했다.

특정 금지구역은 총독부 수산당국이 매년 11월 15일부터 다음해 2월 말까지 기간에 한하여 함남 해안선 중 특정구역으로부터 심해를 향하여 24리(哩) 이내에는 발동선의 출입을 법규로 금지한 것이다. 금지이유는 명태의 어족 보호에 있었다. 11월부터 다음해 2월까지 기간은 명태의 산란기인데 금지구역은 명태 산란에 가장 적합한 장소였다. 그런데 발동선의 어구인 수조망은 그물로 위요구(圍繞區) 내의 명태를 휩쓸어 잡는 것으로서 이것을 방임해두면 산란기에 있는 명태를 조만간 멸족 시킬 우려가 있었다. 그래서 명태의 산란 구역 내에는 산란기에 한하여 수조망발동선은 출입을 못하도록 금지하고, 다만 멸족의 우려가 없는 자망에 한해서만 구역 내에서 조업할 수 있도록 조치한 것이다. 그러므로 금지구역제는 명태 어족 보호와 동시에 자망업자들에 대한 보호의 의미도 내포하고 있었던 것이다. 이처럼 발동선의 금지구역 침입, 도 당국이 수조망발동선에 대한 명태 채포(採捕) 허가, 일본 산구현(山口縣) 등지로부터의 밀로발동선(密撈發動船)의 침입(1929년 약 70,80척) 등의 원인으로 명태 자망업은 심각한 타격을 입어 급속한 쇠퇴의 과정을 밟고 있었던 것이다. 자망업 쇠퇴의 경향은 1930년 이후 가속적으로 심해졌는데, 이것은 명태 자망업 업주, 가족, 종업원을 합하여 약 5만에 달하는 함남 연해안 어민들에게는 생활에 직접적인 위협이 되는 커다란 사회문제로 대두됐다. 그러면 자망선은 발동선의 침입으로 인해 구체적으로 어떤 타격을 받았는지를 살펴보자.

1) 명태 어획고의 감소

발동선의 특정 금지구역 침입 자체가 금지구역 내에서 명태를 어획하고 있는 자망선의 어획고를 감소시킨다는 것은 분명한 사실이다. 수조망이 장착된 발동선이 금지구역을 한번 지나가면 명태, 잡어를 불문하고 다 휩쓸어가지고 달아나므로 발동선의 습격을 한번 당하고 나면 금지구역 내에는 한동안 어족의 그림자도 못 볼 지경으로 자망선에 대한 타격이 심했다. 그러므로 이러한 상태를 방임해 둔다하면 발동선의 어획고가 매년 가속도적으로 격증하는 반면, 발동선의 침입과 밀로(密撈)의 습격을 받게 된 이래 약 6년의 단기간에 벌써 자망선의 총 수가 반 정도로 감소했다는 것은 단적으로 자망선의 몰락을 입증하는 것이다.17)

2) 자망 및 부속 어구(漁具)의 절단, 유실

발동선의 특정 금지구역 침입으로 인해 자망어업자가 받는 또 다른 타격은 자망어업자의 자망, 부속 어구(漁具)의 절단, 유실이다. 발동선의 명태 채포용(採捕用) 어구인 수조망은 그물 안에 드는 모든 어류 등을 휩쓸어가지고 질주하도록 구조가 되어 있었다. 그러므로 발동선의 특정 금지구역 침입은 수조망에 위요(圍繞)된 명태, 기타 수산물은 물론이거니와 해저(海底)에 설치된 자망, 기타 부속 어구까지도 절단 또는 휩쓸어 가버리게 된다. 자망선으로서 절단, 유실의 피해를 입지 아니한 경우가 거의 없었는데, 적으면 70~80파(把), 심한 경우 200여 파(把)의 절단, 유실의 피해를 입었다. 구체적으로 1929년도 통계에 의하면 자망선 총수 250척이 매 척 당 평균 100파(把) 이상의 절단, 유실의 피해를 입은 것으로 나타난다. 이것에 근거해 매 척 당 피해를 평균 100파(把)의 절단, 유실로 잡고, 250척이면 절단, 유실을 당한 자망의

---

17)『東亞日報』1930.3.4 (8) <經濟時言 − 함남의 명태어> (2)

총수는 한 어기(漁期) 동안에 25,000파(把)에 달하게 된다. 함경남도 수산통계 중 어구액(漁具額) 별표(別表)에 의하면 1파(把)의 시가는 4원으로 계산되어 있음으로 25,000파(把)의 절단, 유실은 곧 10만원의 손해이다. 이처럼 발동선 수조망의 절단, 유실로 인한 자망선 250척이 받는 피해 총액은 약 10만원이고, 매 척 당 절단, 유실로 인한 피해액은 평균 약 400원이었다.

여기서 한 가지 유의할 점은 어기(漁期)가 한창 진행 중인 시기에 입는 100파(把)에 달하는 자망의 유실, 절단은 시가 환산액 400원 손실 이상의 의미가 있었다. 자망업자가 한창 명태를 어획하는 시기에 자망의 절단, 유실을 당하는 것은 자망 그 자체의 피해 이외에 그로 인해 명태를 잡지 못한 손실이 자망 자체의 손해보다 더 많았음을 의미한다. 그러면 자망의 절단, 유실로 인해 명태를 잡지 못한 손실 정도의 개략을 추산해보자. 1928년 함경남도 통계에 의하면 조선인 관내 거주자의 명태 어획고는 780만급(級)이다. 780만급(級)은 대개 250척의 자망선이 잡은 어획고로 보아도 틀림이 없다. 함남의 자망 총수는 일본인 소유의 6천파(把)까지 합하여 114,600파이다. 자망 1파의 평균 어획고는 62급 정도였다. 자망 1파의 유실, 절단을 당하는 것은 즉 1파(把) 가격 4원의 손실을 보는 것 외에 최고 62급(級)의 명태를 어획하지 못하는 것을 의미한다. 여기서 명태 1급의 산지 시세를 평균 50전으로 잡을 경우 62급이면 32원의 손실로서 이 손실은 자망 자체의 절단, 유실로 인한 손실 4원에 비하면 8배에 해당한다. 결국 자망어업자의 입장에서 보면 자망 1파(把)를 유실, 절단당하는 것은 총계 26원 정도의 손실을 보는 것이다. 1파(把) 26원이면 100파(把)에 2,600원인데 이것이 자망선 1척이 유실, 절단으로 인한 피해의 최고액이다. 1파(把) 26원이면 25,000파의 절단, 유실로 인한 손해 총액은 90만원에 달하는데 그 중 10만원은 자망 자체의 손실로부터 오는 손해이고, 80만원은 절단, 유실로 인해 명태를 어획하지 못하는데서 오는 피해 액수이다.

이처럼 수조망 발동선의 특정구역 침입은 자망의 유실, 절단을 불가피적으로 가져오고, 그로 인해 야기되는 손해는 그보다 더 컸다. 1925년 이래로 100여 척에 가까운 수조망발동선(密撈船 포함)이 특정 금지구역인 자망구역에 침입하였으며, 심한 경우에는 흉기로 자망업자들을 위협하기도 했다. 특히 1929년~1930년 사이 겨울과 같은 시기에는 수조망발동선의 의도적 도발로 자망의 태반을 절단, 유실당하는 참상을 당하게 된다.[18]

3) 인건비, 물건비 격증

발동선의 금지구역 침입으로 자망업자가 받는 또 하나의 타격은 인건비 및 물건비의 격증이다. 발동선이 출몰하지 않았을 때는 자망선은 명태가 잡힐만한 적당한 장소에 자망을 쳐놓고는 그물을 거둘 때까지는 포구나 항구로 돌아와서 기다리는 것이 상례였다. 발동선이 침입하게 되면서 자망, 기타 부속어구의 절단, 유실을 당하게 되자 자위적 경비를 설 수 밖에 없게 되었다. 자망선은 그물을 쳐놓은 인근에서 자위적 경비를 하고 있어야 되는 관계로 선체는 거친 파도에 시달리어 선령(船齡)이 단축됨을 면치 못하게 되니 이것은 자망업자의 고정자본 손모(損耗)요, 또한 인원도 이전 보다 더 필요하게 되어 인건비의 증가를 가져왔다. 항구로 귀항하지 못하고 해중(海中)에 배가 머물게 되는 만큼 업주가 부담해야할 물건이 많이 들게 되어 선령의 단축과 함께 물건비의 증가를 초래하게 됐다.

---

18)『東亞日報』1930.3.5 (8) <經濟時言 - 함남의 명태어> (3)

자망선 선원들의 입장에서는 예전 같으면 때에 맞추어 그물을 치고 때에 맞추어 그물을 거두어서 그 안에 든 명태를 잡아내고 또 다른 그물로 갈아치우는 것만이 그들의 주된 임무였는데, 발동선이 특정 금지구역을 빈번히 침입하게 되면서부터는 자경(自警) 임무까지 맡게 되었다. 명태 어기인 추위가 매서운 동절기에 배 위에서 물 묻은 몸으로 밤 경비를 하고 있는 자망선 선원들의 고생은 말로 표현할 수가 없을 정도였다. 반면 수조망발동선들은 위법한 행위가 적발되는 경우에도 가벼운 벌금 혹은 단시일의 구류 처분을 받는데 그쳤다.

4) 출어 횟수의 감소

발동선의 금지구역 침입으로 인해 자망업자가 받는 타격 중 또 한 가지는 출어 횟수의 감소였다. 즉 자망선 1척이 소지(所持)한 자망 파수(把數)는 평균 약 450파(把) 가량 되었는데 이 파수(把數) 전부를 일시에 사용하는 것은 아니었다. 그런데 자망선들은 발동선들의 불법적 침해를 당하기 시작한 이래로 자위적 경비에 모든 노력을 다해야 했기 때문에 배를 때에 맞추어 다닐 수가 없었고, 대개 밤에는 해중에서 정박하면서 경비를 해야 되기 때문에 중간에 시간적 절단이 없이는 그물을 교대할 수가 없게 된 것이다. 즉 전과 같으면 마른 그물을 가지고 나와서 교대시킬 수가 있었는데, 이제는 대개 그물을 걷어가지고 포항(浦港)으로 들어와서 마른 그물을 가지고 가서 쳐야 되기 때문에 배가 한번 왕복하는 동안만큼 그물이 비게 된 것이다. 이 결과 이전 같으면 3회나 출어할 동안에 2회의 출어밖에 못하게 된 것이다. 이것은 두말할 것도 없이 자망선 어획고의 감소를 초래하였다.

결국 자망업자는 발동선의 특정 금지구역 침입으로 인해 1) 발동선의 침입 자체로 인한 어획고의 감소 2) 자망 및 부속 어구의 절단, 유실 3) 물건비 및 인건비의 격증 4) 출어횟수의 격감 등의 타격을 입게 되었다. 이러한 발동선의 위법적 침해로 1924~25년 이후 5,6년 만에 자망 선수(船數)가 반감되는 비운을 당한 명태 자망업자들이 발동선의 신규 허가를 금지해달라는 진정은 당연한 것이었다. 또한 함경남도, 강원도 양 도(道)의 어구(漁區)를 합구(合區)하게 되면 필연적으로 강원도의 발동선 16척 또한 함경도 연해의 명태 자망어장을 침입할 것인 즉 함경도 명태 자망업자들이 어구의 합구(合區)를 취소시켜달라는 진정 또한 정당한 요구였다.[19]

조선인의 명태잡이 어선은 목조 범선(帆船)으로 어구인 자망을 해중(海中)에 부설하여 일 주야(一 晝夜)를 그대로 방임하였다가 다음 날에 출진하여 약 200리 거리의 원해(遠海)에 가서 당겨오는데, 발동기선이 출현하면서 원근해를 불구하고 자망을 설치한 구역을 침입하여 어망을 기계용 뎅구리망(手繰網)으로 사정없이 끊어, 자망어업자들에게 막대한 손해를 끼쳐 근본적 파멸을 초래케 하였다. 그들은 금지구역에서 투망하여 하루 밤 수입만도 4,000~5,000원에 달했다. 문제는 이들이 자기들의 어획구역에서 투망하는 것이 아니라 금지구역인 자망어업 구역을 침범하여 투망하는 것이다. 1927년도 이후의 발동선으로 인한 자망어업자의 피손액(被損額)을 들면 다음과 같다(각 津 어업조합 조사발표).

	1927년	1928년	1929년	1930년
퇴호	자망선 40척 47,504원	32척 32,817원	37척 37,568원	42척 56,068원

---

19)『東亞日報』1930.3.6 (8) <經濟時言 – 함남의 명태어> (4)

삼호	51척	56척	45척	58척
	67,865원	78,395원	58,9?7원	75,658원
전진	36척	37척	38척	31척
	38,505원	42,318원	35,507원	26,978원
육대	41척	45척	39척	40척
	41,617원	23,670원	44,375원	48,056원
신포	31척	33척	30척	28척
	23,561원	21,609원	30,967원	19,759원
신창	26척	28척	36척	31척
	26,795원	26,069원	36589원	28,069원
차호	18척	20척	29척	20척
	18,595원	28,560원	15,949원	19,859원
유호	9척	8척	7척	10척
	9,850원	7,599원	5,678원	8,508원
마양도	19척	16척	15척	16척
	18,599원	7,806원	8,907원	9,016원
무계	6척	7척	6척	5척
	5,809원	8,959원	5,090원	7,068원
여호	5척	11척	21척	24척
	3,900원	10,856원	15,068원	29,105원
세포	5척	7척	6척	5척
	5,096원	6,809원	4,504원	5,967원

통계를 보면 1927년~1930년 사이 조선인이 소유한 자망선 총 1,206척에 대해 발동선이 입힌 피해액은 1,243,612원이다. 이와 같은 엄청난 손해가 자망 어업자에게 미치게 되자 1930년 3월 중순 자망어업의 중심지인 삼호, 전진, 퇴호, 삼진 어민 대표 9인이 상경하여 총독부 당국에 함경도 연안 자망어민의 사활문제를 진정하는 사태가 발생하게 된다.

그러면 결과는 어떻게 되었는가. 당시 조선총독부 당국은 1930년 5월부터 신 어업령이 발포되면 대책을 강구하겠다고 상경한 진정위원들을 무마시켰다. 그러나 그 후 2년이 지나서도 아무런 후속 대책이 없었다. 신어업령에 의해 조선 전 도를 4구(區)로 나누었는데, 함경북도 1구, 함경남도·강원도 2구, 경상남북도 3구, 전라남북도를 4구로 획정하였다. 자망어업의 중심지인 제2구 즉 함경남도·강원도의 발동선 척수는 함경남도 24척, 강원도 12척 합계 36척이었는데, 1930년 새로 4척을 허가하여 총계 40척이었다. 민족별로는 일본인 소유 28척, 조선인 소유가 12척이었다. 그런데 이들 발동선을 취체(取締)하는 소위 경비선은 총 3척에 불과해 40척의 발동기홀치선(忽致船, 뎅구리)이 강원도와 함경남북도 접해에 늘어서서 자망 설치 구역 즉 특정 금지구역에서 홀치하더라도 단속지역이 지나치게 광범위한 관계로 단속에 한계가 있을 수 밖에 없었다.[20]

1931년도에는 발동선 척수가 43척으로 증가하는데, 민족별로는 일본인 소유가 30척, 조선인 소유가 13척이었다. 이 40여척의 발동선뎅구리(발동선수조망 - 기선저인망)는 매년 음력 9월 초순부터 작업을 시작하는 바 이들은 범선과 달라서 악천후에 상관없이 하루도 빼지 않고 출진(出津)하고, 당국에서 명시한 금지구역을 수시로 침범하고 있었다.

발동선 출현이 야기한 또 한 가지 중대한 문제가 있으니 어족(魚族) 문제였다. 발동기선이 출현하고부터는 아익태(兒翼太 - 小明太魚)라는 명태어의 새끼까지 모조리 잡아 들여 차후 10년 내에 명태 어족의 근절이 우려되는 지경에 이르게 된 것이다. 발동기선의 특징은 수조망인 관계상 해저로 홀치하는 까닭에 원래 아익태는 해저에 근거를 잡고 서식하므로 자연히 어족이 없어질 것은 분명한 사실이다. 자망은 수면에서 약 15척 이내의 수저(水底)에 설치하는 까닭에 소명태는 일

---

20) 『東亞日報』1932.2.13 (6) 朴炯壽 <명태어업과 관계어민문제 - 發動船문제를 附言함 - >(6)

미(一尾)도 어획치 못하고, 대명태는 중층(中層)에 부유(浮游)하기 때
문에 이를 대상으로 어획하는 것이므로 절대 어족문제에 영향을 미치
지 않았다.[21]

총독부 당국의 경비선 3척으로는 강원도, 함경남도 해중의 광범위
한 지역에 출몰하는 발동기선(뎅구리)을 도저히 취체할 수도 없거니와
또 경비선은 발동기선에 비해 속도가 느려 단속에 어려움이 있었다.
상황에 이에 이르자 자망어업자들은 자위수단으로서 삼호, 전진, 육대
등 각 진마다 1척씩의 발동기를 구입하였다. 자망업자들이 구입한 발
동선은 발동선 뎅구리구역과 자망선 조업구역을 24시간 경비했다. 이
것은 1932년에 접어드는 겨울부터 실현되고 있는데, 자망업자들의 자
위선 보다 숫자가 훨씬 많은 뎅구리 발동선들이 침해할 만일에 경우에
대비해 자망업자들은 함경남도 당국에 매 척 당 경찰관 1명, 수산 기수
1명씩 승조(乘組)하여 취체해 달라고 요구하였다. 그러나 이것조차 도
당국으로부터 거절당한 자망업자들은 불안 상태에 휩싸이게 되며 식
민지 당국의 조치에 대해 흥분하고 있다.[22]

삼호항 자위 경비선의 경우에도 발동선 뎅구리와 밀로(密撈) 발동
선 수십 척이 금지구역을 돌파하고 자망 어구에 침범하여 투망하였는
데, 서로 접선(接船)하게 되더라도 자위 경비선이 총독부 당국의 증명
이 있느냐고 응대치 않았다. 종국에는 무력으로 퇴치시켜야 되는데 그
것도 발동선 뎅구리선들이 절대 다수이므로 도저히 당국의 보장이 없
이는 자위상 경비는 효과를 얻을 수 없었다. 이처럼 총독부 당국의 경
비선 3척으로는 신뢰할 수도 없고, 또 당국의 보장이 없는 자위 경비선

---

21) 『동아일보』 1933.7.23

22) 『東亞日報』 1932.2.14 (6) 朴炯壽 <명태어업과 관계어민문제 — 發動船문제를 附
言함— >(7)

은 1개월에 수천원의 경비를 써가면서도 효과를 얻을 수 없는 상황이
었다.

상황이 악화되자 함경남도 산업과장 유홍순(劉鴻洵)이 함경남도 연
안의 중요 어진(漁津)을 순방하면서 자망업자들로부터 기부금을 모집
하여 약 6만원이 소요되는 중기 경비선 1척을 일본으로부터 매입하여
경비를 담당케 하려고 했다. 1932년은 명태 흉어기로 예년 같으면 자
망선 1척에 최하로 평균 명태어 20태씩은 잡았던 것이 최상으로 어획
하더라도 10태도 넘기지 못하고 있다. 이처럼 가득이나 흉어(凶漁)상
태에 있던 자망업자들에게 5만원이라는 거액의 예상치 못한 부렴(賦
斂)은 과중한 부담이었다. 차라리 그렇게 새로이 거액을 들여서 경비
선을 구입하기보다는 이미 연진(沿津)에서 구입한 경비선에 얼마간
더 보충하고 그들의 요구와 같이 수산 기수와 경관을 배치하는 것이
보다 더 현실적인 방안이었다.

이상의 사실을 종합해 본다면 명태 자망업은 발동선의 증가와 자망
어장 침해로 파탄되지 않을 수 없는 상황에 처해 있었다. 대책이라면
첫째 자업(自業)인 명태어업을 폐지하는 것, 둘째 다른 잡어 어획으로
방면을 전환하는 것이다. 그러나 이것도 불가능한 일이었다. 왜냐하면
잡어 어업도 이미 발동선 뎅구리가 1927~28년 이후 홀치하여 대부분
접어(鰈魚)가 산출되고 있었는데 1932년으로 접어들면 접어의 중심
무대인 함남, 함북 해중에는 수접(水鰈)까지 희소해지게 되었다. 그러
니까 목조선 홀치로 변개(變改)한다고 하더라도 어족자원이 없어서
별다른 대책이 없었다.[23]

---

23) 『東亞日報』1932.2.16 (6) 朴炯壽 <명태어업과 관계어민문제 - 發動船문제를 附
　　言함 - >(8)

4. 1930년대 전반기 발동선수조망 어업의 본격화와 어촌사회 변화

1930년대 전반기 조선인 소수 기업가들은 해진(海津)에 투자하고 있으며, 또한 전에 없던 금융자본을 배경으로 한 기관이 날로 증설되고 있었다. 어촌지역에도 농촌의 금융조합과 마찬가지의 어업조합이 설치되고 있다. 이로부터 어촌도 농촌과 마찬가지로 황폐의 도정(途)에 들어서고 있었다. 게다가 발동선(發動船)이란 기계선이 출현하여 재래 조선인들의 자망선(刺網船)을 여지없이 위협하여 조선(祖先) 이래의 기본산업인 명태어업까지 그들에게 빼앗기게 된 것이다.

1930년 이후 불경기의 공황이긴 했지만 명태어의 가격은 하락되지 않았다. 1931년 명태 1태(駄)에 원산지에서 97원(圓)까지 하였으니 경기 좋은 예년보다 오히려 수십 원이나 더 등귀(騰貴)하였다. 전에는 단순히 조선 내에서만 식료로서 사용되었지만 1932년에는 중국으로 수출되어 판로가 확대되고 있기 때문이다. 이전에는 교통관계로 조선 전도에 명태어의 특징을 알리지 못하였으나 1930년대 전반기로 접어들면 아무리 산중계곡이라도 철도와 자동차망이 연결되어 누구나 명태어라면 고급식료품인 것을 알게 되었다. 산촌, 벽촌에 우거(寓居)하는 사람이나 삼남 각지에 있는 농사꾼들조차 여름 농번기에 명태어 몇 마리씩 먹지 못하면 그 해 여름은 큰 곤액년(困厄年)으로 간주할 정도였다.

1930년대 들어서자 명태 어획률은 40~50년 전보다 점점 떨어지는 반면 시장과 판로는 나날이 더욱 확대되어 수요, 공급의 원칙상 가격이 등귀(騰貴)할 수밖에 없었다. 1932년 전후 조선 명태의 생산량은 연 수십만 태(駄, 1駄는 2,000尾)였다. 1927~1932년 사이에는 일본 북해도산 명태어가 매년 수만 태(駄) 가량 조선으로 수입되어 조선 명태와 함께 팔리고 있지만 이것마저도 모자라는 상태였다. 그리고 북해도 명태어는 문제가 되지 않았다. 조선산 명태어가 매진되어야 북해도 산이 팔리기 때문이다. 물품의 품질 차이가 심한 까닭에 조선 명태어 의 반값을 겨우 받고 있었으며, 고객들이 북해도 명태어라면 명태어로 간주하지 않았기 때문이다. 그럼에도 불구하고 북해도산 명태조차 다 음해 어획기까지 조선의 각 시장에서 고갈되어 수요자들은 새 명태의 출어만 기대하고 있는 것이다. 그러므로 명태어의 가격은 자연히 등귀 할 수밖에 없었다.

1930년대 금융자본의 어촌 진출은 조선인의 가장 중요한 산업인 명 태어업까지 위협하였다. 명태어 산출지 중에도 제일 중심지인 함경남 도 퇴호(退湖), 서호(西湖), 삼호(三湖), 전진(前津), 신포(新浦), 육대 (六臺), 신창(新昌), 차호(遮湖), 여해진(汝海津), 함경북도 성진(城 津), 사포(沙浦), 독진, 이진, 청진(淸津), 웅기(雄基), 서수라((西水羅) 등지에 어업조합이 설치된 지 10여 년에 각 해진(海津) 어민의 가옥, 어구 등의 80%가 그들에게 저당 또는 양도되고 말았다.24)

명태어업에도 직접 생산업자와 재생산업자가 있다. 직접 생산업자 란 어민이고, 재생산업자란 건조 및 수출업자를 말한다. 그런데 항상 이 두 계층은 때때로 충돌하여 균열이 생기고 있었다. 그것은 어민이 잡아온 명태어를 건조 및 수출업자들이 무리한 조건으로서 전횡하고 있던 까닭이다.

수출업자는 명태 어로자금 공급의 채권자인 관계로 어민의 전반적 경제를 좌우하고 있었다. 문제는 이들이 어민들에게 해준 어자대부(漁 資貸付) 형식이 금융자본가의 대부방식 보다 혹독하기 짝이 없었다. 첫째 그들의 금전대부의 방식 중 두전(頭錢)이란 것이 있는데(일명 머

---

24)『東亞日報』1932.2.7 (6) 朴炯壽 <명태어업과 관계어민문제 — 發動船문제를 附言 함 — >(3)

리 돈), 가령 100원을 대부해 주면 먼저 매 10원 대(對) 1원씩 먼저 공제하여 100원에 합(合) 10원을 제하고 나머지 90원만 채무자에게 급여하고, 차용금 증서에는 100원 대부로 명기할 뿐만 아니라 또한 일보 육전(日步六錢)이란 고금리를 부과하였다.

그뿐 아니라 가계(加計)라는 법을 만들어 놓았다. 이것은 원래 어민들이 채용금환채법(債用金還債法)으로 어획한 생 명태어를 어로 현장에서 차용금에 해당하는 만큼 지급하는 것이다. 당시 가격이 만약 생 명태어 1태(駄)에 60원이라고 한다면 55원으로 시세에 약 1할 가량이나 낙가(落價)하여 이를 쳐주었다. 그런 즉 100원 금액을 차용하였다면 불과 3, 4개월 만에 두전(頭錢), 가계(加計), 금리 등을 합하여 200원이나 지급하게 되니 아무리 명태어의 풍어를 만난다고 하더라도 부채를 정산할 수 없어서 어민들은 생활을 지탱할 수 없게 되었다.25)

두전(頭錢), 가계(加計)를 위주로 명태 등에 전력을 경주한 재생산업자들은 자기들의 고유한 자본금만으로 건조 및 수출을 도모하고 있는 가하면 결코 그렇지 않았다. 상업자본가인 이들은 금융자본가인 은행 또는 다른 금융단체로부터 자금을 조달하였다. 재생산업자들은 저리로 융자받아 엄청난 고리(高利)로 어민에게 다시 대출해 주었다. 그러나 명태 재생산업자들도 어민과 똑 같은 곤경에 빠지게 되었으니 그것은 1932년을 전후한 불경기로 인해 은행과 다른 금융기관에서 대출을 거부하였기 때문이다. 그러자 어민들도 재생산업자들보다는 은행 또는 어업조합(漁業組合)에서 자금을 대부받게 되었다. 어업조합은 저리이고, 게다가 가계, 두전 같은 관행이 없으니 어민들은 명태 재생산업자에게 차용하지 않고, 어자(漁資) 융통을 위해 자연히 어업조합

---

25) 『東亞日報』1932.2.10 (6) 朴炯壽 <명태어업과 관계어민문제 － 發動船문제를 附言함 － >(4)

과 관계를 맺을 수밖에 없게 된 것이다. 그렇게 되자 명태어의 수출업자(즉 조선인)들도 직접 생산자인 어민과 같이 몰락의 과정을 밟게 된 것이다. 반면 금융자본을 배경으로 한 일본인 어업자본이 명태어업에 활발히 진출하고 있다. 예를 들면 원산의 삼야(森野), 부산의 서야(西野) 등이 명태어 수출업에 집중적으로 진출하였다.[26]

1928년까지만 하더라도 명태 총 어획량에서 차지하는 일본인 어업자의 명태 어획량의 비율은 평균 5% 내외에 불과했다. 그러나 1920년대 말부터는 일본인의 명태 어획량이 갑자기 증대하기 시작하여 1932년에는 일본인의 명태 어획량이 총 명태 어획량의 30%에 육박하게 되었다. 이는 일본인 중심의 명태 기선저인망어업의 발달을 반영하는 것이었다. 이러한 현상은 1930년대 중반 이후 더욱 확대되었다. 1941년 가을부터 1942년 1월 사이 불과 45척의 기선저인망은 명태 총 어획량의 50% 가까이를 어획하게 되었다.

Ⅱ. 맺음말

이상에서 살펴본 바와 같이 1925년 조선총독부 수산당국의 일본인 어업자본가들이 중심인 발동선수조망 어업에 대한 허가와 정책적인 장려는 내재적 성장을 이루고 있던 조선인 명태 자망업자들과의 분쟁을 야기하고 결국에는 조선인 어민들의 몰락을 초래했다. 1930년 이후 공황과 그로 인한 금융자본의 어촌사회 침투는 조선인 어민들의 쇠퇴를 가속화시켰을 뿐만 아니라 일본인 어업자본가 아래로의 예속화를 불러왔다.

---

26) 『東亞日報』1932.2.11 (6) 朴炯壽 <명태어업과 관계어민문제 - 發動船문제를 附 긔함- >(5)

　결국 1925년 이후 함경도 연안 명태어장을 누비고 다닌 발동선은 근대적 어업의 상징이자 조선인 어민의 몰락을 알리는 신호탄이었다. 이것은 한국 근현대사가 가지는 이중성 즉 '근대성'과 '식민지성'을 동시에 보여주는 또 하나의 사례라고 할 수 있다.

한국해양사연구총서 2

'조선시대 해양환경과 명태'

지은이| 부경대학교 해양문화연구소
인쇄일| 초판1쇄 2009년 05월 28일
발행일| 초판1쇄 2009년 05월 31일
펴낸이| 정구형
  총괄| 박지연
  편집| 강정수
디자인| 김숙희 선승희
마케팅| 정찬용
  관리| 한미애 손지애
펴낸곳| **국학자료원**

  등록일 2007 07 30 제2007-12호
  서울시 강동구 성내동 447-11 현영빌딩 2층
  Tel 442-4623 Fax 442-4625
  www.kookhak.co.kr
  kookhak2001@hanmail.net

ISBN| 978-89-6137-514-6 *93090
가격| 17,000원

* 저자와의 협의하에 인지는 생략합니다.
새미는 **국학자료원**의 자회사입니다.
잘못된 책은 구입하신 곳에서 교환하여 드립니다.